CAMINOS A TRAVES DE LA BIBLIA
ANTIGUO Y NUEVO TESTAMENTO

COLECCION CRISTIANISMO Y SOCIEDAD

1. MARTIN HENGEL: *Propiedad y riqueza en el cristianismo primitivo.*
2. JOSE M.ª DIEZ-ALEGRIA: *La cara oculta del cristianismo.*
3. A. PEREZ-ESQUIVEL: *Lucha no violenta por la paz.*
4. BENOIT A. DUMAS: *Los milagros de Jesús.*
5. JOSE GOMEZ CAFFARENA: *La entraña humanista del cristianismo.*
6. MARCIANO VIDAL: *Etica civil y sociedad democrática.*
7. GUMERSINDO LORENZO: *Juan Pablo II y las caras de su iglesia.*
8. JOSE M.ª MARDONES: *Sociedad moderna y cristianismo.*
9. GUMERSINDO LORENZO: *Una iglesia democrática (Tomo I).*
10. GUMERSINDO LORENZO: *Una iglesia democrática (Tomo II).*
11. JAMES L. CRENSHAW: *Los falsos profetas.*
12. GERHARD LOHFINK: *La iglesia que Jesús quería.*
13. RAYMON E. BROWN: *Las iglesias que los Apóstoles nos dejaron.*
14. RAFAEL AGUIRRE: *Del movimiento de Jesús a la Iglesia cristiana.*
15. JESUS ASURMENDI: *El profetismo. Desde sus orígenes a la época moderna.*
16. LUCIO PINKUS: *El mito de María. Aproximación simbólica.*
17. P. IMHOF y H. BIALLOWONS: *La fe en tiempos de invierno. Diálogos con Karl Rahner en los últimos años de su vida.*
18. E. SHUSSLER FIORENZA: *En memoria de ella. Una reconstrucción teológico-feminista de los orígenes del cristianismo.*
19. ALBERTO INIESTA: Memorándum. *Ayer, hoy y mañana de la Iglesia en España.*
20. NORBERT LOHFINK: *Violencia y pacifismo en el Antiguo Testamento.*
21. FELICISIMO MARTINEZ: *Caminos de liberación y de vida.*
22. XABIER PIKAZA: *La mujer en las grandes religiones.*
23. PATRICK GRANFIELD: *Los límites del papado.*
24. RENZO PETRAGLIO: *Objeción de conciencia.*
25. WAYNE A. MEEKS: *El mundo moral de los primeros cristianos.*
26. RENE LUNEAU: *El sueño de Compostela. ¿Hacia una restauración de una Europa cristiana?*
27. FELIX PLACER UGARTE: *Una pastoral eficaz. Planificación pastoral desde los signos de los tiempos de los pobres.*
28. JEAN-PIERRE CHARLIER: *Jesús en medio de su pueblo I.*
29. JEAN-PIERRE CHARLIER: *Jesús en medio de su pueblo II. La tierra de Abraham y de Jesús.*
30. JEAN-PIERRE CHARLIER: *Jesús en medio de su pueblo III. Calendario litúrgico y ritmo de vida.*
31. BRUNO MAGGIONI: *Job y Cohélet. La contestación sapiencial en la Biblia.*
32. M. ANTONIETTA LA TORRE: *Ecología y moral. La irrupción de la instancia ecológica en la ética de Occidente.*
33. JHON E. STAMBAUGH y DAVID L. BALCH: *El nuevo testamento en su entorno social.*
34. JEAN-PIERRE CHARLIER: *Comprender el Apocalipsis I.*
35. JEAN-PIERRE CHARLIER: *Comprender el Apocalipsis II.*
36. DAVID E. AUNE: *El Nuevo Testamento en su entorno literario.*
37. XAVIER TILLIETTE: *El Cristo de la filosofía.*
38. JAVIER M. SUESCUN: *Carlos de Focauld entre los Tuareg.*
39. ROMANO PENNA: *Ambiente histórico-cultural de los orígenes del cristianismo.*
40. MARC LEBOUCHER: *Las Religiosas. Unas mujeres de Iglesia hablan de ellas mismas.*
41. SOR JEANNE D'ARC, OP: *Caminos a través de la Biblia. Antiguo y Nuevo Testamento.*

SOR JEANNE D'ARC, OP

CAMINOS A TRAVES DE LA BIBLIA

ANTIGUO Y NUEVO TESTAMENTO

DESCLÉE DE BROUWER
BILBAO - 1994

Título de la edición original:
CHEMINS A TRAVERS LA BIBLE. ANCIEN ET NOUVEAU TESTAMENT
Desclée de Brouwer, 1993. Paris

Traducción castellana de: Ramón Alfonso Díez Aragón

Printed in Spain
ISBN: 84-330-1039-5
Depósito Legal: BI-1710/94

UNA INVITACION A LA LECTURA

Sor Jeanne d'Arc fue una animadora infatigable de los grupos bíblicos. Sin preocuparse de su salud precaria, recorrió el mundo (Francia, Bélgica, Canadá...), llevada por su pasión de «servidora de la Palabra de Dios» y por su pedagogía calurosa, acompañada siempre de un entusiasmo comunicativo, y hasta de un humor oxigenante y afectuoso. Trataba de ponerlo todo —la crítica textual, el estudio de las palabras, el valor poético de la traducción...— al servicio de la exaltación del texto, del fruto espiritual, de la «penetración» del mensaje revelado.

Una de las últimas tareas de su vida fue precisamente la de reunir en forma de «caminos» algunos artículos, conferencias, esquemas, gráficos, cuadros... empleados durante muchos años en su actividad.

En esta obra se dan cita las características principales de la enseñanza bíblica de sor Jeanne d'Arc: la Biblia —conjunto de escritos de géneros, épocas y funciones diferentes— forma un todo diversificado, que no se puede leer sin comprender previamente sus características particulares y su razón última. Por eso la primera parte se dedica a la forma, la historia y la organización de la «Palabra revelada». El lector que admita esto no debe, ni siquiera puede, empeñarse en leer página tras página. Sor Jeanne d'Arc propone algunos itinerarios, aconseja algunas sendas preferidas, opta por un atajo, sugiere una parada. Así se organiza la lectura, se consolida el interés, comienzan los hallazgos.

Sor Jeanne d'Arc insiste —como todos los que han pasado por la escuela de la *lectio divina*— en el hecho de que la revelación, que no es un «automatismo», está tejida de innovación y de rutina, de avances y retrocesos, a imagen de la historia contradictoria del pueblo de la Biblia. Nos recuerda también que el mensaje revelado es más una maduración progresiva que un dato inmediato: como sucede en la música, se anuncia la melodía, se dibuja, se precisa antes de que toda la orquesta la interprete. Por eso este libro concede una especial importancia a los *temas bíblicos*, y a su elaboración a través del Antiguo y del Nuevo Testamento. De ellos se deduce una lección brillante para salir al paso de cualquier tentación fundamentalista: un texto de la Biblia (y, en un cierto sentido, incluso los dichos, proverbios o *logia*) no es algo aislado, es más una etapa que una meta; hay que situarlo en un contexto, hay que encontrar sus armónicos y sus textos complementarios. Este es un elemento importante de la relación entre el creyente y la Biblia.

Como mujer promotora de la renovación bíblica en lengua francesa (participó en la revisión de la *Biblia de Jerusalén*, publicó una *Concordancia del Nuevo Testamento* y finalmente la primera edición contemporánea del texto *griego/francés* de los evangelios, que hará época), ha puesto al alcance de todos el resultado de sus trabajos en una *edición de bolsillo* de los evangelios. Como religiosa dominica consagrada a la oración y al servicio de la Palabra de Dios, sor Jeanne d'Arc ha renovado nuestra cultura y ha abierto nuestro apetito por el texto sagrado. A nosotros, que siempre tenemos prisa, nos propone una iniciación a este mundo, tan cercano y tan lejano, de los hombres y de los hechos de la Biblia. Si se sigue su consejo, se cambian las perspectivas y se produce el encuentro entre el lector y el texto, un lector que busca lo esencial, es decir, los secretos de la memoria. Jacques Rivière dice: «Estamos sobre la tierra tratando de encontrar un nombre muy antiguo y olvidado». A esta recuperación de la memoria, a la actualización de un mensaje arcaico y siempre nuevo —es decir, esencial— nos invitan estos *Caminos a través de la Biblia*.

INICIACION A LA LECTURA DE LA BIBLIA[1]

Una de las mayores gracias que el Espíritu Santo derrama en nuestro tiempo es el gusto por la Palabra de Dios y el deseo de leer la Sagrada Escritura. Recordemos el dicho de Amós:

> Yo mandaré hambre y sed a la tierra,
> no hambre de pan,
> ni sed de agua,
> sino de oír la Palabra de Yavhéh[2].

Pero para leer con eficacia es necesario tener unos fundamentos que proporcionen un buen punto de partida. Existen Introducciones a la lectura de la Biblia, y la mayor parte de las Biblias ofrecen, en forma de prólogos o de léxicos, informaciones básicas.

Mi intención es presentar un método y un espíritu, enseñar a leer la Biblia con objetividad y, a la vez, con el deseo de alimentarse cada vez mejor de la Palabra de Dios.

¿Qué es la Biblia?

Para comprender qué es la Biblia hay que remontarse al proyecto del amor eterno de Dios: Dios creó al hombre para que compartiera su propia dicha y su propia vida. Este gran designio amoroso se realiza

---

1. Para las citas bíblicas hemos seguido normalmente el texto de la *Biblia de Jerusalén*. Cuando la autora se separa de la versión de la *Bible de Jérusalem*, traducimos al castellano la versión francesa de la autora [*Nota del traductor*].

2. Am 8,11. Sin duda el profeta no anuncia aquí un deseo de la Palabra de Dios —deseo que es una gracia—, sino la ausencia de la Palabara en un pueblo infiel. Tener hambre y sed de ella es una gracia, y ésta se da en nuestros días.

primero en la creación, y después en la redención. Mientras que la creatura responde enseguida a la voluntad creadora —*¡Haya luz! Y hubo luz*—, la obra de la salvación se realiza lentamente en la historia. Dios preparó la venida de Cristo durante siglos de educación progresiva, en los que el recuerdo de sus obras, de sus maravillas y de sus misericordias era conservado por el pueblo elegido gracias a una tradición viva: al principio como transmisión oral que, muy pronto, se fija por escrito en la arcilla o en el cuero, y después en papiros o en pergamino. Todo queda escrito para la formación del pueblo de Dios, de Israel en primer lugar y, a continuación, para todas las generaciones futuras hasta el final de los tiempos.

Pues Dios no quería salvarnos automáticamente, por así decirlo, sin prevenirnos —como por un gesto mágico—, sino que ha querido invitarnos a entrar libremente en su designio de salvación, y por eso nos ha dejado marcado el rastro del mismo: nos ha dicho y ha mandado escribir para nosotros todo aquello que debíamos saber acerca de él y de su obra redentora, para que podamos responder a su amor con una adhesión personal, digna de un corazón humano, con conocimiento de causa. Era necesario que todo esto fuese escrito y ofrecido, de generación en generación, para que respondiéramos libremente.

Se puede pensar que esta perspectiva ilumina una cuestión sobre la que Péguy decía, a principios de siglo, que era para él el mayor misterio de la historia: ¿por qué Dios ha esperado tanto tiempo para salvar al hombre?

Y cuanto más se remonta en el tiempo el origen de la humanidad y más milenios se nos descubren antes de Abrahán, más se complica la cuestión: ¿por qué transcurrieron tantos siglos antes de que irrumpiera la aurora de la salvación?

Tal vez la respuesta sea precisamente nuestra Biblia. Si el Salvador hubiese venido en la edad de piedra, hubiésemos sido salvados por él, está claro. Pero no sabríamos cómo; no conoceríamos esta obra del Dios que se ha encarnado en la realidad del barro humano, más que por algunas tradiciones orales —que adquieren enseguida el carácter de leyendas—, por algunos hechos aprendidos o transmitidos, cuya significación desaparece pronto: ya se sabe hasta qué punto se pueden modificar o desvanecer, en el transcurso de los siglos, estos datos procedentes de tiempos remotos, sobre todo al pasar por civilizaciones y lenguas diferentes.

Dios quería dar un anclaje seguro a nuestra fe, y que este punto de apoyo permaneciera mientras hubiera hombres. Por eso ha esperado —con esa paciencia que es la humildad de Dios— a que el hombre, progresando lentamente hacia la civilización, llegara finalmente a la experiencia de la memoria colectiva, que caracteriza los tiempos históricos. Era necesario que el hombre fuera capaz de acordarse, de escribir sus recuerdos y de conservar sus escritos, precisamente para que toda esta historia quedara fijada irrevocablemente.

De modo que la Biblia no es la historia del pueblo de Dios, sino más bien los archivos de este pueblo, los materiales a través de los cuales se puede conocer su historia; es, al mismo tiempo, su literatura, su legislación, y todos sus recuerdos de familia: es el rastro de la obra de Dios en el curso del tiempo, rastro escrito tal como Dios mismo lo ha querido y lo ha «inspirado»; nos da a conocer todo su designio providente y lo que tenemos que hacer para responder de un modo libre.

Con su inmensa e inagotable riqueza nos revela, al mismo tiempo, quién es Dios y quién es el hombre; el amor, la gracia y el pecado; y el sentido, sentido de la vida de cada uno y de toda la historia humana...

Una biblioteca

Los archivos del pueblo de Dios... Es lo primero que hay que saber antes de abrir la Biblia: este libro no es un libro[3], sino que contiene unos 75 libros, toda una literatura, toda una biblioteca —lo cual nos ofrece ya una clave esencial sobre la forma de leerla—.

Mirad el índice de vuestra Biblia: hay Antiguo y Nuevo Testamento y, en cada uno de ellos, grupos distintos que ni siquiera son homogéneos, de modo que se pueden distinguir genéros literarios muy diferentes.

Es toda una colección, compuesta de libros tan diversos como los libros de historia; e incluso con todos los géneros históricos: crónicas, memorias, genealogías, cuadros cronológicos, relatos de guerras y de batallas, historias noveladas, sucesos... Contiene cuentos, poesías, sermones, recopilaciones de leyes, de proverbios, normas sociales, colecciones de máximas, un ritual... Contiene los más hermosos poemas, relatos encantadores y también la prosa más tediosa, enumeraciones interminables, catastros y jurisprudencia. Contiene los oráculos y las amenazas proféticas, los gritos de los salmistas, la dulzura de los cantos íntimos y la inspiración de las fábulas satíricas... Son textos que fueron escritos en dos o tres lenguas (hebreo, arameo, griego), libros que fueron redactados en el transcurso de diez o doce siglos...

3. Hemos cambiado en singular y femenino, *la Biblia*, lo que en realidad es un neutro plural: *ta biblia, los libros*.

Dentro de esta diversidad extrema la calidad varía de unos a otros: desde los libros con contenido doctrinal y espiritual extraordinariamente rico, esenciales para la formación del pueblo cristiano, como el evangelio de Mateo o la primera carta de Juan, hasta los documentos, textos informativos, que ofrecen enseñanzas cuya función es servir de marco a los otros y darnos a conocer la vida y las instituciones del pueblo de Dios: legislación, censos, listas de etapas, etc. Es útil consultar estos últimos cuando es necesario, pero no son directamente portadores de revelación, ni constituyen un alimento para la vida espiritual.

Una actitud adecuada

Nuestra actitud —y ésta es una primera clave de lectura— debe adaptarse a cada libro y a lo que nos puede aportar. Es como cuando buscamos un libro en una biblioteca: no tenemos la misma actitud si escogemos una obra poética cuyo encanto nos seduce, o si se trata de una colección de normas sobre seguros cuya información nos interesa, o un manual de historia para instruirnos[4]. Hay que buscar en cada libro lo que puede aportar; no todo es necesariamente edificante, no todo es necesariamente fructífero y no todo es necesariamente interesante ni está bien escrito.

Y esto, dicho sea de paso, es lo que nos debe impedir tropezar al encontrarnos con actos crueles, con hechos escandalosos: si se trata de historia, la honradez del historiador está en contar los hechos reales, sin encubrirlos (esta perspectiva nos puede ayudar para considerar muy edificantes relatos tan chocantes como, por ejemplo, Gn 12,10-20); otro relato puede ser de tipo folklórico; una crítica puede ser tan aguda en su intención satírica que se transforma en caricatura, etc. Esta atención al valor exacto del género literario y a la intención del narrador permite situar este tipo de dificultades en el lugar que les corresponde.

Habría que añadir —y lo trataremos más adelante— que se necesita un cierto sentido histórico: la Biblia nos permite percibir el proceso, lento y sinuoso pero realmente ascendente, del progreso de la obra de

4. La Biblia es el libro más copiado, el más impreso, el más editado, el *best-seller* de todos los tiempos. El talento y la técnica de los especialistas han conseguido publicarla en un solo libro, después como un libro de bolsillo, casi como una pequeña libreta...

Cuanto más se la «condensa» de esta manera, más tendemos a considerarla como *un* libro. Yo sueño con una edición de cada libro de la Biblia, editado aparte, dispuesto de forma que se sugiera su gérero literario: buen papel y márgenes amplios para los libros poéticos, presentación sobria para los libros legales...

Dios en el curso del tiempo. Es normal, y reconfortante, que el sentido de exigencia moral no sea el mismo en los textos más antiguos que en los que reflejan mil años de pedagogía divina[5].

Nosotros creemos que este libro es Palabra de Dios. Primeramente debemos, por tanto, leerlo con fe: que este libro es divino no es una impresión, sino que constituye un objeto de fe; y así debemos recordarlo cada vez que lo abrimos.

Con humildad, con respeto: recibimos la palabra, nunca la dominamos. Tenemos que ponernos a buscar su sentido, y no someterlo a nuestras ideas o caprichos.

Tenemos que leerla en un clima de oración, invocando al Espíritu Santo para que abra nuestro espíritu a la comprensión de la Escritura (Lc 24,45). Y cuanto más trabajemos el texto, tanto más necesario es que nuestro trabajo se vea penetrado por la oración y el sentido religioso.

Hay que evitar el confundir la Biblia con un libro de «lectura espiritual», del que esperamos que cada página nos ofrezca un alimento directamente asimilable. No es una colección de pensamientos piadosos para cada día del año...

La Biblia es infinitamente más «espiritual y alimenticia» que cualquier otro libro, pero no exactamente de la misma manera. La Biblia nos habla de Dios; y hasta los desiertos de la Biblia educan nuestra fe. Nos da a conocer a Dios y su proyecto de amor para el hombre: nos da el sentido de Dios y de todos los caminos de Dios, de sus preferencias y de sus costumbres. Esto es lo que hay que buscar incansablemente en la Biblia, este encuentro único con el Dios vivo.

La Biblia constituye todo un mundo. Nunca se termina de conocerla. Esta es una tarea para toda la vida. Para todos los pueblos y todas las mentalidades y para todo el tiempo que dure la vida de la Iglesia. Cada generación descubre una forma nueva de hacerle preguntas, con los medios culturales de cada época. Es inagotable, y su densidad nos desanima, si acudimos a ella con prisas.

Esto mismo nos enseña a movernos al ritmo de Dios, que nunca se apresura, que ha esperado cientos de miles de años antes de comenzar, que ha dedicado luego dos mil años para preparar un pueblo y que, después de una breve venida, ha dado al Espíritu el encargo de guiarnos hacia la *verdad completa* (Jn 16,12-13).

---

5. Por otra parte, una comparación de diferentes relatos de un mismo hecho nos permite percibir este progreso del sentido del bien y del mal: los escritores más tardíos censuran o deforman hechos que los más antiguos aprobaban o admitían sin vacilar.

Y que nos ofrece, por su generosidad infinita, la Biblia para que la leamos, la estudiemos y la meditemos, un maná imputrible para la travesía del desierto de este mundo.

Cómo leer la Biblia

La primera clave de lectura de la Biblia es ser conscientes de su diversidad intrínseca: nuestra actitud debe esforzarse por corresponder a esta diversidad. Las preguntas que se plantean, en concreto, son: ¿Cómo situarse? ¿Cómo leerla?.

La dificultad actual para leer la Biblia se debe principalmente a una falta de familiaridad, no sólo personal, sino especialmente colectiva, sociológica, después de algunos siglos y como consecuencia de diversas circunstancias históricas. La ruptura protestante, hecha en nombre de la Biblia; los descubrimientos arqueológicos, que planteaban muchas preguntas para las que no había respuestas preparadas; la irrupción brusca de las ciencias del lenguaje (ha sido necesario bastante tiempo para asimilarlas y aprender a utilizarlas con eficacia); las intervenciones, a veces ásperas, de los responsables eclesiales, alarmados por cualquier tipo de novedad; una liturgia estancada, que proponía siempre la misma selección estrecha de textos; traducciones mediocres o anticuadas, todo ello ha creado un clima de ignorancia, de desconocimiento, una distancia, a veces incluso una sospecha con relación a la Biblia.

!Gracias a Dios todo esto ha pasado! Ahora tenemos conciencia de su lugar en la vida cristiana, tenemos el gusto de leerla, el deseo de conocerla cada vez mejor —la liturgia de la misa nos la ofrece en su mayor parte—, pero nos falta esa familiaridad ancestral, esa herencia recibida espontáneamente en las familias en que la lectura de la Biblia era una tradición, en que se mamaba con la leche, ligada a todos los recuerdos de la infancia, en que se aprendió a leerla al mismo tiempo que se aprendía a hablar...

Pensemos en los maravillosos recuerdos infantiles de Julian Green. Era todavía muy pequeño:

> Comenzaba a hablar un poco de inglés cuando ella (su madre) me hizo aprender de memoria el Salmo 23 en la incomparable versión de King James.
>
> Esas frases tan simples, esas frases infantiles se alojaron sin dificultad en mi memoria y, a pesar de lo misterioso que resultara su sentido, mi espíritu nunca dudaba de nada, ni del aceite vertido sobre mi cabeza, ni del banquete preparado para mí en presencia de mis enemigos. Creía lo que mi madre creía. Y, por lo que recuerdo, ella no me explicaba nada; me hacía repetir cada versículo después de ella, luego el salmo entero, y todo esto formaba en mi

cerebro imágenes maravillosas de las que —puedo decirlo— me sentía embriagado. Yo veía al pastor, veía el valle en sombras de muerte, la mesa preparada. Con aquella edad no necesitaba nada más. Estaba teniendo una experiencia que ya no se borraría nunca; se me había dado algo, y me doy cuenta de que hoy no lo entiendo mucho mejor que cuando dije por primera vez esas palabras tan familiares y majestuosas. Al pronunciarlas, incluso con mi voz todavía vacilante, tenía la impresión de seguir a alguien paso a paso y de avanzar con él hacia un gran palacio bañado de luz de donde yo no saldría jamás; pero antes tenía que atravesar la región oscura sin temblar. Era el Evangelio en miniatura. ¡Cuántas veces en momentos de angustia me he acordado del cayado reconfortante que aleja de nosotros el peligro! Cada día recitaba este pequeño poema profético, cuyas riquezas no podría agotar nunca[6].

Buscar la familiaridad

Aquella situación ya ha pasado. Nuestra generación es la que tiene el honor, y también la difícil tarea, de cebar de nuevo la bomba aspirante.

Cuando una bomba aspirante esta vacía, es necesario dar muchos golpes de palanca para sacar agua. Después basta con una ligera presión... Cuando hayamos recuperado un clima bíblico, las generaciones siguientes entrarán en él de un modo tan sencillo como aprenden su lenguan materna, y podrán avanzar más con menos trabajo. Esta expectativa debe motivarnos todavía más en nuestro esfuerzo bíblico.

Para nosotros se trata, pues, de adquirir una cierta familiaridad, cierta soltura, el sentimiento de connaturalidad con el texto que da una relación habitual. A menudo sucede que el primer acercamiento ha sido parcial: se ha intentado estudiar bien un evangelio o un profeta, se ha seguido un curso sobre la segunda carta a los Corintios, se ha leído en grupo el libro de Tobías... O, si se trabaja solo, se ha tratado de profundizar en un texto, de seguir un tema, o simplemente de leer una página, con la esperanza de encontrar una palabra que hablara al corazón...

Y todo ello es bueno y excelente, pero se corre el riesgo de poner el carro delante de los bueyes. Cada texto que leemos es una nota aislada que sólo adquiere su valor en el conjunto de la sinfonía, con todos los instrumentos. Si nos falta esta visión de conjunto, con frecuencia se nos escapa el sentido. Por eso la primera etapa, el primer objetivo que se ha de lograr es precisamente el de obtener unos conocimientos globales mínimos, que darán sentido a cualquier trabajo

6. Julien Green, *Partir avant le jour*.

posterior con el texto, a cualquier empleo litúrgico, a cualquier lectura fructífera.

Aprender la lengua de Dios, la lengua de la Palabra de Dios. Hay dos formas de aprender lenguas. La que se ponía en práctica cuando yo era niña: se entregaba al alumno una gramática y un diccionario y él se esforzaba por retener palabras y reglas, por hacer ejercicios y traducciones, y después de ocho o diez años de buen trabajo escolar era incapaz de preguntar por el lugar adonde se dirigía...; o el método global: se le lleva a pasar algunas semanas a un país, él chapurrea, barbulla, «se sumerge en la lengua» y vuelve familiarizado con ella. Entonces tiene sentido el estudio de la gramática y el análisis de la lengua.

Sucede también como cuando se quiere conocer un gran país. El medio más eficaz es el de sobrevolarlo en avión: así se conoce la geografía del país con más rapidez que con los libros o los mapas. La Biblia es nuestro país de origen. Algunas generaciones nos hemos dejado exiliar de él. Mirémoslo desde el avión, rápidamente, descubriendo los desiertos y las fuentes, las líneas de división de las aguas y la orientación de todo el conjunto, que aparece mejor visto desde arriba.

Leer deprisa

El primer consejo que se debe dar a quien quiere leer la Biblia (tal vez resulte extraño) es que lea deprisa. El objetivo de una primera lectura, de esta lectura rápida y global, es precisamente el de conocer el conjunto, acostumbrarse a él, familiarizarse con el mundo de la Biblia.

Leer deprisa, sin buscar muchas introducciones o explicaciones, sin acudir a las notas o a los comentarios; beber a grandes sorbos como quien tiene sed, sumergirse en este océano tan profundamente como se pueda, y avanzar tan rápido como se pueda.

Sin prestar atención a las dificultades o a los problemas. El detalle se ve iluminado por el conjunto y no al contrario: muchas explicaciones sabias sobre algunos detalles no dan el significado del conjunto, mientras que la visión de conjunto ayuda a poner en su sitio los detalles y los problemas.

¡Si os detenéis en las dificultades, sabed que cuanto más estudiéis la Biblia, más problemas percibiréis que no aparecieron en una primera lectura! ¡Por fortuna es cierto que se puede leer y meditar la Biblia con mucho provecho sin haber resuelto todas las dificultades!

Mil dificultades no constituyen un obstáculo. Hay que saber saltar las toperas si se quiere llegar al final del campo. Después, en la segunda o tercera lectura, se podrá acudir a las aclaraciones, notas e interpretaciones, con mayor provecho, porque entonces ya se encontrarán en un marco familiar.

Leer deprisa. No está prohibido saborear en la primera lectura un texto hermoso, ni detenerse un poco cuando aparecen poemas magníficos. Pero, en lugar de pararse, es mejor tomar nota de la cita para acudir a ella en el momento de la meditación o de la oración.

Leer deprisa y cuando los textos son tediosos, demasiado técnicos, difíciles —genealogías, catastros, leyes, rúbricas, enumeraciones interminables del ajuar del templo—, se leen los subtítulos o incluso se saltan las páginas. Descubrir el tono, la atmósfera, de los principales libros. Saber oler su perfume de forma que se les pueda reconocer después automáticamente. Orientarse en este inmenso país.

Itinerario para una primera lectura de la Biblia

Distinguir los diferentes «bloques»: Nuevo Testamento y Antiguo Testamento.

Nuevo Testamento:
Está compuesto por los Evangelios, los Hechos de los Apóstoles, las Cartas y el Apocalipsis.
En este bloque los Evangelios son esenciales y es necesario releerlos con más frecuencia que cualquier otro libro.
Una primera lectura ha de incluir necesariamente:
Los cuatro EVANGELIOS[1] - los HECHOS DE LOS APOSTOLES - la PRIMERA CARTA DE PEDRO - la PRIMERA CARTA DE JUAN.
Es mejor tener *un cierto conocimiento* del Antiguo Testamento antes de leer a SAN PABLO. Se puede hacer una lectura «teológica» o cronológica (siguiendo sus viajes). En el caso del APOCALIPSIS puede ser necesaria una introducción.

Antiguo Testamento:
Distinguir la *«trama histórica»*, los *libros proféticos*, las *narraciones*, los *libros sapienciales*. El conocimiento de la trama histórica es necesario para enmarcar los demás escritos. Hay que leer siguiendo este orden:
GENESIS - EXODO - (Levítico) - Números - Deuteronomio - Josué - Jueces - Samuel - Reyes - Crónicas - Esdras - Nehemías - Macabeos.
En este conjunto los libros de las Crónicas son, en su mayor parte, un duplicado del segundo libro de Samuel y del primer libro de los Reyes. Se puede saltar o recorrer rápidamente todo lo relativo a la legislación, las enumeraciones, las descripciones del ajuar sagrado, por ejemplo Ex 22-31, 35-40, el Levítico, Dt 12-26, 1 Cro 1-9, etc. Una lectura posterior podrá interesarse por ellos, pero la primera se vería entorpecida por su causa.

1. Los libros que están en VERSALES son los más importantes, los que hay que leer necesariamente. Cf. *infra*, el capítulo Introducción a los Evangelios, pp 175 ss.

Al mismo tiempo que se lee esta trama conviene leer un libro de otro grupo. La experiencia muestra que es más fácil *avanzar en dos sendas a la vez*: prosa y verso, relatos y reflexión, historia y oración. En la medida de lo posible conviene situar a los profetas en su época. Libros como el de los Proverbios se pueden ir desgranando a lo largo de toda la lectura.

Profetas:
Amós - Oseas - Miqueas - ISAIAS 1-39 - Sofonías - Nahúm - Habacuc - JEREMIAS - Lamentaciones - Baruc - EZEQUIEL - ISAIAS 40-45 - Daniel- ISAIAS 50-56 - Ageo - Zacarías - Joel - Abdías - Malaquías.

Narraciones:
Rut - Ester - Judit - Tobías - Jonás.

Sabiduría:
Proverbios - JOB - Cantar de los Cantares - Eclesiastés - Eclesiástico - SABIDURIA.

Los SALMOS deben leerse a la vez que los demás libros: es la Palabra de Dios que se nos ha dado para que sea nuestra palabra; para que respondamos con la alabanza, la admiración, la oración a todo lo que nos aportan los demás libros.

Seguir un orden

Leer siguiendo un plan, evitando «picotear» aquí y allá. Abrir la Biblia al azar puede ser bueno, pero solamente cuando uno se la sabe casi de memoria. Si no, se corre el riesgo de interpretarla al revés.

Es necesario reconocer el texto que se lee, ser capaces de identificar aproximadamente el pasaje con que uno se encuentra... Mientras uno no sea capaz de ello es mejor seguir un orden, precisamente para aprender a orientarse mejor. ¿Qué orden?

¿El orden tradicional de los libros en nuestras Biblias? Este depende de complicadas razones históricas y prácticas[6]. Los libros están agrupados *grosso modo* según su género literario. Y dentro de un grupo, puede suceder que estén dispuestos siguiendo un orden aproximado de extensión (como los profetas o las cartas de san Pablo): en realidad esto no constituye una guía para la lectura. Por lo demás, cuántos que han comenzado sabiamente por el principio, leyendo de seguido, después de estar encantados con las hermosas historias del Génesis se han perdido definitivamente en las áridas arenas del Levítico...

6. Por otra parte este orden no es el mismo en las biblias hebreas, en las versiones griegas y latinas. Y estas diferencias se reflejan en las traduciones, por ejemplo, en la la Biblia de Jerusalén.

Para esta primera lectura rápida se podría seguir un plan que ofrezca una lectura más fácil, más equilibrada, proponiendo un orden más pedagógico que técnico o científico.

No se pretende que, en el primer contacto, se adquieran conocimientos de crítica literaria o histórica, sino organizar un recorrido completo y rápido a través de la Biblia, que dé una visión de conjunto y ofrezca la posibilidad de orientarse en ella, de familiarizarse, y el deseo de volver a leerla.

Para conseguir este objetivo puede ser suficiente con disponer de un marco cronológico[7] muy general, como el que propongo en este capítulo y dentro del cual he intentado distribuir lo mejor posible la poesía y la prosa, las partes fructuosas y las partes áridas (cf. *supra*, pp. 19-20).

Para ir más lejos

Cada libro

La etapa siguiente —que nunca se concluye— consiste en leer los libros, en estudiarlos, uno después de otro: se comienza por los más importantes, o por los que más interés suscitan; se aprovecha una ocasión, un curso, una celebración litúrgica...

Leer el texto, pero ya no de un modo superficial, sino prestando mayor atención. Consultar una introducción para situarlo en la historia de la revelación. Conocer al autor de algunos de ellos (profetas, evangelistas). Establecer la estructura del libro o sus principales divisiones; distinguir las partes que lo componen. Descubrir los géneros literarios y, a lo largo de la lectura, consultar —más o menos, según las necesidades— las notas, o servirse de comentarios. Recurrir, de acuerdo con las propias posibilidades, a los diferentes métodos de análisis o de explicación de los textos.

Se avanza lentamente. Estamos ante una tarea que dura toda la vida. En el caso de quienes no tienen mucho tiempo para dedicarlo a la lectura y al estudio, ¿convendría leer tal vez dos o tres libros cada año? De todos modos, el fruto obtenido de cada lectura es tan grande, e ilumina de tal forma todo lo demás, que el esfuerzo merece la pena.

---

7. Es bueno familiarizarse con la cronología y la geografía de esta larga historia. Cf. *infra*, el capítulo sobre historia sagrada, pp. 49 ss.; el recuadro «algunos datos cronológicos», pp. 27 ss. y... no dudar en consultar un atlas bíblico.

Teología bíblica

Después de adquirir un mínimo conocimiento de la historia, de los libros y de su datación, se pueden estudiar algunos «temas», seguir el progreso de la revelación de una etapa a otra[8], para poder sumergirse en las maravillosas riquezas de la teología bíblica. Pero es cierto que éstas no se abren más que a quienes han sabido antes, con un trabajo paciente, construir unos cimientos objetivos.

Entonces pueden resultar útiles estudios y comentarios que ayudan a comprender la importancia de los textos, el camino de la obra de Dios a lo largo de los siglos, la preparación para la venida de Cristo, la maduración de las palabras que servirán para expresar la plenitud de la revelación.

Si uno tiene que trabajar solo, es conveniente que tenga un libro de referencia, que profundice en su contenido, que busque en cada ocasión las citas —¡hará bastantes descubrimientos!—. Procurando superar ampliamente las referencias o las perícopas citadas para situarlas en su contexto, para descubrir a qué sección pertenecen, y cuál es su significado en el conjunto de la obra, de forma que se amplíe y consolide cada vez más nuestro conocimiento de la Palabra.

De esta manera edificaremos nuestra casa sobre roca, tendremos los cimientos que dan una base sólida a nuestra fe y que avalan nuestro criterio ante las múltiples cuestiones que el mundo nos plantea sin cesar.

En lugar de buscar en la Biblia —escogiendo textos o acomodándolos— «recetas», respuestas inmediatas a nuestros problemas personales o sociales, nos dejaremos formar y estructurar por la Palabra —obra que requiere esfuerzo, pero ¡cuán profunda y fecunda!—.

Cómo trabajar

Es bueno estudiar la Biblia, poniendo en ello todo el empeño personal y sirviéndose de instrumentos de trabajo, pero es mejor todavía leerla «en la Iglesia», reuniéndose *en grupo* para asimilar juntos la Palabra de Dios, para ayudarse mutuamente, animarse y hacer fecunda la lectura por medio del intercambio.

¿Cómo formar un grupo? Para poder comenzar es suficiente que haya tres o cuatro que tengan interés. Resulta más fácil reunirse si hay una cierta proximidad, proximidad geógrafica o profesional, etc.

8. Cf., por ejemplo, «Del maná a la eucaristía», *infra*, pp. 139 ss.

Pero las objeciones aparecen pronto: ¿Cómo formar un grupo si ninguno de sus miembros tiene la suficiente competencia? ¿Dónde podemos dirigirnos? Necesitaríamos tener con nosotros un sacerdote o un especialista... Si esperáis a tener un sacerdote para cada grupo de cinco personas, no comenzaréis nunca.

Por otra parte, hay grupos que se reúnen regularmente desde hace años guiados por un especialista. Han recibido un buen nivel de instrucción, han aprendido cosas. Pero si el especialista se marcha o se pone enfermo, son incapaces de trabajar juntos y de leer el texto por sí mismos. Un curso magistral puede se excelente, pero nunca sustituye —y puede llegar a hacerlo estéril— al esfuerzo personal y colectivo en grupo.

Supongamos que tenemos ya al pequeño grupo que se reúne. Primero puede escoger un animador, que no tiene por qué ser necesariamente el más instruido o el más competente, sino el que sea capaz de animar mejor, lo cual significa principalmente: hacer que los otros hablen, valorar las ideas propuestas, plantear cuestiones que ayuden a avanzar, resumir lo que se acaba de decir, recapitular. El animador no tiene por qué preverlo todo, sino hacer que el grupo sea fecundo, ayudar a sus miembros a expresarse, tratar de que surjan todas sus riquezas[9]. En un grupo siempre hay más riquezas de lo que se piensa; la cuestión es sacarlas a la luz, ponerlas en juego a través del intercambio.

El grupo puede escoger también un secretario: su tarea no es principalmente la de anotar todo lo que se dice en el grupo. Debe sentirse libre para participar tanto como los otros. Su función consiste en ser memoria del grupo: toma nota, en primer lugar, de los días y las horas, de las fechas previstas, de las direcciones de los miembros del grupo, etc. Y también, por ejemplo, de las indicaciones bibliográficas, de la referencia de un artículo interesante que podrían leer los componentes del grupo... Y, como veremos, su tarea consiste sobre todo en anotar las cuestiones planteadas por cada uno.

El grupo se pone de acuerdo sobre el trabajo que va a realizar. Elige uno de los libros de la Biblia, para seguir una lectura continuada; o, si está un poco más formado, decide escoger un tema acudiendo a todas las fuentes del texto.

Y comienza el trabajo; se trata simplemente de avanzar juntos en el conocimiento de la Palabra de Dios. No es un encuentro exactamente igual que el de los grupos que se reúnen para «compartir el Evangelio»,

9. Existen además cursos de iniciación para animadores de grupos. A un animador principiante le vendría bien seguir uno de ellos.

que buscan directamente el fruto espiritual; es realmente un trabajo: si se dispone de ediciones distintas, se leen las notas complementarias, se comparan las traducciones, se consultan las referencias y las citas. Es entonces cuando la ayuda mutua resulta muy fecunda. Se puede pedir a uno u otro miembro del grupo que, por turno, vayan preparando temas —con la condición de que no se conviertan en clases magistrales—.

Cuando se plantea una pregunta o una dificultad que no se sabe resolver, es necesario sencillamente ponerse de acuerdo sobre la formulación precisa de la cuestión, pedir al secretario que tome nota y, sin detenerse más, seguir adelante. Al releer las primeras preguntas, al cabo de un tiempo, se comprueba que, al avanzar el grupo, se eliminan a sí mismas.

Y a propósito de las verdaderas preguntas que quedan sin responder, hay que acudir a una persona mejor formada, a un especialista, que manifestará su satisfacción, no tanto por preparar una conferencia sobre un tema determinado, cuanto por responder a las preguntas que se plantea realmente un grupo que quiere estudiar la Biblia[10].

Es importante no dejarse arrastrar por los charlatanes o los «falsos espíritus», que se interesan por cosas muy secundarias. Les gusta entretenerse —y frenan al grupo— en detalles insignificantes; a menudo su mentalidad es de tipo apocalíptico, tan de moda hoy sobre todo entre las sectas. Una sola persona que presente con frecuencia preocupaciones de este tipo puede llegar a destruir un grupo. El animador anotará con objetividad su pregunta para planteársela después al especialista y no debe permitir que él vuelva sobre ella una y otra vez; más que de competencia o erudición lo que el grupo necesita es una cierta sabiduría, un buen sentido espiritual. Ha de tener el sentido de lo esencial, el gusto por las cosas de Dios, con una mirada de fe.

Para un grupo resulta muy útil irse haciendo una pequeña biblioteca con algunos libros básicos para el trabajo. Tal vez cada uno de sus miembros no pueda comprar todos estos libros. Pero cada uno puede dar a conocer sus «tesoros» y comunicarlos o prestarlos según las necesidades.

---

10. Me acuerdo de un grupo que estaba comenzando con mucha ilusión. Después de la primera reunión recibí una lista de 39 preguntas tanto sobre los ángeles, el infierno o la libertad, como sobre el significado preciso de un versículo. Respondí, dando simplemente algunas indicaciones y animándoles a continuar el trabajo hasta que yo llegara. Algunos meses más tarde me encontré un grupo que había madurado: había aprendido a discernir sus preguntas, trabajaba bien, modesta y responsablemente, y se había afianzado en el amor a la Biblia. El reencuentro, después de ese año de trabajo, fue más fructífero que cualquier lección magistral.

Pequeña biblioteca bíblica al servicio de un grupo

La Biblia de Jerusalén. Desclée De Brouwer.
Un diccionario bíblico. Por ejemplo, el *Dictionnaire de culture biblique*, Maurice Carrez, Desclée de Brouwer, 1993.
El *Dictionnaire de Nouveau Testament* (trad. cast.: *Vocabulario de teología bíblica*), Xavier Léon-Dufour, «Livre de vie», Le Seuil.
Un Atlas bíblico. Por ejemplo, el *Atlas historique de la Bible*, Joseph Rhymer, Desclée de Brouwer, 1990.
La *Concordancia del Nuevo Testamento*, Desclée de Brouwer/Mensajero. Obra indispensable si se quiere estudiar un tema.
Una *Sinopsis de los evangelios*. Por ejemplo, la de Boismard/Malillos (Desclée de Brouwer) o la *Table sinoptique* de mi traducción de los evangelios (al final del libro de bolsillo o de cada uno de los volúmenes griego/francés o francés solamente).

Memorizar

Quisiera dar un consejo —sobre todo a los más jóvenes— : esforzaos por conocer y familiarizaros lo más íntimamente posible con los textos más hermosos, las páginas esenciales de los evangelios, los salmos que resultan más cercanos, los grandes cánticos de los profetas. Familiarizarse con el texto no es copiarlo —y menos aún fotocopiarlo— para guardarlo en un fichero, sino saberlo *de memoria*.

Es uno de los aspectos en los que mutilamos gravemente a los niños que se nos confían. Mutilación a causa de la atrofia, por ausencia total de ejercicio, de una de las riquezas más útiles para la formación equilibrada de la persona humana. Ya no aprendemos de memoria. Una libreta de apuntes para recoger los últimos datos, ficheros y clasificadores para acumular todo lo que queremos guardar..., y nuestra cultura se pierde. Pero no es el momento de hablar de cultura humana, sino de los fundamentos esenciales de nuestra fe y de nuestra vida con Dios.

Nos pertenece el tesoro de la Biblia y no nos preocupamos de apropiárnoslo.

Ya no sabemos memorizar. Si se tiene una memoria normal, se puede aprender un texto con bastante rapidez, de forma que se puede, por ejemplo, ponerlo por escrito.

Pero saberlo de memoria es algo muy distinto. Esto requiere una repitición constante, hasta que «todo el mecanismo quede instalado» en nuestros reflejos, en nuestras cuerdas vocales, para que podamos repetirlo, incluso si no pensamos en él. Quizá sepamos de esta manera el padrenuestro: puede sucedernos que comencemos «padre nuestro...», que tengamos después una distración y, sin embargo, lleguemos al final de la oración sin dificultad. Lo sé de un modo suficiente para que se diga en mí, aunque mi atención sea frágil. Esto es saber de memoria, estar bastante empapado, habitado por un texto, para que suba espontáneamente del corazón a los labios.

Escoged un texto, el que más os guste, y aprendedlo dulcemente, estrofa por estrofa, día tras día. Repetid, susurrad, canturread, remachad sin cesar lo que habéis aprendido. No os canséis. Tenéis toda la vida por delante. No paséis a otro hasta que éste no esté perfectamente memorizado, profundamente incorporado a vuestra sustancia: cuando os sorprendáis recitándolo sin daros cuenta de cómo lo comenzasteis. No se trata de aprender muchos. Se trata de que se conviertan en nuestra respiración a fuerza de repetirlos, de recordarlos, de rumiarlos.

En esta asimilación por repetición, la Palabra de Dios se hace nuestra, se incorpora a nuestra vida, es alimento de nuestra oración. Al mismo tiempo nos transforma, nos hace capaces de hablarla como una lengua materna. Y hablaremos de ella, la utilizaremos, haremos oración con ella de una forma cada vez más rica, más libre, más variada, a medida que profundicemos cada vez más en su contenido.

El mejor ejemplo es el Magnificat. ¡De qué manera estaría María habitada por la Palabra, para que aquel día que experimentó su alegría más personal y única en el mundo, empleara espontáneamente, con tal precisión y libertad las palabras ya cantadas por la anciana Ana y por tantos salmistas!

De esta manera se adquiere progresivamente un *tesoro personal*, que no se puede perder, de un valor inestimable. Nada puede arrancar este tesoro. Encarcelado o deportado, enfermo o solo, o simplemente si no dispongo del libro o si he olvidado mis gafas, el valor del tesoro se multiplica.

Para cuando llegue la tercera o cuarta edad... No nos gusta pensar en ello. Conocemos personas longevas, que no han perdido nada de sus capacidades intelectuales, pero a quienes la parálisis o la vejez privan poco a poco de la posibilidad de leer, de oír, de comunicar. En esta situación dolorosa, ¡qué mejor consuelo que este querido tesoro de los salmos o del evangelio!

La fórmula es muy simple. Repetir, repetir, volver a decirlo... En cualquier momento libre, yendo de viaje, al atender las pequeñas tareas materiales, si estamos esperando. Todos estos momentos pueden verse llenos pr el «gota a gota» de la Palabra de Dios[11]. El alma se encuentra

11. También se pueden escuchar cassettes. Hay algunos excelentes, especialmente de los evangelios.

poco a poco habitada por estos textos, que resplandecen sobre el resto de la Biblia y nos dan la familiaridad que buscamos.

Y el alma, fecundada por la Palabra, penetra el sentido de la misma cada vez con mayor profundidad, se le concede saborear el *maná escondido* (Ap 2,17).

Algunos datos cronológicos[1]

Historia general			Historia bíblica
Anatolia. Imperio hitita.	**2000**		
Egipto. Imperio medio. Babilonia. Código de Hammurabi		**1850**	Emigración del clan de Abrahán, desde Mesopotamia hacia el país de Canaán. Isaac, Jacob, José.
		1700	Instalación en Egipto de algunos grupos hebreos.
Egipto. Ramsés II	**1300**		
		1250	Moisés: el éxodo. La alianza del Sinaí.
		1220	Josué. La conquista. Entrada en la tierra prometida. Los Jueces: instalación progresiva en Canaán.
Ramsés III	**1200**		
Imperio asirio Los celtas en la Galia		**1030**	Samuel y Saúl: Institución de la monarquía.
		1010	David. Conquista de Jerusalén.
Los etruscos	**1000**		
		970	Salomón.
		931	Asamblea de Siquem. El cisma. Los dos reinos: Israel (Norte) y Judá (Sur)
Homero: la Ilíada y la Odisea	**900**		
		885	Omrí, rey de Israel, funda Samaria.
		874	Ajab, rey de Israel. Los profetas Elías y Eliseo.
Fundación de Cartago	814		
Fundación de Roma	753		
		750	Los profetas *Amós* y *Oseas*.
		740	Vocación de Isaías (libro de *Isaías* 1-39). El profeta *Miqueas*.
		722	Sargón II de Asiria conquista Samaria. Fin del reino del Norte.
		716	Ezequías, rey de Judá.
		630	Los profetas *Sofonías* y *Jeremías*.

1. Las fechas que están en **negrilla** sirven como punto de referencia. Los nombres de los libros de la Biblia están en *cursiva*.

		622	Josías, rey de Judá. Hallazgo del libro de la ley y reforma religiosa. Concentración del culto en el templo de Jerusalén. Primera redacción de los libros de *Josué, Jueces, Samuel* y *Reyes*.
Destrucción de Nínive, capital de Asiria. Fin del imperio asirio.	612		El profeta *Nahúm*.
Nabucodonosor	**605**		
		600	El profeta *Habacuc*.
Asedio de Tiro	587		Conquista de Jerusalén y destrucción del templo por los babilonios. Exilio en Babilonia (587-538). El profeta *Ezequiel*. El libro de la consolación de Israel (Oráculos de *Isaías* 40-55).
Ciro, rey de medos y persas, conquista Babilonia	539		PERIODO PERSA (539-333).
		538	Edicto de Ciro: liberación de los deportados.
		515	Consagración del segundo templo. Profetas *Ageo* y *Zacarías* (1-8). Tal vez *Isaías* 56-66.
Tragedias de Esquilo		**500**	Papiros de la colonia judía de Elefantina. La oposición samaritana.
Guerras médicas (490: batalla de Maratón)			
El Partenón		**445**	Primera misión de Nehemías. El profeta *Malaquías*. Tal vez *Job, Proverbios, Cantar des los cantares, Rut*. Muchos salmos.
Guerra del Peloponeso (431-404)		**400**	Se unifica la legislación del *Pentateuco*.
Muerte de Sócrates	399		
		350	El profeta *Joel*. Libros de las *Crónicas* y de *Esdras-Nehemías*.
Alejandro Magno		**333**	PERIODO GRIEGO O HELENISTICO (333-63). Profecías de *Zacarías* 9-14. Judea sometida a los Lágidas de Egipto (329-197). Libros de *Jonás* y *Tobías*
		300	Comienza a traducirse la Biblia griega, llamada de los Setenta.
Guerras púnicas			Helenización de Palestina.

			Libros del *Eclesiastés* y de *Ester*.
		200	Victoria de Siria sobre Egipto en Panión.
			Judea sometida a los SELEUCIDAS de Siria (200-142).
		180	Ben Sira escribe en hebreo el libro del *Eclesiástico (Sirácida).*
		167	Persecución de Antíoco Epífanes (167-164).
		166	Sublevación de los Macabeos.
			El libro de *Daniel*.
Destrucción de Cartago	146		Fariseos, saduceos y esenios.
		132	Traducción griega del libro del *Eclesiástico*.
		125	*2º libro de los Macabeos*
		100	*1er libro de los Macabeos*
			Libro de Judit
		63	Pompeyo conquista Jerusalén, PERIODO ROMANO (63 63 aC-135 dC).
Asesinato de César	44		
Augusto (27-14)	27		
		7-6	Nacimiento de Jesús.
Tiberio (14-37)			Judea, provincia administrada por procuradores (6-41).
	26		Poncio Pilato (26-36).
	27		Predicación de Juan Bautista.
			Comienzo del ministerio de Jesús
	30		Crucifixión de Jesús.
	33		Martirio de Esteban.
			Conversión de Pablo.
Calígula (37-41)	37		
Claudio (41-54)	41		Herodes Agripa I, rey de Judea (41-44)
	44		Santiago el Mayor, hermano de Juan, hijo de Zebedeo, mártir bajo Herodes Agripa.
		45-46	Epoca de los procuradores (Félix, Festo...)
		40-55	Se van poniento por escrito las tradiciones orales, primeros elementos de la formación de los *Evangelios*.
Galión, procónsul en Corinto		51	Primeras cartas de Pablo: a los *Tesalonicenses*.
Nerón (54-68)	54		
		55-56	Cartas a los *Corintios*, a los *Filipenses* (¿o 64-67).
		57	Carta a los *Gálatas*.

		57-58	Carta a los *Romanos*.
		59-60	En Cesarea, redacción de *Colosenses* y *Filemón* y, con un secretario, redacción de *Efesios* (o en Roma hacia el año 80)
		60	*Carta de Santiago*, el Menor, hermano del Señor, obispo de Jerusalén (se discute sobre la fecha y sobre el autor).
		62	Santiago el Menor, lapidado en Jerusalén.
			Pastorales (a *Timoteo*, a *Tito*, a *Timoteo*) en Cesarea (58-61), en Roma (64-67), después del año 70 por un discípulo.
		64	*1ª carta de Pedro* (o bien: 70-80, o bien 81-96).
Incendio de Roma	64	**64-67**	Martirio de Pedro y de Pablo en Roma.
Vespasiano (69-79)	69		
		65-70	*Evangelio de Marcos* (o hacia 75-80).
		66-70	Primera revuelta judía.
		68	Destrucción del monasterio esenio de Qumrán.
		70	Tito conquista Jerusalén.
			Carta a los Hebreos (o más tarde, pero antes del año 95).
		78	La *Guerra judía*, del historiador Flavio Josefo.
Tito (79-81)			
		80-85	*Evangelios de Mateo y de Lucas. Hechos de los Apóstoles.*
		80-90	*Carta de Santiago. Carta de Judas. 2ª carta de Pedro.*
Domiciano (81-96)	81		*Evangelio y Cartas de Juan*
		95	*Apocalipsis* de Juan
Nerva (96-98)			
Trajano (98-117)		110	Las *Cartas* y el martirio de Ignacio de Antioquía.
			La *Carta* de Policarpo *a los Filipenses*.
		131-135	Segunda revuelta judía, capitaneada por Simón bar Kokba.
		134	Destrucción de Jerusalén

REVELACION Y TRADICION, ESCRITURA E INSPIRACION

Hemos visto el lugar esencial que ocupa la Biblia en el designio divino, pero es necesario precisar más y distinguir mejor las relaciones mutuas entre estas grandes realidades: revelación, tradición, Escritura e inspiración. Se trata de nociones teológicas que manejamos normalmente, pero a menudo con cierta imprecisión.

Creemos que Dios se ha revelado, creemos en la importancia de la tradición en la vida del pueblo de Dios, creemos en la función del magisterio en la Iglesia, creemos que la Sagrada Escritura es inspirada. Todo esto forma parte del depósito de nuestra fe. Pero tal vez no sepamos cómo se articula y se integra en un conjunto armonioso, en la síntesis de los elementos complementarios.

La revelación

¿Qué se entiende por revelación? La palabra revelar, revelación[1], tiene en primer lugar un sentido trivial: se espera que el reportero *revele* lo que ha pasado en el consejo de ministros; este cantante es la *revelación* de la temporada...

En el sentido sobrenatural puede ser empleada para referirse a la iluminación interior que una experiencia nueva de la verdad divina

1. Como muchas palabras de nuestra lengua acabadas en *-ción* (= *-tion*, en francés), revelación puede significar una *acción* o el resultado de la acción, *el objeto*. Por ejemplo: «Estoy haciendo una *colección* de sellos» (*acción*). Veinte años después puedo decir: «Aquella *colección* de sellos es realmente valiosa» (*objeto*). Considerada como objeto, revelación puede significar *el contenido mismo de la verdad divina* así comunicada.

puede infundir en un alma: se habla, por ejemplo, de las *revelaciones* de santa Margarita-María.

En sentido propio y singular la revelación es en general toda la obra de Dios, que ha querido, por iniciativa personal y libre, darse a conocer a los hombres. La revelación es la acción de Dios que descubre progresivamente lo que él es, su verdad, su rostro. Es una acción que se manifiesta en la historia: tiene unas fechas, lleva un nombre. En el capítulo 12 del libro del Génesis Dios interviene, comienza a darse a conocer a Abrahán, todavía de un modo muy oscuro, pero personal. Es un comienzo absoluto: es, en cierto sentido, el comienzo de la encarnación.

¿Y es que Dios no se ha revelado más que a Abrahán? ¿No pudo hacerlo, antes o después de Abrahán, en otros pueblos, en otros países, en otras civilizaciones? Por supuesto, Dios puede darse a conocer a quien quiere, puede revelarse en cualquier lugar, cuando encuentra un alma de buena voluntad y acogedora —y lo habrá hecho muchas veces, sin que lo sepamos, sin que la historia conserve el menor rastro de ello—.

Mas, ¿cuál es la diferencia entre estas revelaciones —que para nosotros son personales, sobrenaturales y auténticas— y la que concedió a Abrahán?

12 preguntas para aclarar las ideas...

1. ¿Cómo sabemos lo que Dios nos ha querido revelar? ¿Dónde podemos encontrarlo?
2. Dios se ha revelado en la historia. ¿Puede haber otras revelaciones sobrenaturales además de esta gran revelación? ¿Cuál es su valor?
3. ¿Cómo conocemos de una manera segura el contenido de la revelación? ¿Cómo podemos profundizar más en él?
4. ¿Cuál es la regla suprema de la fe de la Iglesia? ¿Es en la Sagrada Escritura donde la Iglesia fundamenta la certeza que tiene sobre todo lo que ha sido revelado?
5. Lv 11,6; 1 Tm 5,23: ¿Están inspirados estos textos? ¿Cómo lo sabemos?
6. ¿Podemos distinguir la *inspiración* de la Escritura (inspiración bíblica) de la «inspiración» en el sentido corriente del término —literaria o poética— y de la inspiración profética?
7. ¿Puede la Biblia contener o enseñar errores?
8. ¿Contiene la Biblia toda la Palabra de Dios?
9. ¿Qué entendemos por tradición de la Iglesia?
(¿Podemos establecer la diferencia entre la tradición y una tradición, entre el singular y el plural?)
10. ¿Cúal es la relación entre tradición y Escritura en la Iglesia?
11. ¿En qué puede la tradición ayudar a comprender la Biblia? ¿En qué es útil la Biblia para la tradición?
12. ¿Cuál es nuestra función en la tradición viva de la Iglesia?

La tradición en el Antiguo Testamento

Con Abrahán se inagura una familia. La revelación se encarna en la historia, se transmite en el pueblo como una herencia, crece de generación en generación, con los profetas y los héroes carismáticos, con los reyes y los sacerdotes, con los sabios y los santos: *lo que caracteriza esta revelación es la tradición*, la tradición ininterrumpida desde Abrahán a Cristo, de Cristo a nosotros y hasta el final de los siglos.

¿Qué se entiende exactamente cuando se habla de esta tradición? Por todas partes hay tradiciones; es un fenómeno presente en cualquier grupo humano que, con el paso del tiempo, va dando origen a las diversas prácticas, costumbres, formas de ser y de actuar, que sus miembros van transmitiendo y configuran su personalidad. Una familia tiene su propia forma de celebrar los aniversarios; un partido organiza una gran fiesta anualmente; cada región tiene sus tradiciones locales, sus romerías y peregrinaciones; cada comunidad se caracteriza por sus tradiciones particulares —que pueden tener su valor real, pero que son muy secundarias en relación a lo esencial y, por tanto, modificables—, que pueden ser peligrosas si se las sacraliza, si se les da una importancia indebida. Esto es lo que Cristo condena con fuerza: las tradiciones sobre algunos detalles, tradiciones falsas y escleróticas, que llegan a suplantar a la ley de Dios (Mt 15,3-6).

Está claro que es indispensable distinguir entre tales tradiciones, minúsculas y numerosas, y la gran tradición de la Iglesia, que no puede ser más que una, de la que hablamos aquí, la que transmite la revelación divina y todo lo que la acompaña.

Todas las intuiciones individuales que Dios ha dado a quien ha querido, donde ha querido, pueden ser revelaciones sobre él mismo, sobre su ser, su santidad, su amor, su justicia, sus exigencias morales. Pero son esporádicas, puntuales. De la revelación propiamente dicha sólo formarán parte aquellas que se integran en la tradición única, que es realmente la vida del pueblo de Dios.

De modo que la revelación, indisolublemente unida a la tradición, va creciendo durante dos milenios, en los momentos cruciales del camino accidentado de Israel. Poco a poco, avanzando al mismo ritmo, la tradición se acrecienta. Los acontecimientos instruyen al pueblo, y los profetas le muestran su sentido, haciéndolo avanzar, a veces rápidamente, con sus luminosos oráculos. Meditan también sobre los acontecimientos del pasado, enseñan al pueblo para que aprenda de él, disciernen la acción de la Providencia, descubren cómo Dios guía la historia. Por otra parte, los sabios y los santos, con su reflexión, van profundizando cada vez más en las verdades reveladas, las «rumian», las saborean hasta extraer su jugo, toda su riqueza y todas las exigencias que se derivan de ellas.

Por tanto, hasta que llega Cristo, durante el tiempo de la historia sagrada, la tradición va progresando y creciendo. ¿Y a partir de su venida?

La tradición en el Nuevo Testamento

Cristo es la plenitud de la luz. Es la vida; ha venido para darnos esta vida. Ha ido formando a sus apóstoles para que vivan según el Espíritu. Les ha educado pacientemente —educar es mucho más que instruir—. Si el educador hace un gesto, si frunce el ceño, si dice «no sabéis de qué espíritu sois»... todo ello puede ser mucho más formativo para un niño, marcarle mucho más, que los grandes discursos de moral... Les ha formado en la perspectiva de su propio amor; les ha enseñado que no podrían vivir más que cuando enviara sobre ellos su Espíritu; les ha entregado las verdades más altas y las más profundas, que sólo iban a poder penetrar después de recibir este Espíritu.

Los apóstoles, por su parte, han proclamado después de pentecostés la buena noticia del reino, la resurrección y la vida en el Espíritu. De modo que, poco a poco, todos los que se agregan al pueblo de Dios, entran en una comunidad que vive de esta tradición.

Así resulta que la tradición es mucho más que la transmisión de un conjunto de verdades que se han de creer. Abarca, junto con el depósito de la fe, la manera de vivir, las costumbres cristianas, el modo de celebrar el culto, la eucaristía, la devoción a la Madre de Dios, las realidades más profundas, las más íntimas, las más experimentadas, todo lo que constituye la atmósfera irreemplazable de una vida con Cristo, en él y por él. En este sentido, toda la vida de la Iglesia es tradición[2], del mismo modo que la vida entera del pueblo de Dios antes de Cristo fue tradición.

Pero hay una diferencia capital entre estas dos etapas. Pues Cristo es la plenitud de la luz, ha transmitido[3] a los suyos su vida, su misterio,

---

2. Así se comprueba que resulta peligroso reducirla a una noción estrecha de «tradición oral», que provocó tantas polémicas inútiles en siglos pasados. Entonces se consideraba esta tradición como una especie de transmisión oculta de verdades secretas, que podían aparecer un día inesperadamente, para pasar después a ser «dogmas». Este punto de partida erróneo sólo podía conducir a callejones sin salida.

3. «Las palabras que tú me has dado, se las he dado a ellos y las han acogido». Muchas versiones traducen «dar» en Jn 17,7-8, como ésta de la Biblia de Jerusalén. Pero el término griego es el mismo que, en las demás ocasiones, se traduce por «transmitir», el verbo que expresa la tradición.

las palabras del Padre (Jn 17,7-8). Todo lo que ha oído a su Padre nos lo ha dado a conocer (Jn 15,15). El ha entregado toda la revelación. Ya no habrá una nueva revelación.

Esta revelación será profundizada, asimilada progresivamente: Cristo ha enviado a los suyos el Espíritu que les hará caminar hacia la verdad completa. La vida de la Iglesia consistirá en explorar, en explicitar, a la luz del Espíritu, este tesoro inagotable de la verdad divina. La Iglesia vive de su tradición.

La Escritura

A medida que la buena nueva se extiende a través del mundo, en culturas y lenguas diversas, a medida que los siglos pasan, los riesgos de deformación y de olvido serían cada vez mayores si la Iglesia viviera sólo de la tradición.

Por eso, desde tiempos remotos, Dios ha *inspirado* a diversos autores cuyos escritos, reunidos, forman el Antiguo Testamento.

Por lo que se refiere al Nuevo Testamento, ya se sabe que Cristo no escribió nada, ni ordenó nunca a sus apóstoles que escribieran[4], ni durante su vida terrena, ni en las apariciones pascuales. Les envió a predicar, enseñar, bautizar, guiados por su Espíritu Santo. Y los apóstoles, desde el día de pentecostés, anunciaron la buena noticia a todos los pueblos. Durante aquella primera generación continuaron proclamando las maravillas de Dios sin cansarse. De modo que la Iglesia vivió al principio sólo de tradición, podríamos decir que vivió de *traditio sola*. Pero en Tesalónica había problemas: Pablo les escribe con urgencia. Después los hubo en Corinto, y en otros lugares, en las comunidades que ha formado: no puede estar en todos los lugares a la vez y sus cartas amplían, precisan, su catequesis, previenen contra los errores, exhortan, corrigen.

Los que escuchaban cómo los discípulos o los apóstoles anunciaban a Jesucristo, tomaban notas, escribían en un trozo de cuero o sobre un pedazo de plato roto, las palabras esenciales de Jesús, las etapas de su vida, su pasión y su resurrección. De esta forma a partir de una tradición muy rica, múltiple, se fueron redactando algunos escritos, y se formaron colecciones, que dieron origen, después de una evolución compleja, a nuestros evangelios sinópticos. Luego, el evangelio Juan; y, con algunas otras obras, el conjunto del Nuevo Testamento. Pero

4. La única mención de un mandato de escribir se encuentra en la visión del Apocalipsis, en las cartas a las Iglesias de Asia (Ap 1-2).

será necesario que transcurran varios siglos antes de que este grupo de escritos sea considerado como un conjunto orgánico, con un contenido preciso y claramente delimitado.

Así se formó nuestra Biblia. La cuestión que se plantea a continuación es la siguiente: ¿cómo se puede decir que unos libros escritos por hombres son Palabra de Dios? A ella responde lo que conocemos sobre el misterio de la inspiración.

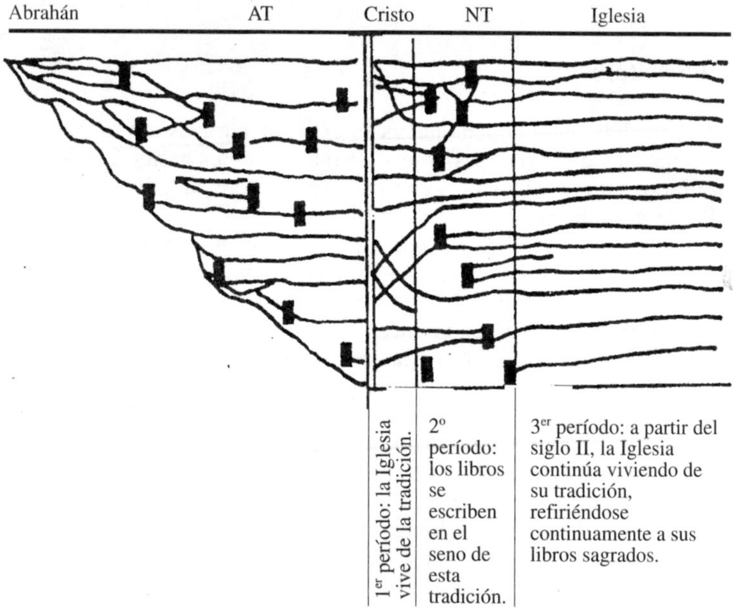

La revelación comienza con Abrahán. Es transmitida por la tradición.
Va creciendo desde Abrahán hasta Cristo.
■ Libros de la Biblia.
Los libros inspirados del Antiguo y del Nuevo Testamento se sitúan en el marco de la tradición.
La tradición precede, acompaña y hace que lleguen hasta nosotros estos libros inspirados.

La inspiración

Como en el caso de la revelación y de la tradición, conviene precisar lo que entendemos por inspiración. En el sentido usual de la palabra se trata de una disposición psicológica para escribir con soltura y gozo: el poeta habla de su *inspiración*, un alumno puede decir que no se siente *inspirado* para escribir sobre un cierto tema.

En sentido sobrenatural se trata de una moción del Espíritu Santo. Pensamos, en primer lugar, en *la inspiración profética*, el carisma que impulsa a un hombre para hablar o actuar de parte de Dios. Se trata de una inspiración de la que el profeta es consciente, a la que debe dominar: «Los espíritus de los profetas están sometidos a los profetas», dice san Pablo (1 Co 14,32). Incluso puede tratar de luchar contra ella (Am 3,8; Jr 20,7-9). Es un carisma que surge en el pueblo de Dios a lo largo de toda su existencia, tanto después de Cristo como antes de él. Es un carisma que exige discernimiento y, al mismo tiempo, una gran docilidad: «No extingáis el Espíritu» (1 Ts 5,19), dice san Pablo.

Hay que distinguir entre este carisma profético y el carisma de *inspiración de la Escritura*, gracias al cual se fue escribiendo la Biblia, y que concluyó con el final del último de los libros del Nuevo Testamento. Es el influjo espiritual por el que el Espíritu Santo impulsó a algunos hombres a escribir: sostuvo y guió su trabajo, les ayudó a encontrar las palabras y las imágenes que expresaban lo que él quería que se escribiera para nosotros[5].

En lo que se refiere al arte de escribir, el Espíritu deja que se expresen los dones naturales. Bajo el carisma de la inspiración, un gran poeta compondrá bellos poemas, un escritor mediocre escribirá con un estilo mediocre[6]. Pero el resultado está de acuerdo con lo que Dios quería: por todas partes, cualquiera que sea el género literario, la calidad poética o el mensaje espiritual, *toda la Biblia está inspirada*.

5. La inspiración puede ser considerada como una noción analógica.

En primer lugar: todo lo que sirve de fuente, de documento, a un texto inspirado; todo lo que el autor de un libro de la Biblia consulta o cita directamente, sin duda que está ya inspirado proporcionalmente al uso que de ello hace el escritor; hasta tal punto está inspirado que algunos fragmentos pueden llegar a constituir la mayor parte de un escrito bíblico (como P y J en el libro del Génesis).

En segundo lugar: el que recibe plenamente el carisma de inspiración de la Escritura es el autor del libro, aunque su trabajo haya consistido sólo en reunir y entrelazar otros textos; él es el responsable de la organización y, por tanto, del sentido del conjunto de su obra.

En tercer lugar: después de él su texto pasa a manos de los copistas que, en general, se esfuerzan todo lo posible por ser fieles. Puede suceder que cometan errores, lapsus, que la crítica tratará de identificar. Puede ser que añadan un fragmento significativo que se incorpora al libro (por ejemplo, Jn 7,58-8,9: la mujer adúltera). En este caso el mismo copista es incluido, por lo que respecta a este fragmento, entre los autores inspirados.

6. Basta con comparar las dos partes del capítulo 16 de Marcos: el genio espóntaneo y pintoresco del evangelista (v. 1-8) contrasta con el resumen torpe que figura a continuación (v. 9-20).

Este es un artículo de nuestra fe[7], un contenido de la misma compartido por todos los creyentes, uno de los fundamentos sólidos del trabajo ecuménico. Por ser inspirada, es realmente Palabra de Dios, y acudimos a ella con fe para sumergirnos en la Palabra, para alimentar nuestro corazón. La Sagrada Escritura tiene un valor único. Pero, ¿cómo podemos saber que un libro es inspirado? ¿Podemos preguntar al escritor? No tendría sentido, pues el carisma de inspiración de la Escritura nunca es consciente. O al menos, ninguno de los autores de la Biblia nos lo ha presentado así. Por el contrario, los que nos han dicho cómo y por qué se han puesto a escribir, no hacen nunca alusión a una moción de este tipo. San Pablo es consciente de que enseña en nombre del Señor, habla y actúa con su autoridad de apóstol, de fundador, y escribe cuando ve la necesidad de instruir, de sostener, de corregir, pero jamás nos dice que el Espíritu le mueve a escribir. Fijaos en el prólogo del evangelio de Lucas: después de informarse minuciosamente, Lucas se decide a escribir una exposición ordenada (1,1-4). Releed también el prefacio del segundo libro de los Macabeos (2,19-32). Aparentemente, el escritor no percibe esta asistencia misteriosa del Espíritu que hará que su obra sea Palabra de Dios[8].

Si el mismo autor lo ignora, ¿quién lo sabrá? Sólo el Espíritu Santo que le ha inspirado. Y la esposa que tiene los secretos del esposo: el Señor ha prometido a la Iglesia la asistencia indefectible del Espíritu. Es ella quien nos dice cuáles son los textos inspirados.

Escritura y tradición

Cualquiera que sea su valor, la Biblia no es una fuente[9]. Ni los evangelios ni las cartas son la fuente de nuestra fe. Los textos de la Biblia representan la fijación por escrito de un aspecto de la tradición,

7. La mayor parte de los libros de la Biblia se han atribuido tradicionalmente a un autor. Durante mucho tiempo se creyó que esta atribución formaba parte del depósito de la fe. Las investigaciones exegéticas nos han mostrado que hay razones objetivas contrarias a tales supuestos.

8. Por el contrario, el carisma profético es normalmente consciente: el profeta se siente movido por el Espíritu, impulsado a expresar lo que el Espíritu le sugiere (cf. Jr 20,7-9; Am 3,8).

9. La palabra *fuente* puede tener dos significados. En geografía significa el origen: el río nace en su(s) fuente(s). En este sentido decimos que Cristo es la fuente única de todo el cristianismo. En la investigación histórica, el que desea conocer el pasado busca en los documentos, en los testimonios de la época; éstos son para él sus fuentes, son las fuentes de su conocimiento histórico. En este sentido se puede decir que la Escritura y la tradición son las fuentes de nuestro conocimiento de Cristo.

en un momento determinado. Lo primero es la obra de Dios en la historia, conservada por la tradición —cuyas huellas inspiradas son los libros del Antiguo Testamento—. Lo primero es Cristo; su enseñanza pasa, en primer lugar, por la tradición que, al cabo de tres o cuatro decenios, cristaliza en diferentes textos.

Los libros sagrados no expresan todo el contenido de la fe. No hay nada que se parezca menos a una enciclopedia, a una suma estructurada, a un manual bien completo, que esta colección de libros tan diversos: algunos son claramente ocasionales, otros maduraron y se fueron meditando durante mucho tiempo, algunos tienen un contenido poco relevante (Abdías, la carta de Judas), otros son los libros más sabios que se hayan escrito jamás.

Es imposible que un libro, aunque se trate de la Biblia, agote una tradición, exprese la totalidad de la vida, de la experiencia, de la historia. San Juan nos lo advierte en dos ocasiones:

> Jesús realizó en presencia de los discípulos otras muchas señales que no están escritas en este libro... (Jn 20,30).

Y:

> Hay además otras muchas cosas que hizo Jesús. Si se escribieran una por una, pienso que ni todo el mundo bastaría para contener todos los libros que se escribieran (Jn 21,25).

Hay, por tanto, muchas cosas que la Iglesia lleva en su corazón, en su tradición, que forman parte de su vida, y que no han sido escritas.

La Iglesia no deduce su fe de la Escritura, sino que la encuentra en ella, lo que significa justo el proceso contrario. Es ella quien nos dice cuáles son los libros sagrados, los que debemos tener por inspirados: lo hace incluyéndolos en la lista oficial de los libros de la Biblia, en el «canon».

El canon de las Escrituras

La comunidad cristiana es heredera directa de la promesa. Ha recibido en herencia el Antiguo Testamento, que tiene para ella un valor extraordinario, porque percibe el sentido verdadero del mismo, al observar cómo su Señor lo ha llevado a su plenitud.

Después, a medida que algunos de sus miembros van redactando algunos textos, los guarda cuidadosamente; conserva todo lo que escriben los «testigos oculares» y los «servidores de la Palabra» (Lc

1,2): las cartas de Pablo, los evangelios y los demás escritos. Fue necesario que pasara cierto tiempo antes de que les concediera el mismo valor que a las Escrituras antiguas. Pero, finalmente, se da cuenta de que tienen un valor mayor. Poco a poco va realizando un discernimiento entre ellos: reúne en un grupo los que formarán el Nuevo Testamento. Excluye de él otros (por ejemplo, la carta de Clemente). No es que se le ocurriera de pronto, por un impulso repentino o una decisión arbitraria. Sino que progresivamente va siendo consciente de este proceso, gracias al consenso de las Iglesias, y al empleo litúrgico, en el seno de la tradición.

La Iglesia guarda estos libros como su tesoro más querido, se sirve de ellos en sus celebraciones, acude a ellos sin cesar, los rodea de veneración.

Normalmente, sólo cuando hay una disputa considera necesario precisar el contenido de un dogma. Sucede igual con los libros sagrados; cuando la reforma protestante rechaza los libros griegos del Antiguo Testamento (llamados «deuterocanónicos») tuvo que proclamar oficialmente el «canon»[10], es decir, la lista completa de las Escrituras inspiradas, las que forman realmente parte del tesoro de la Sagrada Escritura[11].

El único criterio de inspiración es el recurso al magisterio, la función de enseñar de la Iglesia.

Tradición y magisterio

Nos referimos ahora a este órgano interno que asegura la verdad de la tradición[12]. No está por encima de la Escritura, sino a su servicio; ni por debajo de la tradicion, sino dentro de ella: dentro de este cuerpo vivo, es el órgano que se encarga de regularlo.

---

10. «Canon» se entiende aquí en el sentido de regla, norma establecida, en el sentido en que se habla de «canon de la misa» o de «derecho canónico».

11. Si poseo una pequeña biblioteca con los libros de mi familia, no tengo necesidad de catalogarlos. Pero si alguien niega que yo soy el propietario, si corren el riesgo de dispersarse, entonces estableceré con cuidado la lista de los mismos. Es lo que la Iglesia hizo en el concilio de Trento (1546). Los judíos fijaron su canon hacia el final del siglo I de nuestra era; debido a la influencia farisea, no admitieron más que los libros del Antiguo Testamento escritos en hebreo («protocanónicos»).

12. Este es uno de los temas más díficiles de la teología protestante; ¿Cómo se puede saber que un libro está inspirado, si se prescinde de la tradición, y del magisterio? Calvino dice que el alma fiel puede percibir directamente cuándo un texto está inspirado...

La revelación se le confía a todo el pueblo de Dios, al que se prometió la indefectibilidad en la fe[13]. Mas para poder responder a todas las preguntas que la historia, la evolución de las costumbres, el progreso de la ciencia, las opiniones filosóficas, plantean a la fe es necesario un organismo que realice esta labor. Por eso Cristo quiso que existiese, en el corazón de la tradición, este órgano concreto, al servicio de la verdad, el magisterio que tiene una función animadora y reguladora. Su primera función es la de anunciar el Evangelio y, para ello, guardar las Escrituras inspiradas en toda su integridad, promover su traducción a todas las lenguas, fomentar su difusión, su estudio, su profundización; suscitar todo lo que, dentro del pueblo de Dios, puede iluminar y fortalecer la fe. Su función reguladora consiste en establecer los límites, señalar al conjunto de los fieles las opiniones, las teorías, las corrientes filosóficas o teológicas, que son incompatibles con la fe en Cristo.

Revelación y magisterio

En efecto, creemos que toda la Biblia está inspirada. Pero esto no quiere decir que cada versículo contenga una revelación. La confusión entre estas dos nociones ha sido la causa de muchas dificultades, que se han experimentado al lanzarse a leer la Biblia sin el fundamento necesario: «¡Si esto es Palabra de Dios…!»

Hay personas que quieren encontrar en cada línea una enseñanza, una lección, al menos un modelo que imitar: algo revelado, una verdad divina.

Es cierto que la Biblia contiene muchas revelaciones luminosas: «En el principio creó Dios…» (Gn 1,1); «la Palabra se hizo carne…» (Jn 1,14); «para que os hicierais partícipes de la naturaleza divina…» (2 P 1,4). Pero hay algunas partes que no aportan más que una pequeña luz, o que ofrecen sólo el desarrollo histórico, jurídico, moral, sociológico, de la revelación. No es un conjunto de verdades y preceptos, un catecismo transmitido de parte del Señor, sino el memorial de sus maravillas y de su paciente pedagogía.

---

13. Cf. *Lumen Gentium 12*: «La totalidad de los fieles, que tienen la unción del Espíritu Santo, *no puede equivocarse cuando cree*, y esta prerrogativa peculiar suya la manifiesta mediante el 'sentido sobrenatural de la fe' de *todo el pueblo* cuando, desde los obispos hasta los últimos fieles laicos, presta su consentimiento universal en las cosas de fe y costumbres. *Con este sentido de la fe*, que el Espíritu de verdad suscita y mantiene, el pueblo de Dios se adhiere indefectiblemente a la fe confiada de una vez para siempre a los santos».

En este inmenso país con regiones tan distintas, en el que hay de todo, ¿cómo podemos saber lo que realmente se enseñó, lo que debemos creer?

¿Preguntamos a la ciencia exegética? Pero resulta que sus interpretaciones han cambiado tanto con el paso de los siglos, y hay tantas tendencias y opiniones diversas...

¿Estudiamos la evolución de las creencias en los 2000 años de historia del cristianismo? Mas, ¿qué grado de certeza podrían aportarnos investigaciones de este tipo? Por otra parte, no todos pueden ser investigadores y sabios; los pequeños necesitan pan; es urgente anunciar la verdad necesaria para la salvación.

Dios ya lo tenía previsto. Por eso el magisterio, bajo la moción del Espíritu, formuló el credo que expresa lo que debemos creer, lo esencial de la revelación.

Y no lo hace del mismo modo que un filósofo escribe una tesis, sino expresando simplemente la fe tradicional, el consentimiento que los fieles prestan en las cosas de la fe. Y, a lo largo de los siglos, cada vez que sea necesario, precisará el contenido de la fe sobre las cuestiones planteadas. No tanto *para que* los fieles crean, sino *porque* ya lo creen: una definición del magisterio nos confirmó que teníamos motivos para celebrar, desde hacía tantos siglos, la Asunción de María[14]. Ahora sabemos que esta realidad de la vida cristiana, que ha ido encarnándose y adquiriendo consistencia en la vida del pueblo fiel, en la liturgia, es legítima; que sigue fielmente la tradición; que responde a la obra del Espíritu, que nos hará caminar hacia la verdad completa hasta el final de los tiempos.

Resulta así evidente hasta qué punto es débil y caricaturesca la idea de que un «dogma» se saca de los versículos de la Escritura, del mismo modo que un lógico deduce una conclusión rigurosa a partir de unas premisas dadas. Una definición doctrinal no es una operación intelectual de la razón, es una experiencia de vida, es como la savia que hace crecer al árbol y empuja las yemas (Nadie puede prever en que sentido la savia del Espíritu, que actúa en la tradición, hará brotar las ramas...).

Por un acto de fe, que se adhiere a esta enseñanza del magisterio, sabemos que la Biblia es Palabra de Dios.

14. Es Suiza, país completamente protestante desde hace varios siglos, el 15 de agosto se sigue llamando todavía «el día querido de la fiesta de la Virgen María».

Biblia y verdad

De ello se deduce una consecuencia necesaria: que la Biblia es verdadera, puesto que es obra del Dios de verdad. Dios no puede, ni quiere, engañarse ni engañarnos.

Durante bastantes siglos esta afirmación no ha planteado prácticamente ningún problema. Se creía lo que la Biblia decía: el mundo fue creado en 6 días, Noé vivió 950 años (Gn 9,29); todas las disciplinas tenían que aceptar los datos ofrecidos por la Biblia[15].

A medida que las ciencias han avanzado, han ido descubriendo una cronología incompatible con las cifras de la Biblia; la física, la prehistoria, la geografía, han aportado nuevos conocimientos que hacían vacilar el saber, ingenuamente recibido, de la Biblia. Han desempeñado (tal vez sin saberlo y sin quererlo) su función de «siervas» de la teología, nos han ayudado a comprender mejor la Palabra de Dios. Los teólogos se han puesto a trabajar y, después de muchas dificultades e inconvenientes, han aprendido a discernir mejor entre *lo que Dios quiere enseñarnos* en la Biblia, y lo que es presentación, ropaje del texto, las imágenes que lo acompañan, los relatos en los que se transmite dicha enseñanza.

Todos estos elementos dependen de la cultura, de la mentalidad, de la época y, por supuesto, pueden estar en desacuerdo con las afirmaciones de la ciencia de una época distinta. En esta perspectiva, la Biblia puede contener materialmente muchas cosas inexactas, pero no es esto lo que ella enseña. *Su enseñanza propiamente dicha no puede contener error*[16].

¿Y cómo se puede distinguir en un texto lo que se enseña realmente? Se trata de aprender a descubrir el núcleo del texto, a captar la diferencia entre la historia y una historia: la historia pretende contar lo que ha sucedido, sea edificante o no lo sea; mientras que una historia inventada —como, por ejemplo, una parábola—, puede contener una enseñanza mucho más rica que miles de «historias verdaderas». A un

---

15. La condena de Galileo sigue siendo el ejemplo típico de las consecuencias que tuvo esta forma de utilizar la Biblia, que es, por otra parte, deudora de una época. Ya Lutero injuriaba a Copérnico en unos términos que no se habría permitido ningún teólogo romano: «Este astrólogo novato que quiere demostrar que la tierra se mueve y gira, en lugar de hacerlo el cielo y el firmamento, el sol y la luna... Este loco que pretende revolucionar toda la astronomía. Pero, *como dice la Escritura*, fue al sol y no a la tierra al que Josué dio la orden de pararse...».

Estos textos muestran que en el Renacimiento se manifiestan los primeros síntomas del divorcio entre la ciencia y la fe, que caracteriza al mundo moderno. Si los exegetas, si los teólogos, hubiesen sabido discernir los signos de los tiempos...

16. Esto es lo que se conoce con el nombre de *inerrancia* de la Biblia.

poema no se le puede exigir un vocabulario tan preciso como el de un catecismo, etc. Una percepción cada vez más certera, con los medios de investigación de que dispone cada generación de estudiosos, nos permite comprender cada vez mejor que no hay más que una sola acepción de la palabra «verdad», pero que *a cada género literario corresponde su verdad.*

El sentido

Teniéndolo en cuenta, podremos penetrar cada vez con mayor profundidad en el sentido de la Biblia.

En primer lugar, se percibirá el sentido del texto mismo (sentido literal): viendo cómo se articula, reconociendo su contenido, su importancia, tal vez su significación para sus contemporáneos y su valor siempre actual para nosotros mismos.

Y después, el sentido de los acontecimientos, de los hechos, de los temas, que se corresponden entre un libro y otro (sentido «tipológico»); que se reflejan y prolongan mutuamente, van madurando en el proceso que va del Antiguo al Nuevo Testamento. Los «tipos»[17] antiguos se explican a luz del Evangelio[18], de igual modo que los hechos y las palabras del Evangelio adquieren todo su sentido, sólo cuando se escuchan los armónicos que hacen vibrar en los salmos y en los profetas.

Hay además un sentido *pleno*, entresacado de la espesura del sentido literal, en el que podemos percibir algo del misterio de la inspiración: el Espíritu que guía al escritor, le hace escoger palabras e imágenes que van más allá de lo que él mismo podía percibir y que no adquieren su plenitud de sentido más que en el cumplimiento realizado por Cristo.

De este modo aparece mejor el misterio de la Biblia, palabra totalmente divina y libro totalmente humano, Palabra de Dios escrita

---

17. «Tipo»: un ceramista que quiere fabricar una serie de objetos comienza por modelar un prototipo; es lo que Dios hace en el éxodo; se crea un pueblo haciéndole pasar en medio del agua.

Este «tipo», llevado a su perfección, podrá realizar lo que le corresponde, «el antitipo», es decir, la serie completa: en adelante todos los hombres llegarán a ser pueblo de Dios al pasar por el agua del bautismo (1 P 3,21).

18. Pongamos algunos ejemplos: Jonás, que pasa tres días en el vientre del pez para salir vivo de él; Isaac, que sube al lugar del sacrificio cargado con la madera para el holocausto; David, nacido en Belén y consagrado rey en Jerusalén. Todos ellos son prefiguraciones del Mesías que iba a llegar. El maná; el pan que sirve de alimento a Elías en el desierto; los panes de la proposición, son alusiones a la eucaristía.

por hombres; así se descubre su analogía con el misterio de la encarnación: la Palabra hecha carne, Dios que se hace hombre, verdadero Dios y verdadero hombre, Jesucristo.

Mateo 15,1-6

Entonces se acercan a Jesús
algunos fariseos y escribas venidos de Jerusalén,
y le dicen:
«¿Por qué tus discípulos
traspasan la tradición de los antepasados?;
pues no se lavan las manos
a la hora de comer».
El les respondió:
«Y vosotros,
¿por qué traspasáis el mandamiento de Dios
por vuestra tradición?
Porque Dios dijo:
'Honra a tu padre y a tu madre',
y:
'El que maldiga a su padre o a su madre,
sea castigado con la muerte'».
Pero vosotros decís:
'El que diga a su padre o a su madre:
Lo que de mí podrías recibir como ayuda
es ofrenda,
ése no tendrá que honrar a su padre y a su madre'.
Así habéis anulado la Palabra de Dios
por vuestra tradición.

¿Podéis responder ahora a las preguntas planteadas al comienzo de este capítulo?

Sobre la aplicación de estos principios a un texto bíblico, véase, por ejemplo, infra, el capítulo sobre el buen pastor, en particular las páginas 159 ss.

LA HISTORIA SAGRADA: SU SIGNIFICACION ESPIRITUAL

Muchas generaciones han aprendido —o han oído contar— la historia sagrada en su infancia: una serie de hermosas historias, como imágenes de Épinal. La manzana de Eva, las lentejas de Esaú, la mentira de Jacob, el pez de Jonás, y el vellón de Gedeón, han pasado a ser proverbiales, y constituyen un grupo de imágenes que forman parte del trasfondo folklórico de nuestra cultura.

Estas anécdotas, ricas en matices, extrañas, a veces un tanto escandalosas..., a menudo esto es todo lo que recordamos de la historia sagrada. Y tal vez ni se nos ha indicado en qué esta historia es *santa*, ni hemos sabido descubrir todo su sentido, su significación espiritual y el valor actual que conserva para nosotros, para todos los cristianos, y para todos los hombres, hasta el final de los tiempos.

Vamos a recorrer brevemente toda esta historia, cuyas principales etapas revelan la pedagogía progresiva de Dios. Una visión de conjunto pone en su lugar los detalles, los sucesos o las historietas y revela su significado espiritual. Al hacerlo, veremos cómo se sitúan los grandes temas en esta historia.

Este esquema histórico nos abrirá también el acceso al contenido de la Biblia: nos ofrece el marco en el que se escribió, nos permite esbozar una *historia literaria*, que estudia los periodos sucesivos y la evolución de las mentalidades. Al mostrarnos el medio en que surgió cada libro, nos ofrece una preciosa clave de lectura: la perspectiva particular de cada época, la intención propia del autor y la importancia de cada relato.

Antes de estudiar una obra de nuestra literatura, conviene situar de un modo general las épocas y las escuelas, distinguir los autores clásicos de los románticos, etc. Una perspectiva literaria de la historia sagrada, aunque sea sumaria, nos ofrecerá algunos puntos de referencia antes de leer el texto.

		Género literario			
		PROFETICO	LEGISLATIVO	SAPIENCIAL	HISTORICO
MONARQUIA	Mayor influjo literario de: LOS PROFETAS	s. VIII: *Norte*: Amós-Oseas *Sur*: Isaías-Miqueas s. VII-VI: Jeremías-Sofonías-Nahúm-Habacuc *Exilio*: Segundo Isaías (cap. 40-55)	Deuteronomio (12-26)	Algunos Salmos	Josué Jueces 1-2 Samuel 1-2 Reyes
JUDAISMO	LOS SACERDOTES	*Exilio*: Ezequiel *Regreso*: Ageo-Zacarías-Malaquías	«P» Levítico Parte de Números Exodo	«P» (por ejemplo: Gn 1) Algunos Salmos	1-2 Crónicas Esdras-Nehemías
	LOS SABIOS Y LOS ESCRIBAS	*Narraciones sobre un profeta*: Jonás *Apocalipsis*: Isaías 24-26 Zacarías 9-14 Daniel-Joel		Muchos Salmos Job Eclesiastés Eclesiástico Sabiduría Cantar Proverbios	*Relatos históricos*: Rut, Tobías, Judit, Ester. *Historia edificante*: Macabeos *Reflexiones sobre la historia*: Sabiduría, Eclesiástico

Sencilla visión de conjunto de las «afinidades literarias» en la Biblia.

La época de la monarquía está caracterizada por la presencia de los profetas: es el tiempo de los grandes profetas (columna 1), la historia es profética, hasta la ley es profética.

En la época del judaísmo, Israel forma parte del imperio persa, y después, de uno u otro de los grandes imperios que van consiguiendo la hegemonía sobre Palestina. Israel no existe políticamente. Está completamente centrado en el culto y en el templo. Los sacerdotes tienen una importancia fundamental, influyen sobre todo en la legislación (columna 2), la historia se reescribe desde un punto de vista sacerdotal (P). Los profetas son sacerdotes, como Ezequiel, o insisten en el servicio del templo.

En esta misma época surgen los sabios y los escribas; por primera vez se presta mayor atención a la Escritura (Esdras, «el escriba»). Se concluyen o se redactan de nuevo muchos libros de la Biblia. Es la época de los grandes «escritos» de la literatura sapiencial, la profecía se hace apocalíptica y la historia se hace relato.

Unos libros que reflejan el paso de los siglos

La citada visión de conjunto es especialmente necesaria porque la mayor parte de los libros de la Biblia no podemos datarlos como datamos *El Cid* o *Hernani*; su composición es compleja, se ha llevado a término en el curso de varios siglos, con modificaciones y adiciones sucesivas. Algunos reflejan así, *en su misma configuración*, el progreso interno de la revelación.

Tomemos como ejemplo el libro de Isaías. El gran profeta del siglo VIII pronunció unos oráculos, que fueron redactados por él mismo o por sus discípulos. Este *primer conjunto* representa aproximadamente los 35 primeros capítulos del libro. Al morir el maestro, la recopilación sigue abierta, continúa creciendo. Cuando un discípulo —dentro de este grupo profético, que se constituye en torno a Isaías— pronuncia un oráculo que parece valioso, se incluye en la colección. Todos estos textos, igualmente inspirados, prolongan la obra y la acción del gran profeta que dio origen a esta familia espiritual.

En tiempos del exilio se añadió un bloque entero, el *Libro de la consolación*, los magníficos poemas líricos del profeta llamado «segundo Isaías» (capítulos 40-55).

A la vuelta del exilio se reúnen otros poemas distintos en una tercera parte (capítulos 56-66). Finalmente, más tarde todavía, tal vez hacia el año 200, se escriben las páginas llamadas «Apocalipsis de Isaías» (capítulos 24-26). No aludimos a otros fragmentos, que requerirían mayor análisis; lo expuesto es suficiente para comprobar que se trata de un tipo de composición, que crece por la adición de sucesivos fragmentos a lo largo de la historia.

Otro tipo está representado por los libros «históricos» de Samuel y de los Reyes, en los que se yuxtaponen bloques heterogéneos: infancia de Samuel, devolución del arca, historia de Saúl, crónica de David, gesta de Elías, leyenda de Eliseo; se incluyen, sin modificaciones, en medio de unos capítulos de características muy distintas, dedicados a los reyes de Israel y de Judá.

El libro del Genésis representa otro tipo distinto: se fusionaron tradiciones antiguas (yavista y elohísta[1]); mucho tiempo después tuvo lugar una primera fijación por escrito, obra de un redactor que vivió probablemente en tiempo de Ezequías (siglos VIII-VII). Más tarde, cuando los sacerdotes habían elaborado su poderosa síntesis teológica, otro escriba, el autor de nuestro actual libro del Genésis, compuso este libro tomando el documento sacerdotal como base de su trabajo;

1. Cf. *infra*, p. 140, nota 2.

incorporó a él, con un respeto escrupuloso y un arte extraordinario, los hermosos relatos de las tradiciones antiguas, de modo que se pueden encontrar, en lugares diferentes, dos o tres versiones distintas de un mismo hecho; y, a veces, un relato continuo está compuesto por muchos textos entrecruzados[2].

Al observar estas maneras de componer es indispensable cambiar nuestras nociones de autor y de propiedad literaria —que son conceptos occidentales y modernos—: en la antigüedad sólo contaba la palabra, importaba poco quién la pronunciaba. Tenemos que revisar también nuestra preocupación por las dataciones precisas: en lugar de datar el libro entero en la época del último compilador, hay que tener en cuenta su complejidad real, hay que considerarlo como un testimonio de una evolución secular; lleva en sí mismo la huella de la pedagogía divina a lo largo del desarrollo de la historia.

Abrahán: la semilla

(Génesis 12-25)

El pueblo de Dios, meditando en sus antiguas tradiciones, sitúa sus orígenes en la época del patriarca Abrahán: reconoce en la vocación de Abrahán su propia elección.

Abrahán vivió en plena época histórica (hacia el siglo XIX aC); las excavaciones de Ur de Caldea (en el actual Irak), en las inmediaciones del Golfo Pérsico, y las de Mari en el Eufrates, nos han dado a conocer de un modo admirable esta civilización, esta cultura ya muy avanzada. Durante más de mil años se fueron formando grandes imperios al oriente del creciente fértil: los sumerios, y después diversos grupos semíticos, alcanzaron sucesivamente la hegemonía. En el otro extremo del creciente fértil, en Egipto, ya se venían construyendo las pirámides desde hacía siete u ocho siglos en el momento en que Dios interviene en la historia[3].

Estos pueblos inventaron la escritura, que representó un logro decisivo para el progreso de la humanidad.

Después de tantos milenios de pasos lentos hacia la civilización, ésta llega finalmente a la época llamada histórica, es decir, aquella en la que —precisamente gracias a la escritura— la humanidad tiene una memoria colectiva, en la que los grandes acontecimientos pueden dejar

---

2. Cf. *infra*, los capítulos sobre la creación, pp. 71 ss. y el diluvio, pp. 99 ss.
3. Cf. *supra*, «Algunos datos cronológicos», pp. 27 ss. e infra, «Una breve cronología», pp. 66 ss.

un recuerdo preciso para el futuro. Antes de acercarse para salvar al hombre, Dios estuvo esperando este momento: para que no hubiera sólo un gesto de salvación, sino para que este gesto se enmarcara en una historia sagrada, presentada ante nuestra libertad. El quiere proponernos que participemos por nosotros mismos, libremente, en esta salvación.

Y entra en escena en el capítulo 12 del Génesis. Llama a Abrahán por su nombre. Dice:

> «Vete de tu tierra, y de tu patria, y de la casa de tu padre...» (Gn 12,1).

La palabra que abre el Antiguo Testamento es un mandato de desarraigo, de despojo; de igual manera, la primera palabra de Cristo al inagurar su mensaje será:

> «Bienaventurados los pobres...» (Mt 5,3).

La pobreza aparece desde el principio como primera condición para recibir los dones de Dios, para entrar en su designio. Sus exigencias se comprenderán poco a poco, pero desde ahora ya está puesto el principio. Dios desarraiga a Abrahán de su país, de su tribu, y lo envía al desierto, hacia lo desconocido,

> «... a la tierra que yo te mostraré» (Gn 12,1).

Sigue la gran promesa:

> «De ti haré una nación grande y te bendeciré. Engrandeceré tu nombre; y sé tú una bendición... Por ti se bendecirán todos los linajes de la tierra» (Gn 12,2-3).

Ninguna prenda, ninguna garantía. Abrahán se pone en camino por un acto absoluto de fe en Dios, que le ha hablado. De la fe de Abrahán dependía el futuro del pueblo, el designio de Dios y la existencia de «los hijos de Abrahán», que somos nosotros (Ga 3,7).

Más adelante, Dios pondrá a prueba esta fe: Abrahán esperará toda su vida el nacimiento de su hijo y, cuando finalmente tiene a Isaac, deberá disponerse a ofrecerlo como sacrificio (Gn 22). Esperará toda su vida el don de la tierra, y no poseerá más que la cueva de Makpelá, adquirida a un alto precio para enterrar a Sara (Gn 23).

Esta larga purificación de la fe y de la esperanza en el alma del padre prefigura toda la historia del pueblo, que se resume en una espera cada vez más intensa y precisa, en una purificación progresiva. Y no debemos considerarla como algo pasado, pues nos recuerda que toda nuestra vida cristiana es también espera y deseo; deseo del final, de la venida, no ya humilde y escondida del Mesías en la carne, sino triunfante y definitiva de Cristo en la Gloria. Nosotros experimentamos la fe de Abrahán y la esperanza mesiánica en un sentido escatológico: ésta es para nosotros la significación siempre actual del adviento y de la navidad.

En torno a Abrahán, en una genealogía, se agrupan los grandes antepasados del pueblo: Isaac, Jacob Israel. Ellos continúan su peregrinación como seminómadas, a través de la estepa, de Egipto a Siria (Gn 26-36).

Egipto: el crecimiento
(Genésis 37-50)

El episodio de José, narrado en forma de saga, y el desplazamiento del clan a la tierra de los faraones, se enmarcan en un cuadro histórico que ahora nos resulta bien conocido: una corriente de migraciones semejantes —quizás provocadas cada poco tiempo por las ondas de expansión indoeuropeas— había llevado hasta Egipto a una dinastía extranjera, la de los reyes hicsos, generalmente odiados por los egipcios, que tienen que soportar a estos invasores. Es muy probable que un faraón de esta época haya acogido favorablemente a los semitas, extranjeros como él, y haya concedido a uno de ellos, hábil y honrado a la vez, poderes extraordinariamente grandes.

Dios planta, durante cierto tiempo, este pequeño germen del pueblo de la promesa en esta rica tierra de Gosén, donde llegará a ser fuerte y poderoso.

> «Los israelitas fueron fecundos y se multiplicaron.
> Llegaron a ser muy numerosos y fuertes y llenaron el país» (Ex 1,7).

Después de unos dos siglos de dominio extranjero, finalmente los egipcios expulsan a los invasores; una dinastía autóctona, la gran dinastía XVIII, recupera el poder. En lugar de la situación privilegiada que disfrutaban bajo los usurpadores, los israelitas sufren ahora la opresión.

> «Los hijos de Israel, gimiendo bajo la servidumbre, clamaron, y su clamor, que brotaba del fondo de su esclavitud, subió a Dios. Oyó Dios sus gemidos y acordóse Dios de su alianza con Abrahán,Isaac y Jacob. Y miró Dios a los hijos de Israel y conoció...» (Ex 2,23-25).

El éxodo: la formación del pueblo
(Exodo, Números)

El éxodo (siglo XIII), liberación primera y decisiva, es anuncio e imagen de las liberaciones sucesivas que Dios realizará a lo largo de la historia: librará a su pueblo de la esclavitud, del pecado, del exilio, y finalmente de la muerte. La noche del éxodo es ya el germen y el comienzo de la noche pascual, en la que se realizará el triunfo definitivo sobre todos los poderes del mal. La travesía del mar Rojo es ya como un bautismo del pueblo de Dios.

En el fuego de la manifestación en el Sinaí se anuncian ya las llamas de pentecostés. En esta renovación solemne de la alianza, Dios concede su ley y, de esta manera, de aquel grupo confuso, sin unidad, que había huido de Egipto, hace un pueblo, su pueblo.

La memoria de Israel ha considerado siempre los prodigios que acompañaron esta liberación como el signo más poderoso de la predilección de Dios y de su propia vocación. Dios entregó a Moisés su nombre, Yahveh, que —cualquiera que sea su interpretación, entre las varias posibles— dice algo acerca de su transcendencia absoluta.

Rebeliones y murmuraciones en el desierto, incluso el pecado de Moisés, que le impedirá entrar en la tierra prometida —este pueblo es como nosotros, un pueblo de corazón duro y dura cerviz—, todas estas infidelidades y estas ingratitudes son castigadas siempre duramente. Así comienza la lenta educación del sentido de pecado y de la conversión, vuelta necesaria a Dios, el único que da la salvación.

La tierra: la nación
(Josué, Jueces)

Pero era necesario que Israel, a pesar de todos sus pecados, fuera introducido en la tierra elegida por Dios desde el principio para encarnarse. La Biblia nos presenta a Josué haciéndole pasar milagrosamente a través del Jordán, luego en torno a Jericó, como una gran procesión solemne, en la que el arca de la alianza de Yahveh supera todos los obstáculos con su sola presencia: es Dios quien otorga la tierra.

> No por su espada conquistaron la tierra,
> ni su brazo les dio la victoria,
> sino que fueron tu diestra y tu brazo,
> y la luz de tu rostro, porque los amabas (Sal 44[43],4).

Establecido en su tierra, Israel se convertirá en una nación. Los que llegan del desierto se unen con grupos emparentados y así las doce tribus se constituyen en pueblo (Jos 24).

Pero siempre es necesario conquistar los dones de Dios... El libro de los Jueces nos da una idea de los peligros y dificultades a través de los cuales este pueblo llegó a la posesión real de la tierra concedida: tuvo lugar una penetración lenta a través del país, Israel ocupó primeramente los lugares menos favorecidos; los cananeos poseían las tierras buenas, los caminos y las fuentes y dejaron los lugares pedregosos, las montañas y los bosques. Los hijos del desierto tenían que aprender de sus vecinos —ayer enemigos suyos— todos los secretos de la agricultura, secretos íntimamente ligados a los ritos paganos. Y a pesar de las numerosas prohibiciones y anatemas, se entregan a las diversas alianzas, matrimonios y compromisos que nos relata el texto.

Tal vez con el exilio, tiempo de la sedentarización, época en la que el poder de Dios se manifiesta más, tal vez en esta época se produjo el mayor milagro de la historia de Israel: el hecho de que no perdiera su alma en estas arenas movedizas. Los «Jueces», suscitados aquí y allá, en los momentos más críticos, recordaban al pueblo el sentido de su destino y de la omnipotencia de su Dios. Estos «salvadores» (así les llama el texto hebreo) sugieren ya, aunque muy de lejos, la figura de aquel que será el Salvador absoluto.

Pero estas estrategias ya no eran eficaces; las intervenciones repentinas, intermitentes, ya no eran adecuadas; el pueblo necesitaba una organización estable. En este momento decisivo aparece la figura de Samuel, el último de los jueces, que se mantenía, tal vez por una fidelidad entendida de un modo un tanto estrecho, en las formas del pasado. Sin embargo, obedeciendo las órdenes de Yahveh y consagrando un rey, introdujo en el pueblo el sentido del progreso político y de la organización definitiva. ¡Cuanto habría que meditar en este ejemplo! La fidelidad no es una mirada fija en el pasado. No es detenerse en formas caducas, aunque estas formas hayan sido excelentes, e incluso impuestas por Dios mismo. Es flexibilidad, docilidad atenta al presente. Requiere una fe firme en la omnipotencia de Dios, para comprender que él no pierde nada al servirse de medios humanos, encarnándose con resolución en las estructuras e instituciones que corresponden al tiempo en que el Señor nos hace vivir.

David: el reino

(1 Samuel 16-31, 2 Samuel)

Saúl es rechazado por su desobediencia y su incomprensión,

> ... mejor es obedecer que sacrificar... (1 S 15,22),

David es consagrado rey. Es un momento crucial en la historia sagrada: el pueblo se convierte en un reino, la estructura política que le da una consistencia histórica. El encanto irresistible, la suerte excepcional, y el genio diplomático de David consiguieron aquello que parecía un milagro: la unificación de las tribus de Israel. Y con la conquista de Jerusalén este reino unido cuenta con una capital perfecta. Jerusalén, donde se realizará históricamente la redención del mundo; Jerusalén, la ciudad del templo, la meta de las grandes peregrinaciones, nostalgia de todos los exiliados; Jerusalén, aureolada de gloria hasta llegar a representar en el Apocalipsis la ciudad celeste, «Jerusalén nueva», hacia la que camina sin cesar todo el pueblo de Dios. Fue David quien la incorporó a nuestro patrimonio.

David anticipa de un modo misterioso los rasgos del Mesías en muchos detalles concretos de su vida: nacido en Belén, rey en Jerusalén, buen pastor, guerrero, conoció la agonía en las laderas del Cedrón y huyó ante la rebelión de su hijo. Da origen a la corriente de piedad que se expresará en los salmos, la más intensa y, al mismo tiempo, la más íntima, la más próxima a nosotros en todo el Antiguo Testamento.

Además con David comienza la familia de Cristo. El primer eslabón de las profecías sobre el Mesías que debe nacer de él son estas palabras que, una noche, le dirigió Natán el profeta:

> «Yahveh te edificará una casa. Y cuando tus días se hayan cumplido y te acuestes con tus padres, afirmaré después de ti la descendencia que saldrá de tus entrañas y consolidaré el trono de su realeza. Yo seré para él padre y él será para mí hijo...» (2 S 7,11-14).

El Padre recogerá esta palabra en el momento del bautismo de Cristo: «Este es mi Hijo amado, en quien me complazco» (Mt 3,17).

El oráculo de Natán continúa:

> «Tu casa y tu reino permanecerán para siempre ante mí; tu trono estará firme eternamente» (2 S 7,16).

El día de su pasión el Mesías reivindicará esta realeza prometida al Hijo de David: «Sí, como dices, soy Rey» (Jn 18,37).

Después de David, Salomón hereda el reino y consigue el único instante de pompa que iba a conocer jamás. Habría que considerar el misterio de Salomón; nos ofrece una clave para apreciar de un modo justo los valores del Antiguo Testamento.

Esta gloria, esta sabiduría y este esplendor eran necesarios; afianzaban en el pueblo esa conciencia colectiva de sí mismo que resistirá las frecuentes crisis del futuro. Era indispensable que Israel adquiriera una idea elevada de lo que es un reino; la palabra tenía que ser empleada en todas las promesas del reino de Dios; necesitábamos un primer impulso sólido y terreno para poder elevarnos después a las glorias del reino celeste.

Pero la gloria del reino de Dios es de otro género, y para presentir algo de la grandeza divina tenemos que negar todos los límites de las grandezas terrestres. A la sabiduría de Salomón se contrapondrá la locura de la cruz; ante aquellas magníficas construcciones Cristo declarará: «Destruid este santuario y en tres días lo levantaré» (Jn 2,19). El Mesías nacerá sobre la paja y no en medio de todas esas riquezas. El será rey, pero no aceptará este título más que en el patíbulo, después de haber declarado que su reino no es de este mundo. Salomón representa así, en el orden de las grandezas humanas, una cima que nos ayuda a concebir otra cima más alta; pero tenemos que sobrepasar el nivel humano, si queremos captar los valores espirituales: el reino del evangelio se promete a los pobres.

La pompa no le conviene ni al pueblo de Dios ni a las obras de Dios. En cuanto Salomón muere (hacia el año 934), el cisma divide el reino y desencadena la decandencia política irremediable.

Si tratamos de percibir la intención de Dios en todo ello, apreciaremos en primer lugar su preferencia por los medios pobres: no quería en modo alguno un gran imperio que hubiera podido imponer la verdad divina por medio de coacciones terrenas. Cuando el poder político es fuerte, limita siempre la libertad. Lo que importaba en el pueblo elegido no era el poder del estado, sino la libertad de palabra y de acción para sus profetas. Por eso Dios permite que el reino se divida. Los reyes de estos dos pequeños territorios serán figuras insignificantes al lado de los grandes inspirados, que asumirán enseguida el papel de protagonistas en la vida espiritual del pueblo.

Los profetas: el Espíritu

(Amós, Oseas, Isaías 1-35, Miqueas, Jeremías)

Esta época del cisma es la edad de oro del profetismo. Los dos reinos, hermanos a menudo enfrentados, caminan hacia su destrucción, que tendrá lugar muy pronto. Este desastre hubiera sido una catástrofe total para cualquier otra nación. Para el pueblo elegido, por el contrario, gracias a sus profetas, esta decadencia política coincide con una profundización religiosa y con una maduración efectiva, ya que toda su razón de ser se fundamenta en su misión espiritual.

A lo largo de su historia había conocido ya muchas manifestaciones del Espíritu de Dios: había visto cómo este soplo irresistible se apoderaba colectivamente de los «grupos de profetas», venía sobre Gedeón o caía sobre Saúl. En esta época escuchará a los auténticos inspirados, marcados para una misión únicamente espiritual: los grandes profetas en quienes el aliento se hace voz, los portavoces del Espíritu.

Son suscitados para iluminar a Israel; su función no es tanto la de hacer predicciones, cuanto la de educar al pueblo, revelándole el sentido providencial de los acontecimientos. Por eso nosotros podemos siempre ser sus discípulos y leer sus obras con provecho; nos adiestran para juzgarlo todo —tanto los hechos de hace tres mil años como los del periódico de hoy— a la luz de la sabiduría que procede de Dios.

Los profetas surgen en tiempos de crisis, cuando la fe vacila o el proyecto del Señor es difícil de comprender. Cada crisis es una oportunidad para crecer.

En el momento en que Samaria va a ser conquistada (722), Amós, en el reino del norte, inaugura de un modo brillante los principales temas proféticos; ante los crímenes del reino cismático, anuncia la inminencia del castigo; proclama la transcendencia y la omnipotencia de Dios, su exigencia de justicia, y especialmente de justicia social, etc. Más adelante Oseas representa el esfuerzo supremo de la ternura divina para conmover a la ciudad culpable, revelándole el misterio del amor de Dios hacia nosotros.

En la misma época, en el reino del sur, Isaías y Miqueas consiguen, bajo el rey Ezequías, una reconstrucción al menos temporal de Jerusalén. Anuncian al Mesías; entreven, al menos en la lejanía, a su madre: Miqueas habla de «la que ha de dar a luz» (Mi 5,2).

E Isaías (7,14):

> He aquí que la doncella ha concebido y va a dar a luz un hijo y le pondrá por nombre Emmanuel... sobre él reposará ...

Reposará: ya no se tratará de un influjo transitorio, como en los inspirados de antaño, sino de una morada permanente.

> Reposará sobre él el espíritu de Yahveh,
> espíritu de sabiduría e inteligencia,
> espíritu de consejo y de fortaleza,
> espíritu de ciencia y temor de Dios (Is 11,2).

Se comprueba el progreso de la esperanza mesiánica, y cómo se orientaba ya hacia la revelación última: el Emmanuel es «Dios con nosotros»; sobre él reposará el espíritu y la plenitud de sus dones.

Nosotros podemos leer en estos textos un presentimiento de la encarnación y una especie de esbozo de la escena del bautismo de Jesús. ¡Pero Israel no había llegado tan lejos! Serán necesarios todavía varios siglos y muchas pruebas.

El Señor no abandona a su pueblo. Cuando los habitantes de Jerusalén van a ser deportados (586) suscita un grupo de profetas: Sofonías, Nahúm, Habacuc y, sobre todo, Jeremías, que vive en su alma desgarrada todo el horror de esta agonía; y el joven Ezequiel que, entre los cautivos, asiste al nacimiento de una nueva época.

La influencia de todos estos profetas fue inmensa: hicieron dar un paso decisivo a la revelación y trasformaron profundamente el clima espiritual. En todas las obras de este tiempo se hace presente su doctrina: una nueva redacción de la ley —se trata del Deuteronomio—, guiada por esta luz nueva; también los salmos reflejan esta atmósfera, esta perpectiva; las antiguas tradiciones sobre la conquista, los viejos relatos sobre los jueces y los anales de los reyes, se ven iluminados por la enseñanza profética[4].

Las aventuras de Sansón, por ejemplo, tienen un contenido religioso extraordinariamente pobre. Pero su sentido providencial aparecerá al recordar que:

> Los israelitas hicieron lo que desagradaba a Yahveh y sirvieron a los baales... entonces la cólera de Yahveh se encendió contra Israel... Los puso así en gran aprieto... clamaron a Yahveh y les suscitó un salvador que les liberó... (Jc 2).

Presentadas así, estas proezas y estas gracias, llenas de inspiración popular, pueden formar una historia sagrada. Lo mismo sucede con todos los acontecimientos del pasado: adquieren un sentido; al fin se comprende que suceden por voluntad de Dios, que es él quien lo dispone así porque quiere, para conducir o castigar a su pueblo. Se contempla toda la historia bajo este aspecto moral de la retribución colectiva, inculcado por los profetas: los fracasos, los desastres, son castigos del Dios santo por las faltas cometidas por Israel; las victorias y liberaciones son misericordias, gestos salvíficos que alimentan la fe y el amor hacia Dios Padre, que ama a su hijo Israel.

Con esta perspectiva esencialmente moral están escritos estos libros (Josué, Jueces, Samuel, Reyes), que nosotros llamamos históricos (la

4. Cf. Gráfico, p. 50

historia deuterocanónica), pero que los judíos, con un sentido muy seguro de su valor, vinculan a los profetas, ya que les llamaban «primeros profetas».

El exilio: el provecho de la prueba
(Ezequiel, Isaías 40-55)

El exilio en Babilonia (586) constituye en la vida de Israel una ruptura violenta y, al mismo tiempo, la ocasión para una renovación profunda.

El gran profeta de este tiempo es Ezequiel. En él se unen y se confunden las dos grandes corrientes que hasta entonces habían estado separadas, y hasta opuestas: la corriente *profética*, que insiste en la exigencia de Dios y en la fidelidad interior, y para la cual el servicio divino es sobre todo de orden moral; y la corriente sacerdotal, que pone el acento en la transcendencia divina, y que está centrada en la ley; y para la cual el servicio divino es, sobre todo, el culto.

Antiguamente el pueblo pensaba que ningún enemigo podría expulsarlo, ya que tenía a Dios de su parte: los sacerdotes compartían de buena gana esta idea. Yahveh no podía permitir que su pueblo abandonara la tierra y el templo, porque entonces, ¿quién le ofrecería sacrificios y le rendiría homenaje? Los profetas habían hecho todo lo posible para destruir esta falsa seguridad, llena de presunción: anunciaban despiadadamente los castigos y, en primer lugar, la destrucción de Jerusalén.

Ahora Israel se encuentra en el exilio. Lo mejor del pueblo ha partido en las largas caravanas que nos muestran los bajorrelieves asirios, donde los prisioneros están atados por los codos, con una pequeña argolla en la nariz o en los labios, amenazados por el palo de los guardias. Humanamente hablando, la esperanza es imposible. Es el momento que Dios escoge para anunciar la alegría, la confianza y la esperanza en los magníficos poemas del Libro de la consolación (Isaías 40-55)

> Consolad, consolad a mi pueblo,
> hablad al corazón de Jerusalén... (Is 40,1).

De hecho, la prueba tendrá frutos admirables. En este momento se organiza la gran obra sacerdotal, que se concluirá después del regreso del destierro. Esta poderosa síntesis teológica replantea, dejando a un lado las anécdotas, toda la historia a la luz del designio de

Dios. Su perspectiva está centrada en el culto que hay que tributarle, y en los grandes principios de la ley que hay que observar para darle gloria. Obligaciones tales como el sábado o la circuncisión adquieren entonces todo su valor para el pueblo judío.

Los temas principales, los acontecimientos de la tradición de Israel son iluminados de una forma nueva, que transforma a menudo los datos antiguos: la creación, la alianza universal, la elección del pueblo, la vocación de Abrahán, la revelación del Sinaí, etc.

El progreso es inmenso. Es uno de los momentos en que palpamos con evidencia la acción milagrosa de Dios en la vida de su pueblo. Este pequeño puñado de deportados se encuentra perdido en medio de la historia, tenía que dejarse asimilar, mezclarse y desaparecer (igual que un siglo antes había desaparecido totalmente el reino del norte, llevado cautivo por Asiria). Por el contrario, asistimos estupefactos a una recuperación religiosa, a una purificación eficaz, a una mayor profundización espiritual.

«Pues no de corazón humilla él, ni aflige a los hijos del hombre» (Lm 3,33). En el momento en que Israel saca fruto de la prueba, Dios hace que ésta concluya. Ezequiel se dirige a todos los exiliados que se lamentan:

> Se han secado nuestros huesos,
> se ha desvanecido nuestra esperanza (Ez 37,11)

y cuenta su gran visión, en la que los huesos esparcidos por el suelo recuperan la vida: es el anuncio de la revivificación de Israel (Ez 37). La Iglesia relee esta página grandiosa en la vigilia pascual y en la liturgia de difuntos, siguiendo una ley de «sobreimpresión», a la que debemos estar atentos, pues da toda su profundidad a estas profecías que se van a cumplir en periodos sucesivos cada vez mayores: esta escena alucinante de los muertos que recuperan la vida fue escrita, en primer lugar, para predecir al pueblo de Israel la vuelta del exilio; en un sentido más amplio, anticipa la restauración mesiánica; incluso podemos ver en ella, con la Iglesia, la esperanza de nuestra resurrección definitiva.

El regreso: se retrasa el cumplimiento de las promesas
(Ageo, Zacarías, Esdras, Nehemías)

En efecto, lo imprevisible se realiza. Lo que era más inverosímil según el curso normal de la historia, lo realiza Dios: las personas deportadas encuentran de nuevo su lugar en la tierra prometida.

> Por un breve instante te abandoné, pero con gran compasión te recogeré.
> En un arranque de furor te oculté mi rostro por un instante,
> pero con amor eterno te he compadecido —dice Yahveh tu Redentor—.
> Grita de júbilo, estéril que no das a luz.... (Is 54,7.8.1)

Pero el regreso, que era objeto de una esperanza y de una alegría tan grandes, fue extremadamente duro. Jerusalén estaba reducida a un montón de piedras; todo lo que era habitable había sido ocupado por los pocos que se habían quedado, el «pueblo de la tierra»; las calamidades agrícolas desalientan a los repatriados, desprovistos de todo. Los libros de esta época (Ageo, Zacarías) reflejan esta pobreza extrema. Los fieles —los piadosos que habían renunciado a su situación acomodada en Babilonia, para volver a la tierra santa—, los fieles pasaron entonces por la prueba de la decepción.

La historia sagrada nos enseña aquí la función insustituible de la decepción en nuestras vidas, que nos obliga a esperar durante más tiempo el cumplimiento de las promesas. Ninguno de los bienes terrenos puede satisfacernos. Lo profetas habían prometido todo tipo de maravillas:

Los redimidos de Yahveh volverán, entrarán en Sión entre aclamaciones, y habrá alegría eterna sobre sus cabezas. Regocijo y alegría les acompañarán. Adiós, penar y suspiros (Is 35,10).

No se había visto nada de todo esto, la estepa no había florecido, el agua no había brotado en el desierto... Así se realiza la disociación entre la dicha inmediata, que se esperaba (obra humana), y otra dicha, de la que Dios quiere hacernos sentir sed; la desilusión obliga a esperar el cumplimiento de las promesas en el tiempo mesiánico, el tiempo final.

El judaísmo: la espera
(Daniel, 1 y 2 Macabeos, Eclesiástico, Cantar, Sabiduría, Rut, Tobías, Judit, Ester)

Palestina estuvo sometida al imperio persa durante dos siglos (538-333); y después a cada uno de los grandes imperios que tuvieron por un momento la hegemonía del mundo. A partir de la muerte de Alejandro Magno, cambiará diez veces de amo; los lágidas de Egipto y los seléucidas de Siria se disputan el control sobre ella. Ya no hay en Israel poder político propiamente dicho. Sólo la fe puede mantener unida a la comunidad, animada por los grandes recuerdos que le aseguran la elección divina, y pendiente de la realización misteriosa de las promesas. Su cohesión se basa en la religión y en el culto. La función de los *sacerdotes* tiene una importancia cada vez mayor.

Por ello se produce una «sacerdotización» de todos los géneros literarios. Ya no hay ley civil, porque ya no hay estado: la ley será un ritual, el Levítico. Se escribe de nuevo la historia, en esta ocasión con una perspectiva sacerdotal. Los libros de las Crónicas, seguidos de Esdras y Nehemías, exponen de una forma nueva los hechos que habían sido ya contados desde un punto de vista profético: es el grupo de libros que componen la «historia deuteronómica».

Los sacerdotes terminan de dar forma a su teología, cada vez más elaborada: su obra ofreció el marco para las tradiciones antiguas, que venían transmitiéndose desde el tiempo de los patriarcas; y sirvió de base a la redacción definitiva del Génesis, del Exodo, del libro de los Números.

En el exilio el pueblo se había visto privado del templo y del culto. De igual modo que en nuestras parroquias sin sacerdotes tratamos de reunirnos para leer el evangelio o los textos de la misa, se reunían entonces para leer la ley y los profetas —en esta época comienza a organizarse la recopilación de las obras proféticas—. Durante los siglos posteriores al regreso del destierro, el Libro ocupa un lugar cada vez mayor en la vida religiosa de Israel. Se comprueba que, al lado de los sacerdotes, va aumentando la influencia de los *escribas*.

Antiguamente los grandes profetas como Isaías o Jeremías, tuvieron a menudo una actividad concreta, en el ámbito social o político. Enseñaban, hablaban, predicaban; la redacción de sus oráculos venía después. Ahora tenemos ante nosotros al pueblo del libro: Israel ha vivido los grandes acontecimientos de su historia, ha recibido los mensajes inspirados, y el Libro que contiene todo esto es su mayor tesoro. Los *sabios* se dedican ahora a meditarlo, a asimilarlo, a enseñarlo. Saben de memoria todos los textos antiguos, los copian y los emplean sin cesar, primero en la enseñanza —cuyo prototipo es el Eclesiástico (Sirácida), colección de sentencias destinadas a formar a la juventud— y también en sus obras, caracterizadas por la abundancia de citas, y las alusiones frecuentes a la literatura de la épocas precedentes. E incluso atribuirán los nuevos escritos a las grandes figuras del pasado: se atribuyen a Isaías los oráculos que hoy forman Isaías 55-66, a David los Salmos, a Salomón los escritos sapienciales: Eclesiastés (Qohélet), Cantar de los Cantares, Proverbios. Como Israel ya no tiene historia, se cuentan de nuevo las hermosas historias del pasado: a veces ampliándolas, como hace el libro de la Sabiduría, a propósito de algunos detalles del libro del Exodo (Sb 10-19); o partiendo de un hecho anecdótico, más o menos relacionado con la historia de los orígenes del pueblo: Rut, Tobías, Judit, Ester; o insistiendo en los aspectos morales y edificantes, como hace el autor encantador del segundo libro de los Macabeos.

Así se fueron desarrollando los géneros literarios menores: en lugar de la historia, el cuento histórico, la leyenda dorada; a falta de profetas, se escribirá el apólogo de un profeta: Jonás; en lugar de los oráculos proféticos, surgen los *apocalipsis*: Daniel, Joel, la segunda parte de Zacarías. Este género literario misterioso responde a la necesidad experimentada por los espíritus tensos por causa la espera, decepcionados por el presente, que encuentran una compensación en lo maravilloso y en lo extraordinario. Refleja también la realidad de un tiempo en el que no hay libertad de expresión: el de la gran persecución religiosa (167); cuando los griegos pretendieron obligar a los judíos a comulgar con el paganismo universal, el pueblo de Dios pasó por una de las pruebas más duras de su larga historia. Los libros de los Macabeos nos hablan del efecto extraordinario que tuvo la resistencia entre los fieles auténticos. Muchos proclamaron su fe hasta el martirio.

En aquel momento se manifestó una revelación nueva: especialmente después del exilio, los sabios reflexionaron sobre el sentido del sufrimiento; por un momento brilló de un modo extraordinario la luz del día con el «siervo» misterioso del segundo libro de Isaías, castigado y entregado a muerte por el pecado de muchos, que «se da a sí mismo en expiación»:

> Verá descendencia, alargará sus días,
> y lo que plazca a Yahveh se cumplirá por su mano.
> Por las fatigas de su alma,
> verá luz, se saciará (Is 53,10-11).

Pero Israel no había comprendido esta enseñanza demasiado exigente para él; durante mucho tiempo andará todavía a tientas en el camino de la verdad. Las etapas de este descubrimiento progresivo aparecen, después de Ezequiel, en libros tales como Job o el Eclesiastés. En este tiempo de persecución se abre totalmente para Israel el misterio de la vida eterna y de la retribución: de ello nos dan testimonio el libro de Daniel, el segundo libro de los Macabeos y, finalmente, el último escrito del Antiguo Testamento, redactado en griego poco antes de la venida del Mesías, el libro de la Sabiduría.

El misterio de Israel
(Carta a los Romanos)

Purificado por tantas pruebas y sobre todo por la espera interminable, madurado por tanta gracia y tanta luz, Israel dispone finalmente de todo lo que Dios había querido preparar para la llegada del Mesías.

Ha escrito esta larga historia a la que Cristo dará su sentido:

> Las Escrituras son las que dan testimonio de mí (Jn 5,39).

Ha terminado de redactar la Biblia y la venera de una forma extraordinaria.

Pero esta religión del Libro corre el peligro de la esclerosis y el fariseísmo: la letra mata el espíritu.

El pueblo judío cree en el Dios transcendente y único, no se ve sometido a la tentación de la idolatría. Su oración esencial es:

> Escucha, Israel, Yahveh nuestro Dios es el único Dios (Dt 6,4).

Pero se mantendrá tan firme en la confesión de esta unicidad que rechazará la encarnación y no aceptará la revelación del secreto supremo de Dios: la Santísima Trinidad.

Espera sólo al Mesías, pero se lo imagina en forma de rey, de guerrero, de jefe, o de ser divino venido sobre las nubes... Espera de él la victoria y la gloria. Las últimas palabras que los apóstoles dirigen a Cristo serán:

> «Señor, ¿es en este momento cuando vas a restablecer el reino de Israel?» (Hch 1,6).

El pueblo tropezará con el escándalo del Siervo pobre, sufriente y humillado, entregado a la muerte por la salvación de muchos.

Este es el misterio de Israel.

> Porque si su reprobación ha sido la reconciliación del mundo, ¿qué será su readmisión sino una resurrección de entre los muertos? (Rm 11,15).

Aunque es cierto que la mayoría del pueblo, siguiendo a sus jefes, ha rechazado al Mesías, no se puede olvidar nunca que todos aquellos que lo han acogido desde el principio eran judíos.

Si queremos saber a qué grado de madurez espiritual, a qué santidad, habían llegado los mejores del pueblo de Dios, veamos en el Evangelio quiénes son los que entran directamente a formar parte del reino nuevo: los primeros discípulos, Juan el Bautista, Juan al que Jesús amaba, San José y, de un modo especial, la Virgen María. Hija de Israel; ella es la flor que, finalmente, brota del tallo secular.

Este camino progresivo de la antigua alianza hacia la santidad, la pobreza, la humildad, la virginidad, la fe, el amor, encuentra en ella su cumplimiento perfecto; en aquella que, al mismo tiempo, inaugura la nueva alianza: cuando quiere cantar la alegría de su concepción maravillosa proclama, ya antes del nacimiento de Cristo, las bienaventuranzas, los valores del Nuevo Testamento; mas para componer su Magnificat se ha servido sólo de palabras del Antiguo Testamento.

Nadie puede enseñarnos mejor que ella a leer la Biblia, a comprender la historia sagrada como un camino que conduce a Cristo, a penetrar en su significación espiritual iluminados por el Espíritu.

Una breve cronología

	hacia
Los patriarcas	
Abrahán: la semilla del pueblo de Dios	**1850**
Isaac - Jacob (Israel)	
José - Egipto: el crecimiento	**1700**
El éxodo	
Moisés: el monte Sinaí, la ley, el desierto	**1250**
La conquista de la tierra	
Josué	**1220**
Los Jueces	**1030**
El reino	
David: la familia de Cristo	**1010**
Salomón	**970**
División del reino	**932**
Israel y Judá. La época de los profetas	
Judá, reino único después de la destrucción de Israel	**721**
Conquista de Jerusalén y fin del reino de Judá	**587**
Exilio en Babilonia	
La vida en el exilio - el regreso - la restauración	**539**
El judaísmo	
Periodo persa	**538**
Periodo helenístico	**333**
La persecución: los Macabeos	**167**
Periodo romano: conquista de Jerusalén	**63**
Jesús	
nacido hacia el año	**– 6**
muerto y resucitado hacia el año	**+ 30**

I
Del Antiguo al Nuevo Testamento

LA CREACION

1

El pueblo de Dios ha ido redactando lentamente la Biblia a lo largo de la historia sagrada. Un libro como el Génesis es el resultado de un largo proceso de superposición de estratos, en el que se han articulado las distintas redacciones, de épocas diferentes, hasta formar una obra completa.

La primera página del texto procede de un documento escrito por un sacerdote[1], en una época difícil de precisar, pero que podría corresponder más o menos a la primera mitad del siglo VI. El exilio es el periodo en que el pueblo elegido lleva a cabo una gran profundización religiosa: arrancado de su tierra, descubre mejor la universalidad de su Dios, que ha creado todo y que domina todo, incluso las naciones paganas y los pueblos lejanos. Israel medita preferentemente sobre la creación y elabora una concepción cada vez más elevada, cada vez más exigente de la transcendencia y de la inmaterialidad de Dios.

El autor utiliza sin ningún reparo un patrimonio común de viejas cosmogonías paganas (desenterradas y descifradas, desde hace un siglo, por los arqueólogos, prácticamente en todos los pueblos vecinos). Pero las somete a tales modificaciones que cualquier comparación pone de relieve la superioridad del texto bíblico.

Veamos el texto.

---

1. Por eso se suele llamar al documento del que procede «código sacerdotal» (*Priesterkodex*); designado normalmente con la sigla P, obra de los sacerdotes (= *Priester*).

El relato sacerdotal
(Gn 1,1 - 2,4)

En el principio

En el principio creó Dios los cielos y la tierra.

«En el principio» es la expresión que san Juan, intencionadamente, recoge al comienzo de su evangelio para subrayar que la revelación nueva se remontaba más allá del principio del mundo, hasta un principio muy distinto, en el que «la Palabra existía»...

Esta primera expresión del Génesis contiene una revelación en sentido estricto, enseña que el universo tuvo un principio: no sólo está ligado a Dios como causa eterna y universal —lo que sería suficiente, parece ser, para satisfacer el concepto de creación—, sino que tuvo un principio en el tiempo.

La tierra era caos y confusión[2], y oscuridad por encima del abismo.

Este abismo original, *tehom*, está relacionado con el del poema babilónico de la creación; es una palabra de la que volveremos a hablar.

El espíritu de Dios (o: el viento; o: el aliento) aleteaba por encima de las aguas. Dijo Dios[3]...

En este comienzo absoluto del texto sagrado encontramos la mención del *Dios creador*, de su aliento o de su *espíritu*, y de su palabra: de esta manera, en la primera expresión del Génesis, mucho antes de que Cristo viniera a revelarnos la santísima Trinidad, distinguimos ya una especie de primer lineamento —apenas esbozado, y del que su autor no podía ser consciente en absoluto— de lo que será el misterio central del cristianismo.

Dijo Dios: «Haya luz», y hubo luz. Vio Dios que la luz estaba bien, y apartó Dios la luz de la oscuridad; y llamó Dios a la luz «día», y a la oscuridad la llamó «noche». Y atardeció y amaneció: día primero.

---

2. *Tohu wabohu*, dice el texto hebreo.
3. El ritmo del relato está marcado por estas diez expresiones: «Dijo Dios... Dijo Dios...». Son palabras creadoras a las que corresponderán las diez palabras que regularán la vida humana: el decálogo.

Se nos va a contar toda la creación con una serie de párrafos majestuosos, a modo de estrofas, compuestos por fórmulas idénticas: la orden dada por Dios, la aparición inmediata del ser, el Creador aprueba su obra, la mención de la tarde y del amanecer. Con semejante simplicidad de medios, el narrador llega a lo sublime, sugiere la transcendencia, la omnipotencia, la paz soberana, en la que la creación emana de Dios, sin esfuerzo ni trabajo.

En cuanto una cosa es creada, ve Dios que está bien. Todo es bueno, Dios lo crea todo hermoso y bueno; hay que subrayar el optimismo fundamental de esta perspectiva, en la que el pecado, de momento, está ausente[4].

Hay que notar también que la aparición de las cosas en los tres primeros días se lleva a cabo mediante una separación: Dios *separa* la luz dc las tinieblas... El segundo día crea el firmamento para *separar* unas aguas de otras... Y el tercer día surge el suelo seco separándose de las aguas. Tal vez esta palabra sea un eco muy débil de las grandes luchas características de los textos politeístas[5].

El tercer día asistimos, no sólo a la creación del suelo seco, sino también a la de todos los vegetales: se puede apreciar una fusión bastante artificial de dos trabajos claramente distintos, agrupados el mismo día. Un autor que hubiera querido presentar una distribución racional, equilibrada, hubiera distinguido aquí probablemente la labor de dos días; lo cual nos revela cuál es la intención de nuestro texto, que se interesa por el número de días, más que por la enumeración de los distintos trabajos; el autor quiere llegar al día sexto, para completar después la semana, y hará todas las fusiones o divisiones necesarias para obtener el total exacto: un indicio más sobre el valor de esta distribución en «días».

---

4. El autor sacerdotal hablará del pecado sólo al mostrar la progresiva degradación de la humanidad en el mal, desde la creación al diluvio.

5. En el *Enuma Elish* Tiamat, «la madre de todo», el abismo original, al revelarse contra los dioses, es vencida por Marduk, que *separa* en dos el cuerpo monstruoso: con una mitad (como una concha) cubre los cielos, ordenándoles que que no dejen salir las aguas, etc. (tablilla IV, 136-140).

En la cosmogonía sumeria, el nacimiento de las cosas se produce en el seno de *Abzu*, el mar primordial, mediante la separación del cielo y de la tierra:

Enlil (el aire, el viento, el aliento)
imaginó que *separaba* el cielo de la tierra
imaginó que *separaba* la tierra del cielo (*Enedigdue*, 4-5).

Cuando el cielo fue alejado de la tierra
cuando la tierra estuvo separada del cielo...
(*Gilgamesh, Enkidu y los infiernos*, 1-2).

Los luceros

Dijo Dios: «Haya luceros en el firmamento celeste».

La palabra «luceros» es muy significativa; *ma'ôr*, en hebreo, es un término técnico tan especial como, por ejemplo, nuestra expresión: «lámpara del santuario». Es un término cultual, empleado casi exclusivamente en los textos litúrgicos, rúbricas o descripciones del templo[6]. Es, pues, otro indicio sobre la intención del autor. Se podría mostrar —pero sería necesario un estudio bastante minucioso— que toda la creación es presentada como un gran templo[7]. Esta palabra característica, *ma'ôr*, bastaría para evocarlo: sugiere perfectamente esta concepción del universo como templo completamente dedicado a la alabanza divina, destinado totalmente al culto, en el que todo es bueno, todo es bello, y todas las cosas dicen: ¡gloria! (Sal 29,9). Estos luceros (vamos a llamarlos por su nombre —en realidad, el autor sagrado no menciona nunca su nombre—) son la luna y el sol; eran los ídolos adorados por los antiguos semitas, Canaán y los pueblos vecinos de Israel. Los profetas se deshacían en anatemas contra estos falsos dioses, cuyo culto se oponía —o, lo que era peor, se mezclaba— con el del Dios verdadero. Aquí, en lugar de profetizar contra la luna y el sol, el sacerdote los bautiza y les da un nombre: *ma'ôr*. Fijaos, son simplemente «lumbreras», lámparas del santuario, que brillan delante del escabel de sus pies.

Hay dos formas de substituir un culto pagano, bien conocidas por los misioneros; según las épocas, los lugares, y las circunstancias, ellos emplean una u otra. Cuando las procesiones o las fiestas paganas se celebran junto a un árbol sagrado, se puede intentar cortar el árbol, o bien poner en él una imagen de la Virgen María... O suprimir el culto idolático, o darle un sentido cristiano: la gente continúa haciendo su procesión, pero será una procesión en honor de la Virgen María[8].

---

6. De las veinte veces que se emplea en la Biblia, sólo en dos ocasiones tiene esta palabra el significado de «claridad, esplendor» (Sal 90,8 y Pr 15,30). En las demás significa *lumbrera, candelabro para el santuario*; de ahí que se aplique a los astros en nuestro pasaje y en dos textos que dependen directamente de él (Sal 74,16 y Ez 32,8).

7. Y viceversa, que el templo de Salomón es una imagen de la creación: por ejemplo, no resulta imposible que el «mar de bronce», este inmenso depósito de bronce que contenía unos 70.000 litros, llevado por animales vueltos hacia los cuatro puntos cardinales, fuera al principio, como los lagos sagrados de los templos egipcios, una representación del océano original.

8. Es lo que la Iglesia hizo al poner la fiesta de san José obrero el 1 de mayo; ese día, fiesta del trabajo, la clase obrera quería descansar; pues bien, ¡todos los obreros del mundo descansarán en honor de san José obrero!

Los dos procedimientos son válidos; se trata sencillamente de encontrar el más oportuno para cada ocasión. Los profetas se opusieron (a menudo sin éxito) al culto de la luna y del sol; aquí, un sacerdote los coloca en el templo de la creación y los pone al servicio del único Dios: fueron creados para él y son buenos.

Son útiles para el culto y para el hombre: sirven para establecer el calendario de las fiestas sagradas, de la pascua, de las neomenias y de los sábados, y tienen la humilde función de iluminar:

> «... y valgan de señales para solemnidades, días y años; y valgan de luceros en el firmamento celeste para alumbrar sobre la tierra» ... y vio Dios que estaba bien.

Y quedaron bendecidos.

Los monstruos marinos

> Dijo Dios: «Bullan las aguas de animales vivientes, y aves revoloteen sobre la tierra contra el firmamento celeste». Y así fue. Y creó Dios los grandes monstruos marinos...

Estos *tanninim* —Leviatán, Rahab y otros—, estas grandes serpientes marinas eran precisamente los monstruos opuestos a los dioses, los dragones que, en las leyendas paganas relacionadas con nuestro texto, Tiamat (*tehom*), el mar tumultuoso, daba a luz para devorar a los dioses[9]. Eran el prototipo mismo de las fuerzas hostiles a Dios... En absoluto, dice el sacerdote, es Dios mismo quien los ha creado. Y el salmo 104 (v. 26) añadirá que Dios los ha creado para divertirse con ellos[10], y el libro de Job los describirá de un modo extraordinario (Jb 40-41), para afirmar precisamente la omnipotencia de un Dios capaz de crear seres tan fabulosos.

> Y creó Dios los grandes monstruos marinos... y vio Dios que estaba bien.

No les temáis, no tengáis miedo de ellos: sabéis perfectamente que no existen realmente ídolos en el mundo y que no hay más Dios que el único Dios (Dt 31,6; 1 Co 8,4).

---

9. «Dio a luz enormes serpientes, con dientes afilados, crueles por sus matanzas: llenó su cuerpo de veneno y no de sangre... , hizo surgir las serpientes, los reptiles monstruosos y los monstruos-tempestad...» (*Enuma Elish*, I, 114-122).

10. Al mismo tiempo que nuestro relato sacerdotal hay que leer el salmo 104, paralelo a él: expresa de una forma lírica, como alabanza y oración, la enseñanza teológica del capítulo primero del Génesis.

¿No se les podría recordar todo esto a muchos de nuestros contempóraneos? ¿No se ven sometidos a menudo a la tentación del anatema o de la idolatría, al contemplar los astros recién nacidos que adornan nuestro firmamento, y los dragones extraños que el hombre ha inventado?

> Y bendíjolos Dios diciendo: «Sed fecundos y multiplicaos y henchid las aguas en los mares, y las aves crezcan en la tierra». Y atardeció y amaneció: día quinto.

La procesión de los seres

> Dijo Dios: «Produzca la tierra animales vivientes de cada especie: bestias, sierpes y alimañas terrestres de cada especie».

Destaquemos el carácter litánico del texto: la doctrina está expuesta en grandes estrofas, sujetas a un ritmo casi idéntico; esta característica literaria es un elemento más que nos manifiesta la intención profunda del relato.

Todos los seres están impecablemente ordenados; se ve que el autor es un sacerdote, preocupado por la organización del culto; en este templo, que es el universo, se presenta la creación según un orden procesional.

> Hizo Dios las alimañas terrestres de cada especie,
> y las bestias de cada especie,
> y toda sierpe del suelo de cada especie.

De cada especie: sigue presente la preocupación del maestro de ceremonias para que se respeten los privilegios, las precedencias y las dignidades jerárquicas.

Y en este día sexto, después de la creación de los animales (otro agrupamiento arbitrario), aparece finalmente aquel en quien todo converge: el ser humano.

A imagen de Dios

> Y dijo Dios: «Hagamos al ser humano a nuestra imagen, como semejanza nuestra, y manden en...»

Sigue la letanía implacable de todos los seres vivos de cada especie: este autor no tiene arte para evitar ni una sola enumeración.

Creó, pues, Dios al ser humano a imagen suya,
a imagen de Dios le creó,
varón y mujer los creó.

El hombre es creado a imagen de Dios. Estas palabras nos ofrecen la enseñanza más profunda sobre su naturaleza espiritual y, al mismo tiempo, sobre la finalidad que él mismo debe dar a su acción: una imagen no es buena más que si es semejante; nuestra tarea es sencillamente la de asemejarnos al que nos creó. La moral se reduce a vivir a semejanza de Dios.

Pero tuvo lugar el pecado, que queda fuera de la perspectiva de este relato. El que es la Imagen por excelencia y el Resplandor del Padre (Col 1,15; Hb 1,3) vino para devolvernos, con la vida, la semejanza que habíamos perdido, y para inagurar un orden nuevo. No obstante, la enseñanza de nuestro texto no ha perdido nada de su valor y nosotros, miembros de Cristo, nos volvemos hacia aquel de quien somos imagen, para asemejarnos a él cada vez más. La contemplación, el mirarle a él, la simple admiración, son necesariamente un camino hacia la santidad. Permaneciendo ante él, la imagen recupera progresivamente la semejanza.

El hombre ha sido creado a imagen y semejanza de Dios y sus costumbres deben ser imagen y semejanza de las del Creador. Esta realidad nos revela el sentido de la moral (ascética y mística al mismo tiempo), de los mandamientos y de las prescripciones. No mentirás. ¿Por qué? Porque Dios es Verdad; decir la verdad es lo que corresponde a nuestra naturaleza, porque nuestra inteligencia fue creada para la verdad y, al mismo tiempo, nos aproxima a la semejanza con el Dios de la Verdad. La contemplación asidua del Dios de la Verdad llenará toda nuestra existencia de verdad[11].

Sed santos porque yo soy santo (Lv 11,45; 19,2): este gran principio emana de la misma tradición sacerdotal que nos enseña aquí que el hombre es imagen de Dios. Cualquier progreso en el conocimiento de Dios se traducirá necesariamente en una revelación correspondiente en el plano de la actuación humana; fijaos, al final de la revelación, en la primera carta de san Juan: si Dios es amor, tenéis que amar.

---

11. A la luz de esta teología de la imagen de Dios se percibe mejor la unidad profunda existente entre dogma y moral, moral y psicología, psicología y estudio doctrinal: todo lo que aprendemos sobre Dios nos instruye acerca de su imagen y, a su vez, el estudio del espíritu y del alma del hombre, de su conocimiento y de su amor, nos permite remontarnos hasta Dios. También se percibe mejor el vínculo existente entre la mística y la ascesis, la contemplación y la vida moral.

Cristo ha recogido el antiguo dicho del Levítico y lo ha transformado: *Sed perfectos como vuestro Padre celestial es perfecto*. La moral del hijo no abole, sino que perfecciona la moral de la creatura y de la imagen.

Dominad

> Y bendíjolos Dios, y díjoles Dios: «Sed fecundos y multiplicaos y henchid la tierra y sometedla: mandad en los peces del mar y en las aves de los cielos y en todo animal que serpea sobre la tierra».

Dios bendice al hombre, en primer lugar, con la fecundidad. Inmediatamente después, Dios entrega al hombre su creación para que la someta y la domine. El trabajo del hombre adquiere su valor y su significado esencial de este mandato que ha recibido de Dios desde el origen. El trabajo de todas las generaciones humanas a través de los siglos, el trabajo de los arquitectos y de los ingenieros, de los jardineros y de los constructores, responden a este precepto original. Dios ha confiado al hombre el rostro de la tierra todavía inacabada, todavía en formación, para que transfigure la materia con su inteligencia, para que la transforme a su imagen y la devuelva, una vez acabada, a su Creador.

Para nuestra generación este precepto adquiere mayores proporciones: hasta hace poco tiempo teníamos nuestro pequeño planeta tierra y nos parecía que en él había mucho trabajo para nosotros; ahora nos encontramos en medio de este mundo inmenso, cuyos límites se ensanchan ante nosotros todos los días. Nuestra tarea es mayor cuanto mejor conocemos el universo; tenemos que ir a humanizar (y evangelizar) otros mundos; tenemos mucho trabajo por delante, si queremos obedecer la orden que Dios nos da, en este versículo 28 del capítulo primero del Génesis: dominad el universo, llenadlo, modeladlo con vuestras manos humanas para hacerlo más perfecto, más hermoso, más humano[12]. El trabajo de la raza de Adán debe consistir en acabar la obra de la creación que Dios le ha entregado.

> «Ved que os he dado toda hierba de semilla que existe sobre la haz de toda la tierra, así como todo árbol que lleva fruto de semilla; para vosotros será de

12. En realidad, ¿qué aportamos al mundo de humano? ¿y de cristiano? Parece que los primeros objetos que se lanzaron a la luna se desinfectaron cuidadosamente. Para que no estuvieran contaminados de los gérmenes de orgullo y de odio...

alimento. Y a todo animal terrestre, y a toda ave de los cielos y a toda sierpe de sobre la tierra, animada de vida, toda la hierba verde les doy de alimento».

Dios se preocupa de la subsistencia del hombre y de todos los seres; para ello les entrega las plantas que ha creado. Este alimento puramente vegetal es una imagen de la paz universal de un mundo donde no había necesidad de matar para vivir. Para los animales, la hierba verde; para el hombre, la hierba «que lleva fruto de semilla», y los frutos: espigas y racimos; estos alimentos puros, símbolos de una edad sin pecado, son los que Cristo escogerá cuando venza el mal y la muerte para dar la vida a su pueblo con su propia vida.

Vio Dios cuanto había hecho, y todo estaba muy bien.

Cada cosa estaba bien, el conjunto todavía mejor. Dios aprueba universalmente su creación.

El séptimo día

Y dio por concluida Dios en el séptimo día la labor que había hecho y cesó en el día séptimo de toda la labor que hiciera.

En hebreo la palabra «descansó» es de la misma raíz que sabbat; tendríamos que traducir: él «sabatizó», observó el sábado.

Y bendijo Dios el día séptimo y lo santificó; porque en él cesó Dios de toda la obra creadora que Dios había hecho.

Tenemos ya la piedra angular: ¡el sábado!

Esta es la razón por la que el relato de la creación estaba distribuido arbitrariamente en una semana: en el análisis hemos destacado ciertos agrupamientos artificiales, signos evidentes de la preocupación de un autor, que no estaba especialmente atento a los trabajos, sino que pretendía incluirlos en seis días; lo hacía para poner de relieve la importancia del séptimo.

Al presentarnos así la actividad de Dios, realizada en los días laborables y concluida con el descanso sabático, el sacerdote que ha cantado la creación ha querido situar en el origen del mundo la ley del sábado. Su intención es enseñarnos a regular toda nuestra actividad, imitando el ejemplo del Creador: así como el hombre es imagen de Dios, habrá que medir la actividad del hombre a imagen de la actividad de Dios; sus «obras» deberán repartirse armoniosamente en los seis días que Dios le ha dado para trabajar. Los seis días están en función del séptimo; tenemos que organizar todo nuestro trabajo en función de este descanso contemplativo, de este ocio para Dios, en función del culto que santifica el día séptimo. Después de la resurrección de Cristo, el día del descanso ha pasado a ser el domingo, «octavo día» o primer día de la nueva era del mundo; pero la ley fundamental no ha cambiado. En este día encuentra su sentido y sube hacia Dios como ofrenda todo el trabajo de los demás días. En este día somos plenamente conscientes de la meta a la que nos dirigimos. Nos asegura la distancia necesaria respecto de nuestras tareas. Este día único equilibra toda la semana y le da su sentido.

Dios nos ha dado un trabajo que realizar en este mundo que pasa, pero lo ha hecho para que lleguemos al descanso sin fin de los cielos nuevos y de la tierra nueva. Sabe de qué estamos hechos y hasta qué punto podemos dejarnos esclavizar por el trabajo cotidiano, podemos dejarnos atrapar por este engranaje despiadado, desintegrar por esta actividad embrujadora. Por eso, movido por su ternura, nos impone esta obligación, que debería parecernos agradable: descansar, reposar, suspender la actividad durante un tiempo, un día a la semana, para irnos acostumbrando a la bienaventuranza[13]. Quienes no son capaces de descansar, de suspender un momento su agitación, de encontrar diez minutos para el silencio o la oración, ¿cómo se van a encontrar bien en el paraíso?

Tal vez ninguna generación necesitó tanto como la nuestra entender esta lección tan actual[14], que fluye directamente, en el sentido más obvio, del antiguo relato.

¡Qué maravilla de texto sagrado, siempre joven, a la vez que eterno! Guarda, misteriosamente reservado para cada época, el alimento que colma nuestras necesidades más urgentes. Nunca se expresa en pasado, está siempre presente con su novedad fontal.

---

13. Si llamas al sábado «delicia»,
entonces te deleitarás en Yahveh (Is 58,13-14).

14. La relación entre trabajo y descanso varía según las civilizaciones y las épocas. A la luz de la palabra de Dios el hombre debe reflexionar continuamente sobre el buen uso de su tiempo y de sus capacidades.

El relato de la creación está estructurado de una forma lógica; primero presenta el marco, después sitúa en este marco las realidades que se corresponden mutuamente: los astros frente a la luz, las aves y los peces frente al firmamento que los separa, los animales terrestres cuando la tierra está separada del mar, y finalmente el varón y la mujer cuando el universo está concluido —vegetales y animales— y puede acogerlos.

1er DIA

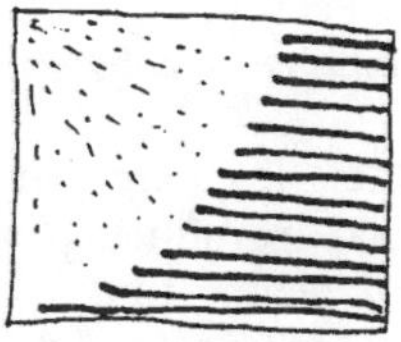

La luz

4º DIA

Los astros

2º DIA

El firmamento

5º DIA

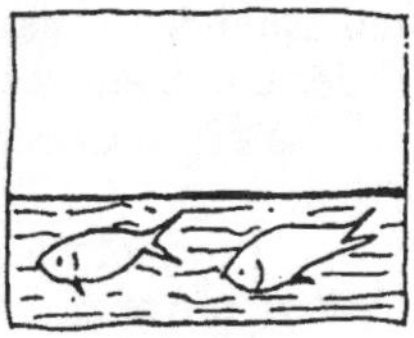

Aves, peces

3er DIA

Tierra y mar

Plantas

6º DIA

Animales

Varón y mujer

2

Una visión en relieve

Inmediatamente después de esta página, sin transición, viene otro relato de la creación, con un contenido en apariencia totalmente distinto: por su presentación, por su estilo, por su carácter.

¿Por qué? Uno puede preguntarse cuál es la intención del Espíritu Santo al inspirar de esta manera al último redactor, que pone, uno detrás de otro, dos textos paralelos y, al mismo tiempo, divergentes, y cuyas divergencias son tan evidentes, que incluso la exégesis mejor intencionada no puede reducirlas... ¿Por qué? ¿No podía habernos dicho de una vez, en un solo relato completo y coherente, todo lo que tenía que decirnos?

Pues no. El Espíritu aplica aquí una ley muy general: Dios nos dio dos ojos para que la visión «binocular» permitiera percibir el relieve que no puede captar un ojo solo: al recibir cada ojo una imagen claramente distinta, los dos clisés no son exactamente iguales, y es precisamente su diferencia la que nos permite localizar los objetos en el espacio. Las técnicas modernas de «cine tridimensional», para dar esta impresión de las distancias relativas, se sirven de dos perspectivas, cuyo valor complementario da la sensación de profundidad. De igual modo, las audiciones estereofónicas se esfuerzan por recrear el espacio musical.

El Espíritu Santo ha querido que su obra maestra, la Palabra de Dios, sacara provecho de este principio tan valioso y adecuado en el mundo físico. A lo largo del texto sagrado nos ofrece sin cesar dos perspectivas diferentes de los mismos hechos, visiones convergentes en lo esencial, pero tomadas desde ángulos diferentes, según el principio de la fotografía en relieve. Toda la Biblia está compuesta de duplicados y paralelos[15]. Un relato único «carecería siempre de relieve». Sólo esta técnica estereoscópica hace que el objeto «se mueva», nos permite percibirlo con su volumen, su dimensión real, su profundidad inasequible: le da una perspectiva, nos impide delimitarlo y creer que lo poseemos; no podemos agotar toda su riqueza, ni intentar, por ejemplo, seguir el curso de la historia sin interrupción.

15. Dos relatos de la creación, dos relatos del diluvio, tres de la vocación de Abrahán, tres de la de Moisés, el libro de Josué frente al de los Jueces, las Crónicas en paralelo a los libros de Samuel y de los Reyes, etc.

Y cuando se trata del acontecimiento por excelencia, de la vida de Cristo, serán necesarias hasta cuatro perspectivas complementarias. Cf. el capítulo sobre la tempestad calmada, *infra*, p. 225.

Por eso los trabajos de la crítica histórica han sido tan valiosos para clasificar, situar, datar aproximadamente, estos documentos y estas tradiciones que la Escritura presenta como una serie de películas fijas, sin advertirnos cuando pasa de una a otra.

Una vez que poseemos los resultados más seguros de la crítica, la comparación atenta de los dos textos paralelos nos permite distinguir lo esencial de lo accesorio, establecer algo parecido a lo que en matemáticas se llama el «máximo común divisor», para tratar de precisar el fondo de la enseñanza; luego hay que tratar de captar el sentido de los valores marginales, y ver cómo, en algunos casos, las contradicciones se anulan mutuamente, los datos complementarios se corrigen, se refuerzan, se explicitan.

Provistos de estos principios de lectura, analizamos el segundo relato.

El relato yavista
(Gn 2,4-25)

Mucho más antiguo que el primero, se remonta tal vez al siglo X, hacia la época de Salomón, en tiempo de la monarquía; se le llama convencionalmente «yavista»[16] porque, desde el principio da a Dios su nombre propio, el nombre revelado en el Sinaí.

> El día en que hizo Yahveh Dios...

Para mostrarnos que se trata del mismo Dios, tal vez el último redactor añade al nombre de Yahveh, que tiene delante, el nombre común de Dios, que acaba de emplear al copiar el relato sacerdotal.

> El día en que hizo Yahveh Dios la tierra y los cielos, no había aún en la tierra arbusto alguno del campo, y ninguna hierba del campo había germinado todavía, pues Yahveh Dios no había hecho llover sobre la tierra...

Inmediatamente salta a la vista que la concepción de este relato es diferente de la concepción del anterior. Antes se trataba de un abismo original, abismo acuoso del que surgía la tierra seca, y se tenía la impresión de que era necesario refrenar el poder formidable de las aguas —en un país como Tierra Santa, en Judea, en Jerusalén, estas imágenes «líquidas» sólo podían ser un objeto importado, venido de

---

16. Abreviatura habitual: J (de Jahveh, Iahveh o Yahweh; la «i» inicial del hebreo puede transcribirse, dependiendo de la lengua, por J, I o Y).

un país de mares y ríos[17]—. Ahora, por el contrario, en este segundo relato, el telón de fondo de la obra creadora es un paisaje totalmente seco, tal como podía imaginárselo sin ninguna dificultad un israelita: un desierto desolado, donde nada crece y nada tiene vida si no se riega.

Enseguida comprobamos el interés que tiene esta diferencia, ¿qué nos enseña? Una lección preciosa que han de aprender bien los que quieren que todo concuerde: el Espíritu Santo no está sujeto ni a lo «líquido» ni a lo «seco». Como las dos imágenes son contradictorias, se eliminan mutuamente, y nos dejan libres para permitirnos analizar las teorías científicas sobre el origen del universo, sin ninguna hipoteca deudora de la presentación bíblica.

> ... ni había hombre.

Si quisiéramos leer seguidos los dos relatos, como si formaran uno solo, aparecería una contradicción evidente después de la creación del hombre, que acabamos de presenciar. Queda claro, por tanto, que hay que leerlos en paralelo.

> Entonces Yahveh Dios modeló...

«modeló» es el término técnico que expresa el trabajo del alfarero al dar forma a la arcilla.

Estamos lejos de la presentación teológica refinada del primer relato, del Dios transcendente que crea el universo mediante su palabra. Aquí el autor no tiene miedo de mostrarnos a Yahveh tocando el polvo. Después presentará toda la actividad divina de una forma concreta, al estilo de la del hombre. Este relato no dice que el hombre es imagen de Dios, pero nos sugiere esta semejanza al evocar un Dios cuya actividad es imagen de la del hombre, un Dios próximo y fraterno.

Revelación sobre Dios

Llegados a este punto sería necesario tener tiempo para pararse y admirar el arte extraordinario de esta revelación progresiva: Dios nos ha acostumbrado dulcemente a la claridad, se ha revelado poco a poco, y cada una de las tradiciones de Israel nos entrega uno de los com-

---

17. En efecto, hemos comprobado que hay paralelos en las cosmogonías de los países situados «entre-los-dos-ríos»: sumeria, babilónica, etc.

ponentes de su personalidad, insiste en uno de sus atributos o en un determinado aspecto de su ser, nos ofrece una luz parcial, de un color concreto.

El Nuevo Testamento, como un prisma, recompondrá en la unidad de la luz blanca todos estos haces de colores distintos que el Antiguo Testamento nos había presentado por separado. En este hogar incandescente en el que se condensa toda la claridad, Cristo enseña, a la vez e inseparablemente, la transcendencia infinita de Dios y su inmanencia, su omnipotencia y su presencia íntima en el corazón del hombre.

A través de las diversas corrientes del Antiguo Testamento podemos descubrir mejor todos los aspectos de la verdad que vivimos, del mismo modo que solamente el prisma nos hace descubrir los colores que componen la luz del día. En la antigua alianza se nos entregan los elementos separados y parece que cada uno de los colores excluye a los demás: el relato sacerdotal, que tiene un sentido muy elevado de la transcendencia, apenas tiene el de la inmanencia y el de la intimidad.

En una época anterior, tal vez menos refinada, el yavista es consciente de que Dios está cercano, de sus cuidados providenciales: ve cómo en el momento del diluvio cierra cuidadosamente la puerta del arca de Noé; pero se expresará con fórmulas tan antropomórficas que, a veces, parece que no respeta toda la transcendencia de un Dios inmaterial, espíritu puro.

El Padre había dispuesto que el Hijo revelara la unidad perfecta de todo lo que Dios es. Es admirable que el último redactor del Génesis, que escribe más tarde —y, por tanto, más cerca de Cristo—, hiciera madurar, orientándolos hacia el Nuevo Testamento, sin modificarlos, los textos de los autores antiguos: uniendo estas dos perpectivas parciales sobre Dios, pone de manifiesto su complementariedad y la unidad hacia la que tendían; las aproxima, tanto como era posible en la antigua alianza, a la plenitud que iba a llegar. Al superponerlas, hace posible que las veamos con una sola mirada y podamos presentir algo del esplendor definitivo.

La creación del hombre

> Entonces Yahveh Dios formó al hombre con polvo del suelo[18], e insufló en sus narices aliento de vida, y resultó el hombre un ser viviente.

---

18. Según el autor el nombre del hombre (*'âdâm*) procede de la tierra (*'adâmâh*), del mismo modo que él es sacado de la tierra. Se podría traducir: «Modeló al *terreno* (habitante de la tierra), arcilla de la *tierra*».

En el primer relato el hombre llegaba en último lugar, al final de la creación, en el lugar más solemne de toda esta larga procesión; aquí es el primero: ¿qué se nos enseña con ello? La oposición absoluta de los textos entre sí nos permite concluir: ni uno, ni otro. Una vez más somos libres en relación a los posibles descubrimientos sobre el orden de la aparición de los seres.

Y también sobre el modo de esta aparición: ni un texto ni el otro enseñan nada a favor o en contra de la evolución de las especies; uno y otro pueden estar de acuerdo con esta perspectiva: el relato sacerdotal, que va presentando sucesivamente los seres dirigiéndose hacia el hombre; y nuestro escrito yavista, con la palabra «forma», «modela», en la que podemos ver a Dios que trabaja para hacer que maduren los limos iniciales, en el curso de los siglos durante los cuales ha ido modelando progresivamente el sol, y ha modelado los seres, para llegar hasta el hombre. No hay ninguna enseñanza; en este sentido el texto queda abierto a cualquier hipótesis científica coherente.

Después de haber despejado así el terreno, precisando lo que el texto no quiere enseñarnos, hay que seguir avanzando.

Hay dos formas de destacar la figura de un actor en el cartel que anuncia una película: o bien en primer plano; o bien el último de todos, con una tipografía apropiada. El Espítitu Santo conoce estos dos procedimientos habituales. Y ha utilizado los dos. A nosotros nos corresponde discernir, analizando las formas, el objetivo que se persigue: se trata de destacar la figura del hombre, y de afirmar que es la meta y el gran protagonista de la creación. Este es el «máximo común divisor» entre los dos textos. La comparación de los dos relatos es más rica en significado que el análisis de cada uno de ellos por separado; sólo esta comparación nos permite discernir lo que se enseña realmente.

> E insufló en sus narices aliento de vida.

La presentación es gráfica, de acuerdo con el estilo del yavista, pero sugiere perfectamente la comunicación directa del aliento divino, una acción personal de Dios en la creación del hombre.

El jardín

El Señor dispone artísticamente el decorado alrededor del hombre:

> Luego plantó Yahveh Dios un jardín en Edén, al oriente, donde colocó al hombre que había formado.

> Yahveh Dios hizo brotar del suelo toda clase de árboles deleitosos a la vista y buenos para comer...

El primer autor se preocupaba de ordenar los seres «según su especie», el segundo los admira, los saborea: sus árboles son deleitosos a la vista y buenos para comer;

> ... y en medio del jardín, el árbol de la vida,

símbolo de la inmortalidad, que estaba reservada por gracia al hombre sin pecado, y que el hombre perdió al perder el Edén y todos sus bienes, cuando fue expulsado del paraíso (Gn 3,22). Sabemos que encontraremos este árbol de la vida en la ciudad santa, la Jerusalén futura, y que estará constantemente al alcance de nuestra mano (Ap 22,14); entrevemos incluso una multitud de árboles de la vida, en medio de la ciudad, a una y otra margen del río... (Ap 22,2)

> ... y el árbol de la ciencia del bien y del mal...

que desencadena la historia de la caída. Esto nos permite recordar que este relato yavista de la creación es inseparable del relato del pecado, que viene a continuación y le da todo su sentido.

> De Edén salía un río...

sigue un intento geográfico, laborioso e inevitablemente condenado al fracaso, para responder a la eterna cuestión que nos planteamos: situar en un mapa el paraíso perdido...

> Tomó, pues, Yahveh Dios al hombre y le dejó en el jardín de Edén, para que lo labrase y cuidase.

Son preocupaciones características de un pueblo sedentario y campesino: el cultivo de la tierra fue el trabajo esencial de Israel mientras estuvo en su tierra. Aquí el marco es exclusivamente agrícola, centrado en los árboles, completamente diferente de la gran perspectiva universal del relato sacerdotal. Por eso resulta más interesante comprobar que tienen la misma enseñanza fundamental sobre el trabajo, connatural al hombre.

Una teología del trabajo

A veces se piensa que el Edén, jardín de las delicias, es un lugar de placer; mas el texto dice que el hombre está allí *para cultivarlo*, para trabajar el suelo; este trabajo era esparcimiento, actividad libre, placer. También en nuestro pobre mundo roto nos alegramos por la obra bien hecha, experimentamos una extraordinaria satisfacción al trabajar: el trabajo del paraíso terrenal era bendito, fructífero, agradable; era, sin embargo, un auténtico trabajo.

El relato de la caída, en el capítulo tercero, nos permite explicar por qué la teología del trabajo está marcada para siempre con un carácter penoso: lucha contra la materia rebelde y esfuerzo doloroso sobre nosotros mismos. Pero este carácter duro, laborioso, no debe hacernos olvidar la enseñanza de los capítulos primero y segundo. Una visión de conjunto de los tres primeros capítulos del Génesis nos ofrece todas las dimensiones del trabajo: una dimensión adecuada a la naturaleza del hombre, que tiene normalmente la necesidad y el deseo de trabajar, y encuentra en el trabajo una realización y un gozo; una dimensión cósmica: con su trabajo el hombre debe concluir la obra de la creación, dominar el universo y llevarlo a su perfección (como nosotros tenemos la ventaja de haber leído el Apocalipsis, obra que el autor del Génesis no pudo conocer, podemos añadir: hacer que madure, orientándolo hacia la belleza de la tierra nueva); y, a la vez, su carácter de castigo, cuya redención apareció cuando la Palabra se hizo carne: Cristo, trabajador manual, nos ha revelado el valor salvífico del trabajo duro y humilde. En Nazaret nuestras manos lo tocaron, vimos con nuestros ojos cómo la Palabra, artífice de todas las cosas, se hizo, por amor, un obrero.

> Y Dios impuso al hombre este mandamiento: «De cualquier árbol del jardín puedes comer...»

El giro hebreo expresa una insistencia que podría traducirse también: «Comerás lo que quieras» o «hasta saciarte»... Al igual que en el primer relato, Dios se preocupa de alimentar al hombre.

La prueba de la fidelidad

> «... mas del árbol de la ciencia del bien y del mal no comerás, porque el día que comieres de él, morirás sin remedio».

En el primer relato la indicación esencial sobre la naturaleza del hombre era la afirmación de que es imagen de Dios; este relato no lo dice expresamente, pero nos muestra aquello por lo que el hombre es imagen de la causa primera: la libertad que le hace poco inferior a un Dios (Sal 8,6), la capacidad formidable de elegir, puesta en sus manos frágiles y expresada en un mandamiento que él puede transgredir.

En este clima de amistad y de concordia universal, el trigo, la vid y el aceite «respondían» a la tierra, la tierra «respondía» al hombre, era también necesario que el hombre respondiese a su Dios (Oseas habría dicho: el sí de los esponsales...). Esta respuesta debía ser la adecuada para el hombre, una respuesta libre; por eso Dios se la pide como un gesto de fidelidad (Os 2, 21-24).

El primer relato no hablaba más que de semejanza, éste nos revela que la semejanza requiere la obediencia. Y Cristo insistirá: «Vosotros sois mis amigos, si hacéis lo que yo os mando» (Jn 15,14). Y él mismo, siendo Hijo, se hizo obediente hasta la muerte. (Hb 5,8; Flp 2,8).

La mujer

> Dijo luego Yahveh Dios: «No es bueno que el hombre esté solo. Voy a hacerle una ayuda adecuada».

Asistimos a continuación al relato pintoresco de la creación de los animales, modelados sucesivamente por Yahveh, sin concederles el aliento misterioso, reservado para el hombre; los lleva ante éste para ver cómo les pone nombres.

> El hombre puso nombres a todos los ganados, a las aves del cielo y a todos los animales del campo.

Poner nombre es dominar, es afirmar que se es el amo[19] y que se tiene poder sobre el otro ser; éste sería otro «máximo común divisor»: con un procedimiento diferente, pero tan seguro como la orden solemne dada en el primer relato, se afirma el dominio del hombre sobre las demás creaturas.

> Entonces Yahveh Dios hizo caer un profundo sueño sobre el hombre, el cual se durmió. Y le quitó una de las costillas rellenando el vacío con carne.

De nuevo, una serie de imágenes concretas, para expresar la acción de Dios, que ha modelado, que ha plantado y que ahora, después de haber dormido al hombre, le quita una costilla.

---

19. Por eso cuando el faraón Nekó sometió al rey de Israel le cambió el nombre: Yoyaquim en lugar de Elyaquim (2 R 23,34).

Asimismo, Nabucodonosor, después de la primera deportación, puso por rey vasallo en Jerusalén a Mattanías, cambiando su nombre en Sedecías (2 R 24,17).

> De la costilla que Yahveh Dios había tomado del hombre, formó una mujer y la llevó ante el hombre. Entonces éste exclamó: «¡Esta vez sí que es hueso de mis huesos y carne de mi carne. Esta será llamada 'mujer' (en hebreo: ishsha), porque del varón (ish) ha sido tomada!»

La exclamación del hombre expresa perfectamente el sentido que el autor ha querido sugerir al presentarnos de esta forma la creación de la mujer: «hueso de mis huesos, carne mi carne» expresa la intimidad, la proximidad mayor que pueda darse, el asombro del hombre ante esta creatura que por fin le resulta perfectamente adecuada.

> Por eso deja el hombre a su padre y a su madre y se une a su mujer, y se hacen una sola carne.

El primer relato insistía en la identidad de naturaleza: Dios creaba juntos al varón y a la mujer; uno y otro eran igualmente imagen de Dios, con los mismos privilegios espirituales y la misma soberanía ante los demás seres. El segundo, por su parte, pone de relieve la diferencia de sexos y la complementariedad de la pareja; se ocupa del misterio de la concepción, del parto, del nacimiento, del sufrimiento y de la muerte. Pero los dos relatos están de acuerdo en la supremacía del ser humano, del varón y de la mujer, por encima de todo el universo creado; en sus privilegios y en su libertad; y también en la fecundidad, que se les concede desde el principio. *Se hacen una sola carne* es la expresión concreta de la misma realidad expresada con la bendición en el primer relato: *Sed fecundos, multiplicaos*[20].

Si el yavista sugiere algo más sobre la naturaleza de la mujer, ¿no se deberá a que su contextura es más perfecta, más delicada, puesto que fue tomada de una materia más perfecta, que estaba ya más elaborada? El hombre había sido modelado del polvo seco de la tierra y la mujer es formada a partir de un elemento ya desbastado, ya modelado una vez por las manos de Dios...

Por ser más frágil, será la primera en ceder a la atracción del fruto prohibido; y, por ser más débil, cargará con las consecuencias más pesadas del pecado: cuántas veces, en el curso de la historia, en cuántos ambientes, en cuántos grupos sociales, el peso del dominio del más fuerte la reducirá al estado de animal de carga y hará caer sobre ella la pena del trabajo que correspondía al hombre; mientras que su propio castigo le afecta en lo más íntimo de su ser, en su función de esposa y de madre. La historia de la caída y de sus consecuencias nos revela todas las dimensiones de la maternidad, que es fundamentalmente

20. Cf. *infra*, las primeras palabras de Dios al hombre, p. 93

bendición, alegría, plenitud, regocijo, de la mujer; y, al mismo tiempo, está marcada por la pena, el desgarramiento, el desposeimiento, el aprendizaje progresivo del desprendimiento y del amor. Son necesarios venticinco años para que crezca un adulto y a lo largo de estecrecimiento se realiza la maternidad entre el cumplimiento y el desapego. Ninguna técnica, por extraordinaria que sea, de «parto sin dolor» cambia nada en este profundo misterio de gozo y de pena que es para una madre la formación de un hombre *con la ayuda de Yahveh* (Gn 4,1).

3

Equilibrio perfecto

Después de este recorrido rápido de los dos relatos en «visión estereoscópica», tal vez percibamos mejor la riqueza maravillosa que les aporta su complementariedad.

1) Hemos visto cómo la simple comparación elimina de la enseñanza los *elementos contradictorios* y nos libera de ellos: cosmogonía acuosa o seca; Dios habla o Dios modela; el hombre creado en primer o en último lugar; los seis días; la costilla...

2) A menudo la comparación nos permite encontrar un *sentido convergente*, a través de las diversas presentaciones: supremacía del hombre expresada por su lugar preeminente en el orden de aparición de los seres; su dominio, manifestado tanto por el mandato expreso de Dios como por la imposición del nombre a los animales; su comunión espiritual con Dios, puesto que un relato habla de imagen y semejanza, y el otro del aliento de vida, insuflado directamente, que distingue al hombre de los animales; la intervención particular de Dios en la creación del hombre; el hombre, imagen de Dios y dotado de libertad; la bendición del matrimonio; el aspecto positivo y fecundo del trabajo humano; la Providencia que se preocupa de alimentar al hombre, etc.

3) Este esfuerzo por comparar los dos relatos hace que aparezca a veces una *significación nueva* y muy importante, al superponer algunos elementos o al destacar las características complementarias. Hemos insistido en ello: revelaciones sobre Dios; sentido total del trabajo en la condición presente del hombre, rey de esta creación, pero pecador y castigado; moral de semejanza y moral de fidelidad; acción y contemplación, etc.

La enumeración es realmente ilimitada, precisamente porque hay dos relatos: se puede comparar sin cesar, bajo un aspecto nuevo, una palabra que aparece en los dos; la serie de entrecruzamientoses indefinida; el tesoro es inagotable; en cada generación, el pueblo de Dios dispondrá de los significados descubiertos anteriormente y podrá encontrar otros nuevos.

Así percibimos mejor la armonía (que sólo se produce por la conjunción de varias voces) y, al mismo tiempo, la precisión extraordinaria del acorde.

Volvamos una y otra vez a encontrar la afinación en la nota precisa. Esforcémonos por mantener esta armonía y este «equilibrio de los contrarios» en nuestra teología, en nuestra filosofía, en nuestra antropología, en nuestra oración, en nuestros juicios, en nuestra moral, en nuestra actividad, en nuestro sentido social del trabajo. Parece ser que si uno prefiere de un modo exclusivo uno u otro de los relatos..., esto puede destruir el equilibrio de su pensamiento, de su enseñanza o de su vida.

Por ejemplo, el P. Theilard de Chardin optó decididamente por el primer capítulo: basta con integrar la nota complementaria del segundo para encontrar la perspectiva justa, que incluye el pecado, el castigo, y la redención.

Por el contrario, muchos moralistas tristes están obsesionados por la caída[21] y sus consecuencias; les vendría bien respirar el aire completamente puro del primer relato, dejarse contagiar por su optimismo fundamental basado en el Bien absoluto, entrar en su perspectiva litúrgica y cultual.

Cuanto más se penetra en esta composición de los dos relatos, y más se deja uno enseñar por la comparación entre ellos, más admirado se queda por este arte divinamente inspirado:

Al contemplarlo, el ignorante se hace sabio, y el sabio se vuelve mudo de adoración silenciosa.

---

21. Sor Jeanne d'Arc tenía prevista la redacción de un capítulo sobre el «Pecado Original», pero no pudo concluirlo (*Nota de los editores*).

LAS PRIMERAS PALABRAS DE DIOS AL HOMBRE

El ritmo del primer capítulo del Génesis está marcado por las diez palabras creadoras: «Y dijo Dios... Y dijo Dios...». Las dos últimas se dirigen personalmente al varón y a la mujer; la última manifiesta la preocupación de Dios por darle el alimento. La novena, que es la primera palabra que inagura la serie de todas las intervenciones divinas en la historia, es importante. Es una bendición expresada en cinco imperativos que estructuran la vida del hombre sobre la tierra:

> Los bendijo Dios y les dijo:
> Creded,
> multiplicaos,
> llenad la tierra,
> y sometedla,
> dominad (Gn 1,28).

Estas palabras pueden iluminar nuestros problemas actuales, pues nuestra generación es probablemente la primera en la historia humana que puede descubrir mejor su sentido e importancia.

¡Creced!

Es la primera orden que Dios dirige al hombre, a cada ser humano. Al ser creado libre, puede orientarse por sí mismo. Como ser espiritual, es capaz de un crecimiento infinito. Y Dios se lo revela en esta palabra que expresa las posibilidades de su ser y, al mismo tiempo, la voluntad de Dios sobre él: ¡creced! El camino está abierto. El hombre, con todas sus fuerzas, debe tratar de crecer en conocimiento y en amor, crecer en lo verdadero, lo bello y lo bueno: a eso se reduce toda la moral. Dios es luz y Dios es amor. Si el hombre es imagen de Dios, la imagen debe tender a la semejanza, luz y amor: ¡creced! Esta orden se dirige a cada persona humana individualmente, le atañe formalmente: el único pecado consiste en rebajarse al rechazar el amor, destrozarse por el egoísmo, cerrarse a la verdad. El camino de la vida es «creced».

Es cierto que el término hebreo original se suele traducir por «sed fecundos» o una palabra análoga, que expresa la proliferación; en realidad, ese matiz corresponde al sentido de la segunda palabra. Hacia el siglo III aC se llevó a cabo una versión de la Biblia hebrea en griego. El Espíritu Santo, al utilizar una nueva lengua, pudo expresar la maduración de la revelación, el progreso hacia la plenitud mesiánica. El traductor griego eligió el verbo *auxano*, que significa exactamente «hacerse grande» (Lc 1,80), «crecer» (Hch 12,24): «la palabra de Dios crecía»; «creced en la gracia y en el conocimiento del Señor» (2 P 3,18). Comprendió correctamente el término como una invitación al crecimiento espiritual, dirigida a cada uno.

El significado de la segunda palabra es muy distinto.

¡Multiplicaos!

El hombre es un ser sexuado, no puede multiplicarse por sí solo. Hay que distinguir esta orden de la primera. No es una orden individual, sino colectiva, se dirige a toda la raza humana. De hecho, serán la mayoría de las personas las que se encargarán de multiplicar la especie. Pero no todas; algunas comprenden que esta segunda palabra no se dirige a ellas, pues son llamadas a cumplir mejor la primera palabra, a crecer en el amor; podrán legítimamente escoger el celibato, renunciar al matrimonio, a la maternidad o a la paternidad, para entregarse a la contemplación, al estudio, o para entregarse por entero a servir a sus hermanos.

Por el contrario, los comentarios judíos han entendido generalmente esta palabra como una orden dirigida a cada uno. Por ello hay entre ellos un cierto desconocimiento de la virginidad, ausencia de fraternidades al estilo de las de la vida religiosa, y una fuerte insistencia en la procreación.

En este contexto y a propósito de la Iglesia, se plantea una cuestión: siempre ha admitido la virginidad consagrada y el celibato por el reino y los ha elogiado frecuentemente; y sin embargo, mantiene también con rigor la insistencia en la procreación. Esto se debe, por una parte, a la herencia de épocas precedentes, en las que la multiplicación del género humano era indispensable para la supervivencia de la humanidad en las condiciones precarias en las que se encontraba: mortalidad infantil, epidemias que diezmaban la población, hambre, etc. Y, por otra parte, a la atención exclusiva dirigida a la familia, núcleo esencial de la sociedad y ámbito necesario para el crecimiento de cada ser humano. Otra causa sería una extrema susceptibilad moral en el ámbito sexual y una cierta duda sobre la finalidad del acto sexual: ¿es para engendrar hijos o para expresar el amor? Pero se debería también al hecho de que la éxegesis no habría distinguido suficientemente el significado de las dos primeras palabras ni habría relativizado la exigencia de la segunda: «¡multiplicaos!»

Sin embargo, despues de tanto tiempo los peligros de la superpoblación y de la explosión demográfica plantean problemas a la enseñanza oficial de la Iglesia, con sus prohibiciones y sus condenas. Y ésta se pregunta cómo encontrar la relación adecuada entre la doctrina proclamada y la realidad del mundo.

La solución es la tercera palabra.

¡Llenad la tierra!

Nuestra generación vive actualmente en una situación que nos permite comprender la tercera palabra: la tierra, a excepción de algunas zonas de los polos o del desierto, comienza a estar llena. Vemos cómo esta palabra da sentido y pone un límite al «multiplicaos». Si se nos pide que llenemos una pila de arena, nuestro trabajo concluye cuando la pila está llena. Sin embargo, la humanidad viva ha de continuar la obra procreadora de generación en generación; no se trata de multiplicación, sino de renovación al mismo nivel; se tratará también de una distribución más justa, de un aprovechamiento global de la superficie de la tierra, actualmente llena de personas. Después de veinte años, habremos sido capaces también de someter, de regular la oleada creciente de generaciones, de dominar el «multiplicaos».

Esto dará una dimensión nueva a la cuarta palabra: «someted la tierra». No es casual que, al mismo tiempo que acabamos de llenar la tierra, se desarrolle una poderosa corriente ecologista. Hasta hace poco podíamos conocer nuevos espacios vírgenes, recursos ilimitados que se podían conquistar. Ahora, en lugar de actuar cómo tiranos o invasores, tenemos que aprender la manera de usar sin abusar, de ejercer un dominio inteligente y respetuoso, como hombres creados a imagen del Dios creador.

¡Someted!

El hecho de que la tierra esté llena, tiene también consecuencias que afectan a la orden de «someter» y a la ley del trabajo humano.

Dios, al principio, dio al hombre seis días para trabajar y un día para el «descanso para Dios». Hoy los cristianos han perdido casi el sentido de este descanso. El domingo se dedica a cultivar el jardín, construir otra casa, practicar un deporte, hacer algún chapuz, una especie de «trabajo de Edén», es decir libre, gratuito, escogido, pero trabajo al fin y al cabo.

La situación nueva, creada por una tierra llena, en la que el trabajo es un bien escaso, debería introducir una perspectiva nueva sobre el trabajo:

— Una mejor distribución del trabajo necesario para ganar el pan (por ejemplo, limitándolo a cuatro días por semana);

— La instauración de un tiempo de «trabajo de Edén», el trabajo libre y creativo, que puede llevarse a cabo en el sector artístico, en la ayuda mutua o en el servivio, en todo tipo de actividades libremente escogidas, que nos realizan en el don y en la gratuidad;

— La recuperación del sentido del «descanso para Dios» por medio de una educación espiritual.

Entonces el hombre podrá realizar la quinta palabra: «¡Dominad!», sometiendo armoniosamente la tierra y «domesticando» pacíficamente todos los elementos que hay en ella, los animales y los paisajes, los hospitales y las escuelas...

En este momento crucial del siglo XX se dan al mismo tiempo los elementos que nos permiten comprender mejor las primeras palabras dirigidas por Dios al hombre. Nos corresponde orientar la historia humana para ponerlas en práctica con sabiduría.

Algunos datos indicativos

2 000 000	**Paleolítico inferior**. Homo erectus en *Africa*. Primeras herramientas conocidas.
1 000 000	El hombre se extiende por el *viejo continente*.
800 000	El fuego.
100 000	**Neandertal** en *Europa*. **Paleolítico medio**.
35 000	**Cromagnon**. **Paleolítico superior**.
30 000	El hombre llega a *Australia*, atraviesa el estrecho de Bering y puebla *América*.
25 000	Primeras pinturas rupestres en cuevas.
20 000	La aguja de coser.
10 000	Invención del arco y de la flecha en Europa. Domesticación del perro en *América del Norte*.
9 000	Jericó, la primera ciudad. Domesticación del carnero en *Oriente Próximo*.

8 000	Cerámica en *Japón*. **Neolítico**. **Piedra tallada**.
	Domesticación de la cabra en *Persia*.
	Cereales en *Oriente Próximo*.
7 000	Generalización de los asentamientos tribales en aldeas. *Oriente Próximo*.
	Kabal Huyuk. *Turquía*. Primer centro comercial.
	Tejidos. *Oriente Próximo*.
	Agricultura en Europa.
6 000	Domesticación de los bovinos.
5 000	Cobre, moneda de cambio *mediterránea*. **Edad del cobre**.
	Cultivo del maíz en *Méjico*.
4 000	Navegación a vela. *Egipto*.
	Monumentos megalíticos. *Bretaña*.
	Primeras ciudades de las llanuras de *Sumer*.
	Los sellos cilíndricos.
3 500	Primer cultivo de la patata. *América del Sur*.
	Invención de la rueda en *Sumer*.
	Escritura pictográfica.
3 000	Primeras herramientas de bronce. **Edad del bronce**.
	Arado. *Oriente Próximo*.
	Calendario preciso de observaciones astronómicas en Egipto.
	El torno de alfarero en *Sumer*.
	Ganadería en *China*.
	Los minoanos llegan al *Atlántico*.
2 600	Escritura de Gilgamesh y otros poemas. *Oriente Próximo*.
	Las pirámides. *Egipto*.
2 500	Primera civilización urbana en la *cuenca del Indo*.
2 400	*Stonehenge*.
	Compilación de leyes escritas. *Sumer*.
2 000	Domesticación del elefante y del pollo. *Cuenca del Indo*.
	Cultivo del arroz. *Oriente Próximo*.
	Domesticación del caballo. *Asia central*.
1 500	Grandes canoas. *Islas del Sur del Pacífico*.
	Primeros caminos empedrados. *Creta*.
	Esculturas de bronce. *China*.
1 400	**Edad del hierro**. *Oriente Próximo*.
	Alfabeto. *Ugarit*.
	Revelación del monoteísmo. *Hebreos*.
1 000	Domesticación del reno. *Europa del Norte*.
900	Alfabeto moderno. *Fenicios*.
800	Los celtas extienden el hierro por *Europa*.
	La Ilíada. La Odisea.
700	*Roma*.
	Utilización de la carretilla. *China*.
200	Redacción de las epopeyas de la India. Ramayana.
	La rueda de paletas. *Oriente Próximo*.

Si la formación de la tierra tuvo lugar hace cuatro millones y medio de años, suponiendo que sucediera el 1 de enero y dando tres segundos a cada siglo:

— la desaparición de los dinosaurios tendría lugar hacia el 1 de noviembre;
— el hombre aparecería el día 24 de diciembre;
— Abrahán el 24 de diciembre a las 23 h. 59 min.;
— Cristo nacería el 25 de diciembre a las 0 h.;
— ahora serían las 0 h. 01 min...

DEL DILUVIO A LA ALIANZA

Al leer los relatos de la creación hemos conocido al «sacerdotal» y al «yavista». Hemos captado su género literario, las diferencias de estilo, de manera de escribir. Al leer la narración del diluvio entramos en contacto con un relato donde las dos fuentes están entremezcladas. Cuando el autor del Génesis se encuentra con relatos paralelos y diferentes, algunas veces —como en los dos relatos de la creación— los ha unido, poniéndolos uno detrás de otro. Otras veces, como se ve por ejemplo en la historia de Sara[1], los ha diseminado a lo largo de su relato para mantener el interés. Y otras, como vamos a comprobar en el caso del diluvio, los ha entrelazado, «trenzado».

Vamos a comenzar por deshacer la trenza, por discernir en el relato lo que pertenece al sacerdotal y lo que pertenece al yavista.

La distinción de las fuentes

El primer elemento que nos ayudará para realizar este discernimiento en el texto es que el yavista llama a Yahveh por su nombre propio (Yahveh) desde el principio, mientras que el sacerdotal mantiene todavía el nombre común Dios, y lógicamente no llamará a Dios por su nombre revelado más que a partir del Sinaí. Es el primer principio de distinción.

Introducción al diluvio

El relato del diluvio comienza en el capítulo 6, versículo 5:

Yahveh[2]...

1. En los capítulos 12, 20 y 26 del libro del Génesis.
2. El relato yavista está impreso en letra redonda, el relato sacerdotal en *cursiva*.

Nos encontramos, pues, en el relato yavista: el más antiguo, el más pintoresco, el más personal.

> ... Viendo Yahveh que la maldad del hombre cundía en la tierra, y que todos los pensamientos que ideaba su corazón eran puro mal de continuo, le pesó a Yahveh haber hecho al hombre en la tierra, y se indignó en su corazón (Gn 6,5-6).

Estas expresiones tan antropomórficas, tan psicológicas, son muy semejantes a la presentación del yavista en el segundo capítulo del Génesis.

> Y dijo Yahveh: «Voy a exterminar de sobre la haz del suelo...»

Al leer el relato yavista de la creación hemos destacado esta expresión «sobre la haz del suelo», característica de su estilo.

> «... Voy a exterminar de la haz del suelo al hombre que he creado —desde el hombre hasta los ganados, las sierpes, y hasta las aves del cielo—...» (Gn 6,7).

El orden de la destrucción sigue el orden de la creación. El capítulo yavista del Génesis ha mostrado, en primer lugar, la creación del hombre y, después, la de todo lo demás en torno al hombre. De igual modo, la destrucción afectará al hombre en primer lugar e inmediatamente a todo lo demás. Descubriendo sus hábitos literarios aprendemos a reconocer a los autores incluso a través de una traducción.

> «... porque me pesa haberlos hecho».
> Pero Noé halló gracia a los ojos de Yahveh (Gn 6, 7-8).

«Hallar gracia» es también una expresión del yavista. Merecería la pena seguir todo su proceso en la Biblia hasta llegar al comienzo del evangelio de Lucas, a las palabras dirigidas por el ángel a María: «Has hallado gracia a los ojos del Señor». Lucas, que es un estilista muy hábil, se sirve aquí de «una imitación de» para evocar los relatos más antiguos. Cuando quiera expresar algo parecido, el sacerdotal dirá «caminar en la presencia de Dios».

En el versículo 9 hay un cambio de estilo:

> *Esta es la historia de Noé ...*

La «historia »: la palabra hebrea es *toledot*. Es la misma palabra que hemos traducido por *orígenes* al final del relato sacerdotal de la creación: «Estos fueron los orígenes de los cielos y la tierra cuando fueron creados» (Gn 2,4). Origen, generación, genealogía, engendrar, de donde procede «historia» (cf. *infra*, p. 127, nota 5). Encontramos de nuevo aquí esta palabra, que es característica del sacerdotal. Nos hallamos, por tanto, en la tradición sacerdotal.

> *Noé fue el varón más justo y cabal de su tiempo. Noé caminaba con Dios* (Gn 6,9).

El sacerdotal emplea la misma expresión para referirse a la alianza con Abrahán: «Camina en mi presencia y sé perfecto» (Gn 17).

> Noé engendró tres hijos... (Gn 6,10).

¡Atención!: «el sacerdote tiene que llevar cuenta de todo lo que hay en la sacristía», es necesario que los registros sean impecables, que todo esté clasificado según su especie:

> *... tres hijos: Sem, Cam y Jafet.*
> *La tierra estaba corrompida en la presencia de Dios: la tierra se llenó de violencias.*
> *Dios miró a la tierra, y he aquí que estaba viciada, porque toda carne tenía una conducta viciosa sobre la tierra* (Gn 6,10-12).

«Toda carne»: una expresión propia del sacerdotal. Se trata de un paralelo del comienzo del relato yavista, un duplicado que es signo de la utilización de dos fuentes en un mismo texto.

> *Dijo, pues, Dios a Noé: «He decidido acabar con toda carne...»*

«Dios», «toda carne», son palabras características del texto sacerdotal.

> *«He decidido acabar con toda carne, porque la tierra está llena de violencias por culpa de ellos. Por eso, he aquí que voy a exterminarlos de la tierra. Hazte un arca de maderas resinosas. Haces el arca de cañizo y la calafateas por dentro y por fuera con betún»* (Gn 6,13-14).

Cuando leemos textos paganos paralelos a este texto bíblico, comprobamos que este betún está «importado» de Babilonia, al igual que muchos otros detalles del relato:

> *« Así es como la harás...»* (Gn 6,15).

El sacerdotal se preocupa por ofrecer el número de codos para ser más preciso:

> *«... longitud del arca, trescientos codos; su anchura, cincuenta codos; y su altura, treinta codos»* (Gn 6,15).

Este gusto por las medidas es característico del entorno sacerdotal. Comparad, por ejemplo, la «torah» del gran profeta sacerdotal Ezequiel (Ez 41).

Este arca es un gran cofre rectangular; parece que no tiene un asiento muy bueno sobre el agua, pero esto importa poco.

> *«Haces al arca una cubierta y a un codo la rematarás por encima, pones la puerta del arca en su costado, y haces un primer piso, un segundo y un tercero.*
>
> *Por mi parte, voy a traer el diluvio, las aguas sobre la tierra...»* (Gn 6,16-17).

El diluvio significa aquí «las aguas que van a caer sobre la tierra».

> *« para exterminar bajo el cielo...»* (Gn 6,17).

La creación sacerdotal había descrito el cielo como un firmamento, una gran bóveda firme por encima de la tierra.

> *«... toda carne que tiene hálito de vida...»* (Gn 6,17).

Una vez más aparece la expresión «toda carne».

> *«... todo cuanto existe en la tierra perecerá. Pero contigo estableceré mi alianza...»* (Gn 6,17-18).

He aquí la palabra que ofrece la clave de todo el relato sacerdotal. Es la primera vez que se pronuncia esta palabra en la Biblia.

> *«Pero contigo estableceré mi alianza: Entrarás en el arca...»*

Atención, hay que seguir un orden:

> *«... tú y tus hijos, tu mujer y las mujeres de tus hijos contigo. Y de todo ser viviente, de toda carne meterás en el arca una pareja para que sobrevivan contigo. Serán macho y hembra. De cada especie de aves, de cada especie de ganados...»* (Gn 6,18-20).

Notad cómo aparece de nuevo el orden de la creación y la clasificación rigurosa «según su especie».

> *«... de cada especie de sierpes del suelo entrarán contigo sendas parejas para sobrevivir»* (Gn 6,20).

Habrá, pues, dos seres de cada especie, que son un macho y una hembra y que forman una pareja.

> *«Tú mismo procúrate toda suerte de víveres y hazte acopio...»* (Gn 6,21).

Como al final del relato sacerdotal de la creación, el texto subraya la preocupación de Dios por alimentar al hombre; la hierba para los animales; pero para el hombre, la hierba que tiene semilla, las espigas y los frutos de los árboles.

> *«...hazte acopio para que os sirvan de comida a ti y a ellos». Así lo hizo Noé y ejecutó todo lo que le había mandado Dios* (Gn 6,21-22).

En el versículo siguiente hay un cambio de perspectiva:

> Yahveh dijo a Noé: «Entra en el arca tú y toda tu casa...» (Gn 7,1).

Veis la diferencia que existe con respecto a la preocupación sacerdotal de clasificar a cada uno según su especie con un orden riguroso. Aquí se trata de «toda la casa».

> «... porque tú eres el único justo que he visto en esta generación. De todos los animales puros tomarás para ti siete parejas, el macho con su hembra...» (Gn 7,1-2).

«Machos y hembras»; la lengua hebrea emplea aquí dos palabras distintas de las que había usado el sacerdotal. Pero nuestra lengua no dispone de ellas. ¿Podría proponerse «maridos y mujeres»?

Por tanto, de los animales puros siete parejas, el macho con su hembra.

> «De todos los animales que no son puros tomarás un par, el macho con su hembra» (Gn 7,2).

De los impuros se toman dos, un macho y su hembra, que forman un par, mientras que en el sacerdotal forman «pareja».

«Porque dentro de siete días haré llover sobre la tierra durante cuarenta días y cuarenta noches, y exterminaré sobre la haz del suelo todos los seres que hice» (Gn 7,4).

Según el sacerdotal hubo un diluvio de aguas sobre la tierra, según el yavista hubo una lluvia.

«Y Noé ejecutó todo lo que había mandado Yahveh» (Gn 7,5).

Es la expresión paralela respecto de la cláusula con que se concluye la construcción del arca en el texto sacerdotal:

Así lo hizo Noé y ejecutó todo lo que le había mandado Dios (Gn 6,22).

Los dos relatos han llegado al mismo punto.

El diluvio

Comienza el sacerdotal:

Noé contaba seiscientos años cuando acaeció el diluvio, las aguas, sobre la tierra (Gn 7,6).

Para explicar estos seiscientos años habría que remitirse a las genealogías antediluvianas del capítulo 5.

Noé entró en el arca y con él sus hijos, su mujer, y las mujeres de sus hijos, para salvarse de las aguas del diluvio (Gn 7,7).

Los dos versículos siguientes son un añadido. El yavista continúa así:

Al cabo de siete días...

El plazo anunciado ha concluido.

... las aguas del diluvio vinieron sobre la tierra (Gn 7,10).

Y el sacerdotal continúa su cómputo:

El año seiscientos de la vida de Noé, el mes segundo, el día diecisiete del mes, en ese día saltaron todas las fuentes del gran abismo...

Es el *tehom* original, el abismo anterior a la creación.

> *... y las compuertas del cielo se abrieron* (Gn 7,11).

La creación sacerdotal mostraba el firmamento que protege el universo completamente rodeado por las aguas incontenibles, abismales. He aquí que con el diluvio todo el gran abismo, las aguas primordiales, tumultuosas, de los orígenes caen por las compuertas del cielo para inundar todo el universo creado. Es un diluvio cósmico.

El texto continúa

> La lluvia...

El yavista ha vuelto a tomar la palabra: se aprecia la diferencia de tono.

> Y estuvo descargando la lluvia...

—como lo había anunciado—

> ... cuarenta días y cuarenta noches (Gn 7,12).

Se trata claramente del cómputo yavista.

> *En aquel mismo día...*

El sacerdotal continúa su historia. Se trata del día diecisiete. Han entrado en el arca. Se olvida el añadido yavista y el sacerdotal vuelve con sus precisiones. Y vuelve a contar a toda su gente, pues el momento es importante.

> *... Noé y sus hijos, Sem, Cam y Jafet, y la mujer de Noé y las tres mujeres de sus hijos entraron en el arca; y con ellos...*

Comprobad cómo todo está perfectamente clasificado:

> *... los animales de cada especie, los ganados de cada especie, las sierpes de cada especie que reptan sobre la tierra, y las aves de cada especie: toda clase de pájaros y seres alados; entraron con Noé en el arca sendas parejas de toda carne en que hay aliento de vida, y los que iban entrando eran macho y hembra de toda carne, como Dios lo había mandado* (Gn 7,13-16).

No se puede decir que se exprese con mucha facilidad y elegancia; se repite, insiste, vuelve a explicarse. Después el estilo cambia completamente. Sigue así:

> Y Yahveh cerró la puerta detrás de Noé (Gn 7,16).

Un gesto atento de Yahveh que atranca la puerta para asegurarse de que su amigo Noé se halla a salvo dentro del arca.

> El diluvio duró…

continúa el yavista,

> … cuarenta días sobre la tierra. Crecieron las aguas y levantaron el arca que se alzó encima de la tierra (Gn 7,17).

Aquí las dos voces se repiten:

> *Subió el nivel de las aguas y crecieron mucho sobre la tierra…*

y el yavista:

> … mientras el arca flotaba sobre la superficie de las aguas.

El sacerdotal reanuda su relato:

> *Subió el nivel de las aguas mucho, muchísimo sobre la tierra, y quedaron cubiertos los montes más altos que hay debajo del cielo* (Gn 7,19).

Era de esperar porque las compuertas del cielo estaban abiertas. Para convencernos, nos ofrece un recuento de codos:

> *Quince codos por encima subió el nivel de las aguas quedando cubiertos los montes* (Gn 7,20).

¡Pero no se nos dice quién estaba allí para medir los codos!

> *Pereció toda carne: lo que repta por la tierra, junto con aves, ganados, animales y todo lo que pulula sobre la tierra, y toda la humanidad* (Gn 7,21).

El orden de la destrucción reproduce el orden de la creación: el hombre en último lugar, como al cabo de los seis días.

> *Todo cuanto respira hálito vital, todo cuanto existe en tierra firme, murió* (Gn 7,22).

Y el yavista, como un eco:

Yahveh exterminó todo ser que había sobre la haz del suelo, desde el hombre hasta los ganados…

Encontramos aquí una vez más el orden de la creación

... desde el hombre hasta los ganados, hasta las sierpes y hasta las aves del cielo: todos fueron exterminados de la tierra, quedando sólo Noé y los que con él estaban en el arca (Gn 7,23).

El sacerdotal reanuda su discurso:

Las aguas inundaron la tierra por espacio de ciento cincuenta días (Gn 7,24).

Acordóse Dios de Noé y de todos los animales y de los ganados que con él estaban en el arca. Dios hizo pasar un viento sobre la tierra y las aguas decrecieron (Gn 8,1).

Este viento, este soplo, es semejante al soplo del comienzo del Génesis (es la misma palabra en hebreo). Dios había hecho pasar un viento sobre las aguas originales, el viento que había fecundado las aguas; así comenzó la creación. Pues bien, este diluvio sacerdotal es un gran diluvio cósmico que ha sumergido de nuevo la tierra en el abismo. El final del diluvio es el viento que sopla de nuevo en el gran abismo.

Se cerraron las fuentes del abismo y las compuertas del cielo (Gn 8,2)

—perspectiva sacerdotal—

... la lluvia...

—perspectiva yavista—

... cesó la lluvia del cielo. Poco a poco retrocedieron las aguas de sobre la tierra...

Después continúa el sacerdotal:

Al cabo de ciento cincuenta días las aguas habían menguado, y en el mes séptimo, el día diecisiete del mes, varó el arca sobre los montes de Ararat (Gn 8,3-4).

El sacerdotal sigue aquí un calendario que podemos comprender gracias a los textos descubiertos en Qumrán; cada mes tiene exactamente treinta días y, por tanto, cinco meses de treinta días suman ciento cincuenta días.

Las aguas siguieron menguando paulatinamente hasta el mes décimo, y el día primero del décimo mes asomaron las cumbres de los montes (Gn 8,5).

Al cabo de cuarenta días... (Gn 8,6).

Si se intenta leer el relato seguido, resulta completamente incomprensible: ciento cincuenta días, y luego otros tres meses más, y el total suma cuarenta días. Es evidente que estos cuarenta días pertenecen al relato yavista.

> ... Noé abrió la ventana que había hecho en el arca y soltó al cuervo, el cual estuvo saliendo y retornando hasta que se secaron las aguas sobre la tierra. Después soltó a la paloma, para saber si habían menguado ya las aguas de la superficie terrestre. La paloma, no hallando dónde posar sus patas... (Gn 8,6-9).

El texto hebreo dice: «posar la palma de su pie».

> ... tornó donde él, al arca, porque aún había agua sobre la superficie de la tierra; y alargando él su mano, la asió y metióla consigo en el arca (Gn 8,9).

Notad hasta qué punto el yavista es un extraordinario escritor: la calidad visual, descriptiva, de los gestos más pequeños.

> Aún esperó otros siete días y volvió a soltar la paloma fuera del arca. La paloma vino al atardecer, y he aquí que traía en el pico un ramo verde de olivo, por donde conoció Noé que habían disminuido las aguas de encima de la tierra. Aún esperó otros siete días y soltó la paloma, que ya no volvió donde él (Gn 8,10-12).

Al sacerdotal no le interesan todas estas historias de la paloma:

> *El año seiscientos uno de la vida de Noé, el día primero del primer mes, se secaron las aguas de encima de la tierra* (Gn 8,13).

El yavista no había concluido su historia porque la paloma no había vuelto. Y continúa así:

> Noé retiró la cubierta del arca, miró y he aquí que estaba seca la superficie del suelo (Gn 8,13).

Y después el sacerdotal acaba su relato del diluvio:

> *En el segundo mes, el día veintisiete del mes, quedó seca la tierra* (Gn 8,14).

El final del diluvio

He aquí la salida del arca en el relato sacerdotal:

> *Habló entonces Dios a Noé en estos términos: «Sal del arca tú, y contigo tu mujer...»*

La enumeración ha cambiado en este momento: hasta aquí aparecían primero todos los varones, después su mujer. Aquí la expresión «tú y contigo tu mujer» evoca la primera pareja: «varón y mujer los creó». La salida del arca es como una nueva creación.

> *«... tus hijos y las mujeres de tus hijos. Saca contigo todos los animales de toda especie que te acompañan, aves, ganados y todas las sierpes que reptan sobre la tierra...»* (Gn 8,15-17).

El relato sacerdotal de la creación contenía una bendición de fecundidad para los animales. Aquí está recogida con verbos más intensos.

> *«... Que pululen sobre la tierra y sean fecundos y se multipliquen sobre la tierra». Salió, pues, Noé, y con él sus hijos, su mujer y las mujeres de sus hijos. Todos los animales, todos los ganados, todas las aves y todas las sierpes que reptan sobre la tierra salieron por familias del arca* (Gn 8,18-19).

Y he aquí la conclusión del relato yavista:

> Noé construyó un altar a Yahveh, y tomando de todos los animales puros, y de todas las aves puras, ofreció holocaustos en el altar. Al aspirar Yahveh el calmante aroma... (Gn 8,20-21).

«Olió» el agradable olor. Habría que escribir toda la historia de este agradable olor. Recorrería muchos textos de la Biblia hasta llegar al canon romano de la misa: «suba como sacrificio de suave olor».

> ... Dijo en su corazón: «Nunca más volveré a maldecir el suelo por causa del hombre...»

Dios —si fuera correcto hablar así— ha aprendido la misericordia.

> «... porque las trazas del corazón humano son malas desde su niñez, ni volveré a herir a todo ser viviente como lo he hecho» (Gn 8,21).

Y la historia yavista concluye con un pequeño poema que promete la perennidad del mundo:

> «Mientras dure la tierra,
> sementera y siega,
> frío y calor,
> verano e invierno,
> día y noche,
> no cesarán» (Gn 8,22).

Al analizar con atención el relato, vemos que se trata de cuarenta días de lluvia. Esto no es frecuente en Palestina. En nuestros países podemos tener cuarenta días de lluvia. Y al abrir el periódico comprobamos que hay inundaciones en diversos lugares del mundo. Es un fenómeno frecuente. Pero el relato yavista nos ofrece una especie de «suceso»: después de cuarenta días de lluvia, una gran inundación. Dios ha salvado al que era justo y los demás, los malvados, han perecido.

Y a continuación la conclusión sacerdotal del relato del diluvio. Hemos comprobado que en este relato se trata de un diluvio cósmico. Se habla de las aguas del gran abismo y de las compuertas del cielo que se abren. Y si nos hemos tomado la molestia de anotar todas sus cifras ha sido para subrayar que el diluvio sacerdotal va del año seiscientos, segundo mes, día diecisiete al año seiscientos uno, segundo mes, día veintisiete. Ahora bien, esta diferencia de once días es precisamente la diferencia entre un año solar y un año lunar. Es decir, Dios vuelve a sumergir la tierra en el *tehom* original, Dios sumerge toda su creación en el abismo durante todo un año. Vuelve a comenzar desde cero el proyecto de su creación. El nuevo orden del mundo es como una nueva creación a partir de Noé, con una nueva bendición:

> *Dios bendijo a Noé y a sus hijos y les dijo:...* (Gn 9,1).

—en estrecho paralelo con el relato de la creación—

> *«Creced, multiplicaos, llenad la tierra»* (Gn 1,28).

Pero los verbos ahora son más duros. En lugar del simple «dominad, someted» del capítulo primero, tenemos aquí:

> *«Infundiréis temor y miedo a todos los animales de la tierra...»* (Gn 9,2).

Es un mundo donde el mal ha entrado.

> *«... y a todas las aves del cielo y a todo lo que repta por el suelo, y a todos los peces del mar; quedan a vuestra disposición. Todo lo que se mueve y tiene vida os servirá de alimento: todo os lo doy, lo mismo que os di la hierba verde»* (Gn 9,2-3).

Es la señal de un mundo que se ha vuelto más duro, donde ahora se mata para vivir. Sigue «la prohibición de la sangre», porque la sangre pertenece a Dios. La sangre es la señal; es la sede del alma, de la vida. Por eso Dios prohibe comer la sangre. El sacerdotal nos la ofrece como origen de la prohibición de comer carne de animales asfixiados y sangre, que encontramos a menudo en la ley. Finalmente la prohibición de matar a otro hombre:

> «... *Quien vertiere sangre de hombre,*
> *por otro hombre su sangre será vertida...*»

Que se vincula, de forma admirable, al tema de la imagen de Dios:

> «*Porque a imagen de Dios hizo él al hombre*» (Gn 9,6).
> «Vosotros, pues, sed fecundos y multiplicaos; pululad en la tierra y dominad en ella» (Gn 9,7).

La alianza

> *Dijo Dios a Noé y a sus hijos con él: «He aquí que yo establezco mi alianza con vosotros...»* (Gn 9,8-9).

He aquí la palabra que nos da el sentido de todo el relato. Se trata de una inclusión, es decir, una misma palabra que enmarca un texto. Cuando una misma palabra sirve para comenzar y concluir un relato, a menudo da sentido a todo el relato. De esta manera el relato sacerdotal del diluvio es la historia de la alianza de Dios con la humanidad. A la creación siguió una bendición y ahora, después del diluvio, tiene lugar esta alianza de Dios con toda la humanidad, representada en Noé.

> «*He aquí que yo establezco mi alianza con vosotros, y con vuestra futura descendencia, y con toda alma viviente que os acompaña...*» (Gn 9,9-10).

Sigue la enumeración inevitable:

> «... *las aves, los ganados y todas las alimañas que hay con vosotros, con todo lo que ha salido del arca, todos los animales de la tierra. Establezco mi alianza con vosotros, y no volverá nunca más a ser aniquilada toda carne por las aguas del diluvio, ni habrá más diluvio para destruir la tierra».*
> *Dijo Dios: «Esta es la señal de la alianza que para las generaciones perpetuas pongo entre yo y vosotros y toda alma viviente que os acompaña: Pongo mi arco en las nubes...»* (Gn 9,10-13).

La señal de esta alianza es este arco de pura luz que une la tierra con el cielo, el arco-en-el-cielo. Una maravilla que los exiliados ven en Babilonia igual que antaño en Jerusalén. La alianza se establece con toda la humanidad —símbolo de la encarnación futura— y es este arco de luz que une la tierra con el cielo.

> *«Y servirá de señal de la alianza entre yo y la tierra.*
> *Cuando yo anuble de nubes la tierra, entonces se verá el arco en las nubes, y me acordaré de la alianza que media entre yo y vosotros..., me acordaré de la alianza perpetua entre Dios y toda alma viviente... Esta es la señal de la alianza»* (Gn 9,13-17).

De esta manera se manifiesta la importancia del relato sacerdotal del diluvio. Mientras el relato yavista era más bien una historia moral, aquí se trata de una revelación del designio de Dios. Dios había creado un mundo bueno que, poco a poco, ha ido cayendo en el mal (el sacerdotal no nos dice cómo); Dios hace una alianza gratuita con la humanidad que sale del arca, con toda la humanidad. Esta perspectiva tan influyente del sacerdotal da sentido a la alianza futura, a toda la historia sagrada.

Entre la creación del capítulo primero y la historia del pueblo de Dios, desde Abrahán hasta Cristo, se encuentran el diluvio y la alianza que constituyen el vínculo teológico indispensable para situar la historia sagrada: para realizar concretamente su voluntad universal de salvación, para salvar a toda la humanidad, Dios escogió un hombre, una familia, una tribu, un pueblo a fin de que pudiera nacer el que iba a llevar a cabo la alianza eterna, Cristo, Hijo de Dios e hijo de Abrahán.

Las etapas de la redacción: una pedagogía progresiva

Hemos deshecho la trenza. Hemos aislado los dos relatos entrelazados por el último redactor, el autor inspirado. Hemos tratado de conocer la importancia de cada uno de ellos y hemos comprobado que la comparación ofrece mayor riqueza de sentido que la aportación de cada uno por separado.

Ahora podemos verlos con una perspectiva histórica, para observar su evolución en el tiempo, para seguir a través de los siglos el desarrollo de este tema del diluvio y de la alianza.

Sería necesaria, en primer lugar, una revisión de las etapas anteriores a la Biblia, leyendo los textos prebíblicos, los textos paganos sobre el diluvio. Se vería cómo la historia del diluvio es deudora de estos textos y cómo, al mismo tiempo, está penetrada y transfigurada por la luz de la revelación.

En los textos paganos podría verse, por ejemplo, cómo los dioses que han provocado el diluvio tienen miedo de lo que han hecho, como si se tratara de hechiceros aprendices. Saltan de cielo en cielo hasta el cielo del dios Anu, porque tienen miedo de la inundación y allí se ponen en cuclillas, llorando, temblorosos. De igual modo, cuando el Noé babilónico presenta un buen sacrificio, todos estos dioses se precipitan. La diosa Ishtar, como el sacrificio es para ella, viene con un espantamoscas para cazar a estos dioses atraídos «como las moscas» por la carne sacrificada. Se percibe una gran diferencia con respecto a la transcendencia y la exigencia moral del texto inspirado.

Volviendo al Génesis, podemos reconocer tres etapas en la redacción de este texto: el relato yavista, el relato sacerdotal y la obra del autor inspirado, que ha compuesto el relato definitivo tal como ha llegado a nosotros.

A partir de las antiguas tradiciones transmitidas por el folklore pagano, podemos tratar de ver lo que los autores sucesivos han tomado de ellas.

El yavista

Hacia el siglo X, tal vez en tiempos de David, tal vez bajo Salomón, el autor yavista conoció esta historia y la relata simplemente como una historia edificante, como un «suceso»: después de un plazo de siete días, hay cuarenta días de lluvia y cuarenta días de inundación. En el fondo el mensaje de la historia es bastante pequeño, es sólo de orden moral. «Cuando Israel era niño...» Dios se limita a contarle el diluvio para que aprenda que su Dios es justo y recompensa al justo salvándolo, mientras que castiga a los malvados. Al final se ofrece un gran sacrificio, cuyo humo sube al cielo, para dar gracias al Señor. Como historia es bastante corta, pero ¡qué narrador! Qué admirable escritor: la paloma, Yahveh que cierra la puerta del arca, y el pequeño poema conclusivo.

El sacerdotal

Pasan algunos siglos y llega el tiempo del exilio (siglo VI). Otro autor, un sacerdote, decide escribir de nuevo la historia del diluvio. Si él mismo está en Babilonia puede inspirarse de cerca en los textos babilónicos. A través del diluvio nos propone la importante teología de la alianza, una luz divina sobre la historia de este pueblo, una perspectiva salvífica que dará sentido a toda la tragedia de Jerusalén y renovará la fe y la esperanza.

Este autor sacerdotal ha comenzado por mostrar, en el capítulo primero del Génesis, la creación. Dios crea un mundo bueno sobre el que se derrama la bendición divina. Después narra la degradación de la humanidad por el mal (Gn 6,11). Y ante este mal que invade la tierra entera, Dios comienza de nuevo su proyecto creador: arroja todo el universo en el *tehom* original durante un año entero, para que tenga lugar un nuevo comienzo, un inicio absoluto, dentro de una perspectiva de alianza. Se trata de la revelación de la alianza gratuita de Dios con toda la humanidad, de la voluntad de Dios de salvar a todos los hombres.

Habría que leer el admirable capítulo 10 —la lista de los pueblos— que, estoy segura, no os servirá a menudo de lectura espiritual. Enumera todos los pueblos salidos del arca sobre los que se derrama la bendición divina: una inmensa procesión de todos los hombres, según sus razas, lenguas, tribus y naciones, en su diversidad, bendecidos por esta alianza universal de Dios con toda la humanidad.

Mas, ¿cómo llevar a término esta alianza? Es necesario todo el resto de la Biblia para decírnoslo: para que pueda llegar el Salvador de todos, es indispensable una larga preparación.

En el capítulo 12 del Génesis comienza la historia de la realización completa de la alianza y de la encarnación del Hijo de Dios, del hijo de Abrahán, del Salvador prometido que ha de venir a salvar a la humanidad. Es el comienzo de esta larga preparación espiritual y de esta educación progresiva. Para que él pudiera venir necesitaba esta cuna y este ámbito que sólo podía darle un pueblo, constituido mediante la alianza con Moisés en el Sinaí en el siglo XII, alianza «encorsetada» por una ley. Y cuando finalmente llega la plenitud de los tiempos es cuando Cristo, hijo de David, hijo de Abrahán, viene para declarar caduca la antigua alianza. No es ya una cuestión terrena, no es ya una cuestión legal. Ha venido, como hijo de este pueblo, para llevar a término la alianza universal con toda la humanidad, anunciada a Noé: es la perspectiva universalista total que nos aporta el Nuevo Testamento.

De esta forma, desde el siglo VI aC, se ofreció a la reflexión de Israel esta inmensa perspectiva de la alianza y dio sentido a toda su historia. La revelación bíblica, desde el capítulo 12 del Génesis hasta el final del Antiguo Testamento, no se explica ni tiene sentido más que dentro de la alianza universal de Dios con toda la humanidad: ella prepara al Mesías que viene a salvar al mundo. Fijaos qué importante es la teología del diluvio: contiene la alianza y el sentido de la elección de Israel. ¿Por qué esta elección? ¿Por qué la llamada de Abrahán, por qué la elección de este único pueblo? Era para salvar a toda la humanidad, para preparar la cuna de Aquel que viene a salvarnos a todos.

Los ecos en la Biblia

Podemos preguntarnos cuáles son los ecos que han despertado en el pueblo de Dios estas presentaciones sucesivas del diluvio. El primer relato, el admirable relato yavista tan hermoso, ¿qué rastros ha dejado? Se pueden releer todos los textos antiguos, los profetas, las narraciones, los poemas… no hay casi ningún eco del diluvio, ninguna alusión. Una historia tan hermosa, incluso si está tan maravillosamente contada como la del yavista, no deja casi ninguna huella en el alma de los que escuchan.

Más tarde, en el momento del exilio, Jerusalén se siente abandonada, repudiada por Dios. En realidad, si el pueblo fue elegido para habitar esta tierra y para ofrecer sacrificios en el templo, una vez en el exilio, lejos de su tierra, ya no hay esperanza, ha sido rechazado por su Dios. Es entonces cuando el sacerdotal ofrece esta gran visión de teología de la historia que le enseña que la elección de Jerusalén estaba destinada a toda la humanidad, a la salvación universal. Los dones de Dios son irrevocables. No se fatiga, no se cansa. De ahí la esperanza del retorno. Hemos comprobado que el relato es pesado y está mal escrito, pero el mensaje de fondo tiene una importancia extraordinaria.

Y pronto se puede percibir la huella, los efectos de lo que en él se enseña (Lo que sigue está dedicado particularmente a los catequistas, a los que enseñan la historia sagrada: si un relato se cuenta en forma de anécdota no deja ninguna huella desde el punto de vista de la fe. Pero cuando el detalle se enmarca en una gran perspectiva de fe sobre la historia de la salvación puede dejar una huella profunda).

Ved cómo el gran profeta del final del exilio se hace eco de la enseñanza del sacerdotal. Se dirige a Jerusalén postrada, desolada:

> Grita de júbilo estéril que no das a luz, rompe en gritos de júbilo y alegría la que no ha tenido los dolores… (Is 54,1).

Ya no tiene dolores de parto porque no tiene más hijos. Pero poco importa:

> …que más son los hijos de la abondonada,

que los hijos de la casada, dice Yahveh (Is 54,1).

En efecto, con ocasión del exilio conocerá esta diáspora que siembra las tierras habitadas: le nacen hijos en todas partes. Y, más allá del exilio, está la inmensa perspectiva de la Iglesia.

Ensancha el espacio de tu tienda,
las cortinas extiende, no te detengas;
alarga tus sogas, tus clavijas asegura;
porque a derecha e izquierda te expandirás,
tu prole heredará las naciones
y ciudades desoladas poblarán (Is 54,2-3).

Esta Jerusalén está allí para dar a luz a Cristo, que es el Salvador del universo, para que la Iglesia alcance a todas las naciones.

No temas, que no te avergonzarás,
ni te sonrojes, que no quedarás confundida,
pues la vergüenza de tu mocedad olvidarás,
y la afrenta de tu viudez no recordarás jamás (Is 54,4).

El tiempo del exilio se olvidará pronto con el triunfo mesiánico.

Porque tu esposo es tu Hacedor...,

Unión del tema de las bodas y del tema de la creación:

... tu Redentor...

Se trata del *goel*, el que viene a rescatar, a tomar para sí una mujer abandonada.

... el santo de Israel,
Dios de la tierra se llama (Is 54,5).

Notad el universalismo total. Es Dios de toda la tierra; Jerusalén es elegida, no por sí misma, sino por la función que desempeña en el plan salvífico de Dios sobre toda la tierra.

Porque como a mujer abandonada
y de contristado espíritu,
te llamó Yahveh;
y la mujer de la juventud ¿es repudiada?
—dice tu Dios—.
Por un breve instante te abandoné... (Is 54,6-7).

Sí, fue necesario el tiempo de purificación del exilio. Pero el profeta anuncia el retorno:

> Pero con gran compasión te recogeré (Is 54,7).

Y siguen las frases extraordinarias:

> En un arranque de furor…

arranque parecido al desbordamiento de las aguas del diluvio,

> … te oculté mi rostro por un instante,
> pero con amor eterno te he compadecido
> —dice Yahveh tu Redentor (Is 54, 8).

He aquí la aplicación práctica del relato del diluvio:

> Será para mí como en tiempos de Noé:
> Como juré que no pasarían
> las aguas de Noé más sobre la tierra,
> así he jurado que no me irritaré más contra ti
> ni te amenazaré (Is 54,9).

El arco-en-el-cielo, señal de la alianza, brilla igual en Babilonia que en Jerusalén. Estamos aquí ante un fenómeno de «constelación»: todas las palabras descubiertas en la historia sacerdotal del diluvio las encontramos recogidas aquí. El autor conoce este texto y reconoce todo su valor. Sus palabras le vienen espontáneamente:

> Pues *los montes* se correrán…

¡incluso debajo de los quince codos de agua! (cf. Gn 7,20)

> … y las colinas se moverán,
> más mi amor de tu lado no se apartará
> y mi *alianza de paz* no se moverá… (Is 54,10).

Alianza de paz era la alianza de Noé. Incluso el nombre de Noé, en una etimología popular, es un nombre de paz.

> … dice Yahveh, que tiene compasión de ti (Is 54,10).

Este es el camino que la historia del diluvio ha recorrido en el alma del pueblo (la luz que esto aporta a una sesión de catequesis, a la forma de enseñar la historia sagrada...).

El redactor

Tercera etapa de la redacción de nuestro texto: hacia el siglo IV o III el autor inspirado del Génesis ha compuesto el relato actual entrelazando, como hemos visto, los dos textos precedentes, el sacerdotal y el yavista. Podemos admirar, en primer lugar, con qué arte lo ha hecho y cómo respeta sus fuentes.

Pero podemos preguntarnos por qué ha decidido trenzar así los relatos, en lugar de proceder como en el caso de la creación, donde los ofrece íntegramente, uno después de otro. O por qué no los ha repartido en distintos lugares del texto, como ha hecho con otros episodios. ¿Podemos tratar de buscar por qué el Espíritu Santo, que le ha inspirado, le ha hecho entrecruzar así los textos?

Sólo este procedimiento permitía superponer los dos finales: después de la salida del arca, el Noé yavista ofrece un gran sacrificio a Yahveh. Luego la conclusión sacerdotal nos muestra la alianza universal, cuya señal es el-arco-en-el-cielo. De modo que esta secuencia sugiere que la alianza está fundada en un sacrificio. ¡El sacerdotal no hubiera podido presentar a Noé ofreciendo un sacrificio! Para él los sacrificios sólo pueden ofrecerse en el templo de Jerusalén, que todavía no existe. La nueva disposición de los dos textos hace madurar el tema del diluvio en un sentido mesiánico, en el sentido del Nuevo Testamento, pues la alianza definitiva, la alianza nueva, se realizará por el sacrificio de Cristo.

Si queremos poner un ejemplo de esta maduración, podemos buscarlo en el elogio que Ben Sirá hace de los antepasados: el final del Eclesiástico es un breve resumen de historia que resulta bastante interesante porque nos presenta la visión de la historia sagrada que podía tener un honrado profesor de sabiduría un siglo antes de Cristo.

Sobre Noé hay justamente dos versículos (capítulo 44, versículos 17 y 18): en estas pocas líneas tenemos toda una constelación de términos mesiánicos:

> Perfectamente justo Noé fue hallado,
> en el tiempo de la ira se hizo *reconciliación*...

Reconciliación: una de las grandes palabras mesiánicas que recorre la literatura profética.

> ... gracias a él tuvo un resto la tierra...

Resto: término mesiánico por excelencia. El tema del pequeño resto que se encuentra en el capítulo 7 de Isaías, la promesa del resto que será una semilla santa. Mucho más allá de Isaías, remonta a los siete mil hombres de Elías que no doblaron sus rodillas ante Baal. Y mucho más allá de Elías, remonta a Noé, el resto que permaneció en la tierra, el resto con quien Dios hizo alianza.

> ... tuvo un resto la tierra,
> cuando llegó el diluvio.
> *Alianzas eternas* fueron con él pactadas...

La alianza eterna se llevará a término con la nueva alianza.

> ... para que no fuera ya aniquilada por el diluvio toda carne.

Tal constelación de términos mesiánicos en sólo dos versículos muestra cómo la última redacción, redacción plenamente inspirada, del tema del diluvio lo ha hecho madurar hacia el Nuevo Testamento.

El cumplimiento del tema: el bautismo

En el Nuevo Testamento

Escojo un solo texto, el de la primera carta de san Pedro, donde hay una palabra importante, que ofrecerá el cumplimiento del tema.

Es un pasaje difícil. Vamos a tratar de descubrir en él las palabras esenciales para nuestro propósito.

> Pues también Cristo, para llevarnos a Dios,
> murió una sola vez por los pecados, el justo por los injustos, muerto en la carne, vivificado en el espíritu.
> En el espíritu fue también a predicar a los espíritus encarcelados, en otro tiempo incrédulos, cuando les esperaba la paciencia de Dios... (1 P 3,18-20).

«Siete días», Dios les había dado un plazo.

> ... en los días en que Noé construía el arca, en la que unos pocos, es decir ocho personas...

Hemos hecho el recuento bastantes veces: Noé y sus tres hijos, y su mujer y las tres mujeres de sus tres hijos.

> ... fueron salvados a través del agua (1 P 3,20).

A continuación una palabra importante, difícil de traducir:

> A ésta corresponde ...

En griego es *antitupos*, el antitipo. El prototipo o el tipo es la realidad del Antiguo Testamento, el diluvio. Dios hace una especie de maqueta a gran escala, y después puede completar toda la serie, lo que le corresponde, «el antitipo».

> ... el bautismo que os salva ahora (1 P 3,21).

He aquí el cumplimiento del tema del diluvio, que confluirá con el tema del éxodo, para desembocar en el bautismo. Y he aquí por qué tradicionalmente las fuentes bautismales son octogonales o están apoyadas sobre ocho columnitas o se encuentran en una capilla de ocho lados: la cifra está normalmente relacionada con el bautismo, para recordarnos que podemos contarnos entre los ocho salvados, una vez que somos bautizados. Somos esta humanidad nueva salida con Noé de las aguas del diluvio.

Y así Dios, para hacer alianza con el hombre, ha salvado por el madero, a través del agua, un pueblo nuevo. Se trataba del prototipo, de la maqueta. Aquellos ocho eran el comienzo de la humanidad nueva que él tenía proyectada.

Después, cuando en los tiempos históricos, quiso crear un pueblo para sí, para hacer alianza con él en el Sinaí, hizo primero que pasara por el agua del éxodo para que saliera de ella como pueblo de Dios.

Y ahora, para entrar en la nueva alianza, para formar parte del pueblo de Dios, es necesario ser sumergido en las aguas del diluvio, ser sumergido en las aguas del éxodo, ser sumergido en el abismo, en las aguas amargas de la muerte, del sufrimiento de Cristo, para salir de ellas como pueblo de Dios: «a ésta corresponde» el bautismo (1 P 3,21). Nosotros salimos salvados de las aguas del bautismo, vivos en la alianza nueva, en la alianza eterna.

Bendición del agua bautismal

On Dios, que realizas en tus sacramentos obras admirables, con tu poder invisible, y de diversos modos te has servido de tu creatura el agua, para significar la gracia del bautismo.

Oh Dios, cuyo Espíritu en los orígenes del mundo, se cernía sobre las aguas, para que ya desde entonces concibieran el poder de santificar.

Oh Dios, que incluso en las aguas torrenciales del diluvio prefiguraste el nacimiento de la nueva humanidad, de modo que una misma agua pusiera fin al pecado y diera origen a la santidad.

Oh Dios, que hiciste pasar a pie enjuto por el mar Rojo a los hijos de Abrahán, para que el pueblo liberado de la esclavitud del faraón fuera imagen de la familia de los bautizados.

Oh Dios, cuyo Hijo, al ser bautizado en el agua del Jordán, fue ungido con el Espíritu Santo; colgado en la cruz vertió de su costado agua, junto con la sangre; y después de su resurrección mandó a sus apóstoles: «Id y haced discípulos de todos los pueblos, bautizándoles en el nombre del Padre, y del Hijo y del Espíritu Santo».

Mira, ahora, a tu Iglesia en oración y abre apara ella la fuente del bautismo.

Que este agua reciba, por el Espíritu Santo, la gracia de tu Unigénito, para que el hombre, creado a tu imagen y limpio en el bautismo, muera al hombre viejo y renazca, como niño, a nueva vida por el agua y el Espíritu.

LA VOCACION

La vocación —vocación religiosa, vocación sacerdotal, vocación para una misión determinada— es una realidad extraordinariamente misteriosa. A la oscuridad del misterio se suma con mucha frecuencia la forma demasiado extrínseca de concebir esta «llamada». Se estudian sus manifestaciones, el compromiso que supone, se trata de clasificar sus diferentes tipos; pero esto no aporta mucha luz sobre la vocación en sí misma, sobre su naturaleza; no nos ayuda a comprender lo que es.

Cuando se intenta conocer mejor una realidad cristiana, un buen método consiste en tratar de encontrar su origen, en remontarse a través del tiempo buscando sus fuentes.

Sin duda son las realidades de la nueva alianza las que dan su sentido a las de la antigua, y no al revés. El Antiguo Testamento no recibe su inteligibilidad propia más que a la luz plena del Nuevo, porque un movimiento no se comprende más que gracias a su término. Sin embargo, la vuelta a las fuentes puede iluminar de modo singular los elementos de nuestra vida cristiana, haciendo aparecer sus diversos componentes, las fases de su desarrollo y el proceso de su crecimiento.

Mas cuando se trata de una realidad espiritual, como en el caso de la vocación, no basta con preguntar a la historia, aunque se trate de la historia sagrada. Está claro que hay que situarse en el campo de la teología bíblica.

Es evidente que sería muy fácil presentar una galería de escenas de las grandes vocaciones contadas en el Antiguo Testamento de un modo excelente. Pero, ¿resultaría provechoso este estudio para nuestro objetivo? ¿Nos enseñaría lo que es una vocación?

Si intentamos descubrir lo que la Biblia nos enseña sobre la vocación, nos damos cuenta, en primer lugar, de que el Antiguo Testamento en su conjunto es la historia de una vocación, de la vocación de Israel. Su lectura es mucho más clarificadora que un estudio de las vocaciones particulares. Estas adquieren su sentido y revelan su significado en el marco de la vocación común que las envuelve a todas. En esta perspectiva es toda la Biblia la que se nos ofrece para introducirnos en el corazón de este misterio.

La vocación de Israel

El pueblo es elegido en el seno de Abrahán. De un modo maravilloso es llamado a la existencia con el mismo gesto que lo elige y lo consagra para una misión: el nacimiento y la llamada no se distinguen en absoluto. Y a través de los innumerables accidentes de su historia, este pueblo sabrá que es el pueblo elegido por Dios. Aunque esto resulte un tanto oscuro al principio, sabe que mantiene con su Dios una relación absolutamente única, que es objeto de una misteriosa preferencia divina.

No sueña con expresarlo conceptualmente, con racionalizar esta certeza íntima. Esto llegará gradualmente en el curso de su historia y el exilio constituirá a este respecto una etapa decisiva. Esta experiencia nueva le hará —como nunca anteriormente caer en la cuenta de la grandeza de su Dios y, por contraste con todas las demás naciones, de la naturaleza de esta elección misteriosa con la que ha favorecido a Israel.

Con el pueblo elegido sucede en cierto sentido como con una muchacha que ha descubierto su vocación a partir de un cierto encuentro, de una lectura, de un sermón, de una conversación; ha sido una experiencia profunda, se ha sentido llamada por su nombre. Poco a poco, si se trata de una verdadera vocación, ella verá cada vez mejor cómo se arraiga en toda su vida, percibirá la correspondencia profunda de todo su ser con este estado nuevo al que ha sido llamada, tendrá una impresión cada vez mayor de haber sido creada para ello.

Desde que Israel tiene conciencia de sí mismo, tiene al mismo tiempo conciencia de una providencia especial que actúa sobre él, de una pertenencia especial a su Dios. Sabe que esta relación comenzó con las promesas del tiempo de los patriarcas, pero su figura quedó olvidada casi completamente[1]. Tiene sobre todo el recuerdo de las

1. No sólo quedó olvidada, sino que se tiene la impresión de que los pocos textos que hacen alusión a los patriarcas tienen un tono peyorativo, al menos en el caso de Israel, el antepasado a quien —sin embargo— el pueblo debe su nombre glorioso (Os 12,4-5; Jr 9,3; Is 43,27-28).

En el caso de Abrahán, una vez que el Génesis ha terminado de contar su historia, ya casi no aparece su función propia: es citado habitualmente entre «los padres» en la fórmula clásica: «Abrahán, Isaac y Jacob» (siempre en Ex, Lv, Nm, Dt, R y a menudo en los otros libros hasta el siglo VI).

grandes hazañas que marcaron la época de Moisés. Entonces se acuerda de que fue tomado de la mano por Dios. Para él su vocación procede del éxodo, del Sinaí: «No con nuestros padres concluyó Yahveh esta alianza, sino con nosotros» (Dt 5,3).

Los testimonios de esta mentalidad son innumerables y se encuentran con frecuencia en todos los autores anteriores al exilio. Una de las típicas fórmulas de fe es: «Yahveh tu Dios, que te hizo salir del país de Egipto». Del igual modo, Oseas sitúa en esta época las primeras promesas divinas: «Cuando Israel era niño, yo le amé, y de Egipto llamé a mi hijo» (Os 11,1). Mucho más tarde Ezequiel, queriendo hacer un relato gráfico de la historia de Israel, nos muestra al Señor que pasa cerca de una niña desnuda que se agitaba en su sangre; con ella concluyó un pacto: se trata de la alianza del Sinaí (Ez 16).

Los siglos han pasado, pero la convicción sigue siendo la misma. La idea que el pueblo se hace de su vocación no ha cambiado desde los tiempos antiguos: se dice que Dios ha «vuelto a encontrar a Israel», que lo ha «llamado», «encontrado», «escogido», «preferido». Parece que las expresiones —al menos— sugieren que Israel existía antes de la elección divina; o mejor dicho: no parece que se plantee muchas preguntas sobre los tiempos primordiales o sobre los designios divinos.

Se sabe perfectamente que Yahveh es transcendente, que es el autor de todas las cosas. Pero el pueblo vive con su Dios en su tierra y casi no se preocupa de las posibles separaciones; la tarea más urgente de los profetas y de los mensajeros de Dios es hacer que profundice en el significado de las exigencias morales de la alianza.

Después de algunos decenios en el exilio, todo ha cambiado. De forma violenta se han producido algunas separaciones. Separación entre el pueblo y su tierra: el pequeño resto ha sido arrancado de su suelo, se encuentra perdido entre las naciones extranjeras, privado de su templo y, sin embargo, está convencido de que no se encuentra privado de su Dios[2]. Se ha consumado también la separación entre Dios y la tierra; la revelación llega a una gran claridad —que no se había alcanzado todavía— sobre el universalismo, la transcendencia y la unicidad de Dios: por primera vez se afirma abiertamente que los ídolos son nada, nada en absoluto. Es evidente que Yahveh es Dios de todo el universo: se llega a una visión más clara que nunca de su omnipotencia universal y creadora: en esta época se medita con fervor y predilección el misterio de la creación.

2. El pueblo experimentaba la magnífica promesa transmitida por Ezequiel: «Los alejaré entre las naciones, los dispersaré por los países extranjeros, pero *seré un santuario* para ellos, por poco tiempo, en los países donde vayan» (Ez 11,16).

Al mismo tiempo Israel se pregunta con más profundidad sobre el misterio de su vocación, que asume una dimensión nueva. Hasta entonces parecía que la posesión de la tierra formaba parte de la alianza; el éxodo, que había llevado al pueblo a la tierra prometida, era considerado casi como un punto de partida absoluto. Ahora esta experiencia de la presencia soberana de Dios en toda la tierra les hace repensar su vocación bajo una nueva luz.

Es realmente notable que el sentido de la vocación de Israel se haya profundizado y aclarado al mismo tiempo que la teología de la creación. Entre ambas realidades se da una relación necesaria, que tal vez comprendamos mejor después de haber reunido las enseñanzas del Antiguo Testamento sobre esta cuestión. Ya hemos visto que tenemos que buscarlas sobre todo en esta atmósfera del exilio.

Esta época produjo dos grandes autores inspirados, representantes de las dos grandes tradiciones que caminan paralelamente y se complementan en la mayor parte de la historia sagrada: la tradición sacerdotal y la tradición profética. Cada uno con su estilo aportará un progreso decisivo en el conocimiento del misterio de la vocación.

«P»

Hacia la mitad de este periodo del exilio[3], Dios ha suscitado en su pueblo un pensador extraordinariamente influyente y profundo que, bajo el carisma de la inspiración, ha presentado una síntesis magnífica de todo el plan divino. Ni siquiera sabemos su nombre. Es cierto que era un sacerdote y por eso se le designa sólo con la letra inicial de su función: P (*Priester* = sacerdote). Su obra forma parte del conjunto conocido como «código de los sacerdotes» (*Priesterkodex*) o «código sacerdotal»[4], tradición que ha ofrecido el marco de toda la organización actual del Génesis, y ha dado a las historias particulares su sentido definitivo.

---

3. Entiéndase bien que estas dataciones son hipotéticas. Es posible que el conjunto del código sacerdotal haya sido redactado más tarde. En lo que respecta a la parte de P que se refiere a la historia primitiva, nos parece que la secuencia aquí adoptada es la más probable (Ezequiel - relatos de P - Deutero-Isaías). Pero incluso si la redacción de P es posterior al Segundo Isaías, esta modificación no cambiaría nada desde el punto de vista de su aportación a la teología bíblica.

4. Los principales pasajes atribuidos a la tradición sacerdotal en el Génesis son: la *creación*: Gn 1-2,4a; las genealogías antediluvianas: 5,1-28.30,32; un relato del *diluvio* y de la *alianza con Noé*: 6,9-22; 7,6.11.13-16a.18-21.24; 8,1-2a.3b5.13a.14-19; 9,1-17.28-29; algún fragmento de la *lista de los pueblos* y de las *genealogías* postdiluvianas; en la historia de *Abrahán*: 12,4b-5; 13,6.11b-12a; 16,1a.3.15-16; 17; 19,29; 21,2b-6a; 23; 25,7-11a.12-17.19-20, etc.

Comienza mostrándonos la creación como obra de la Palabra de Dios; Dios actúa con una transcendencia absoluta, sin comprometerse con su obra. La palabra técnica empleada —*barah*— significa ciertamente esta acción divina que crea algo nuevo. Después de la creación presenta toda la historia del mundo en función de la vocación de Israel: es la serie de las *toledot*[5], capítulos sucesivos que centran su interés en el pueblo de la promesa, haciendo aparecer las grandes etapas del plan de Dios.

«Esta es la historia del cielo y de la tierra cuando fueron creados» (Gn 2,4)[6]. El relato subraya que la obra magnífica de los seis días culmina con la creación del hombre, en quien a partir de ese momento se centrará toda la atención.

Un poco más adelante (Gn 5,1): «Esta es la lista de los descendientes de Adán...»; se trata de todos los patriarcas antediluvianos; el objetivo de esta lista es unir a Adán con Noé, la creación con la primera alianza.

«Esta es la historia de Noé...» (Gn 6,9). P no nos cuenta —como el yavista[7]— el primer pecado, pero nos muestra la degradación colectiva de la humanidad, degradación tal que Dios hace que la tierra vuelva al caos acuoso[8] de los primeros días. Noé representa al segundo padre de la humanidad. En este nuevo comienzo de la obra divina triunfa ya la misericordia y éste es el sentido de la nueva alianza (capítulo 9). Con Adán —por así decirlo— la alianza era la creación misma o, mejor dicho, en este mundo completamente bueno y ordenado a la gloria de Dios no había lugar para una alianza. La bendición de Dios bastaba para afirmar el vínculo de la creatura con su creador. Ahora, en un mundo corrompido, la alianza completamente gratuita

5. La palabra viene de la raíz *wld* (dar a luz). Se puede traducir de muchas formas diferentes, porque en nuestra lengua no hay una palabra que corresponda exactamente: «generación, descendencia, genealogía, génesis» y de ahí «historia», de donde «libro, catálogo». Por eso vamos a mantener la palabra hebrea cada vez que el término técnico nos resulte útil.

6. En los demás casos la fórmula introduce el texto. Sólo aquí aparece al final del relato del hexamerón, porque el comienzo de éste («En el principio creó Dios...») era demasiado bello para que se le antepusiera una introducción. Al final se hubiera rechazado la fórmula estereotipada de las *toledot*.

7. Los pasajes atribuidos a la tradición yavista (J) al comienzo del Génesis son: *el paraíso y la caída*: 2,4b-3,24; *Caín y Abel*: 4; un relato del *diluvio*: 6,1-8; 7,1-5.7-10.12.16b-17.22-23; 8,2b-3a.6-12.13b.20-22; los *hijos de Noé*: 9,18-27; algún fragmento de la *lista de los pueblos*; la *torre de Babel*: 11,1-9; en la historia de *Abrahán*: 12,1-4a.6-20; 13,1.5.7-18; 15 (con mezcla de otros «documentos»); 16,1b-2.4-14; 18-19; 21,1-2a.6b-7; 22,11.14.15-18.20-24; 24, etc.

8. P emplea dos veces en su relato del diluvio (7,11; 8,2) la palabra *tehom* («abismo»), la misma palabra que le ha servido en Gn 1,2 para describir el caos original.

e incondicionada nos introduce en una perspectiva nueva en la que presentimos ya que el amor es mucho mayor porque la distancia que tuvo que recorrer era también mayor. Es el preludio para el cumplimiento de un designio nuevo. El arco-en-el-cielo, con el juramento que lo acompaña, ocupa el lugar que el protoevangelio (Gn 3,15) tiene en la tradición yavista, como anuncio de paz y de salvación.

«Esta es la descendencia de los hijos de Noé...» (Gn 10,1). En la perspectiva de nuestro autor todos los habitantes de la tierra proceden de esta bendición: la orden «Creced, multiplicaos» (Gn 9,7) se dirige ahora a la descendencia de Noé, es decir, a toda la humanidad, como se había dicho a la descendencia de Adán (Gn 1,28).

«Estos son los descendientes de Sem» (Gn 11,10). Una vez más una genealogía viene a llenar un vacío, a construir el puente que une así sólidamente —con dos grandes arcos— al padre de Israel con el padre del género humano.

«Estos son los descendientes de Téraj» (Gn 11,27): la alianza con Abrahán, el nacimiento, la creación de Israel. Desde este momento todo ello queda hecho de un modo definitivo. Y hay que subrayar el siguiente dato: por grande que sea su veneración por Moisés, P no hablará de una alianza mosaica. Considera los acontecimientos del Sinaí simplemente como continuación de la alianza establecida con Abrahán; la llevan a un punto más elevado de gloria y de luz, pero en la misma línea; no podrían instituir una alianza, puesto que ya existe desde hace siglos como realidad irrevocable. A Moisés el Señor le dirá únicamente: «También con ellos (los patriarcas) establecí mi alianza... y he recordado mi alianza» (Ex 6,4-5). Salvará a su pueblo «con mano poderosa y brazo extendido», con prodigios que el sacerdotal ensalza de buena gana; pero la alianza y la vocación del pueblo se sitúan en los orígenes, con Abrahán.

«Esta es la historia de Isaac, hijo de Abrahán... » (Gn 25,19). «Esta es la historia de Jacob» (Gn 37,2) y la aventura de Egipto...

Estas *toledot* —una especie de títulos de los capítulos— han unido la alianza abrahámica con la creación universal; y la historia de Moisés, del éxodo y del Sinaí con el mismo nacimiento del pueblo.

Dentro de estos «marcos» sistemáticos, cuya intención teológica es evidente, el último redactor del Génesis ha incorporado —para alegría, instrucción y admiración nuestras— las hermosas aventuras de la gesta de los patriarcas[9]. P no se detiene en las anécdotas sabrosas

9. Tales aventuras no asumen toda su significación más que en este marco teológico: P ha creado una visión única de la historia sagrada hasta Moisés, revelando el sentido de todas esas historias que ya se conocían. ¿Cuántos cristianos no conocen de la historia

o pintorescas[10]. Va directo a su objetivo que consiste en hacer aparecer el proyecto divino: el orden natural al servicio del orden sobrenatural, la creación del mundo en función de la vocación de Israel.

¿Se aprecia suficientemente la grandeza de esta teología de la vocación? Parece que en lugar de concebirla como un reencuentro: «Entonces pasé yo junto a ti y te vi» (Ez 16,8); como un descubrimiento: «Como uvas en desierto encontré yo a Israel» (Os 9,10); como una llamada: «De Egipto llamé a mi hijo» (Os 11,1); como un pacto: «Así como se pega la faja a la cintura de uno, de igual modo hice apegarse a mí a toda la casa de Israel y a toda la casa de Judá» (Jr 13,11), P sitúa la vocación en el origen mismo de las cosas, en el libre designio eterno del creador. Y de este modo, sin saberlo todavía, nos revela su sentido. Ha puesto el primer eslabón de la cadena; el otro extremo —según él— se hunde en el misterio impenetrable de los secretos de Dios. Nosotros, que conocemos el final de la cadena, no tenemos más que retomar la secuencia de las *toledot*, tal como otros después de él las han escrito, y desplegar la cadena de generaciones hasta el último eslabón, que nos revela el significado de toda esta historia.

Es Mateo quien continúa la secuencia de las *toledot*: el Nuevo Testamento se abre con una genealogía que se une directamente a las de P y las lleva a su cumplimiento definitivo: *biblos geneseos Iesou Christou*... (cf. *infra*, p. 205).

Geneseos es la palabra griega que corresponde a las *toledot* hebreas. «Libro de la generación de Jesucristo, hijo de David, hijo de Abrahán» (Mt 1,1). Los lectores judíos de san Mateo sabían de memoria las *toledot* y tuvieron que comprender que el evangelista estaba añadiendo el último eslabón. Aunque la genealogía según san Lucas es tan diferente, tiene en común con la del primer evangelio el hecho de que se relaciona con P; pero para su público griego, que ignora los hechos esenciales de la historia del mundo, Lucas retrotrae hasta su origen todas las *toledot*: «Hijo de David... hijo de Abrahán... hijo de Noé... hijo de Adán... hijo de Dios» (Lc 4,23-28).

Esta es la clave de las *toledot* de P, de esas genealogías que a menudo nos cansan un poco cuando abrimos el Génesis; nos revelan,

---

sagrada más que esas anécdotas que, privadas de esta relación, les parecen extrañas y un tanto escandalosas? Hay una cierta forma de enseñar la historia sagrada que la reduce a una perspectiva estancada, superada por Israel seis siglos antes de Cristo...

10. Sólo una vez se digna contar una historia —y lo hace de buena tinta—: Abrahán compra la cueva de Makpelá (Gn 23). El asunto tiene importancia: se trata de levantar el acta notarial que retrotrae la posesión de la tierra no a la conquista, sino al mismo Abrahán.

si sabemos leerlas, el sentido definitivo de la vocación de Israel. Esos grandes momentos cruciales, que marcan el desarrollo de los tiempos, afirman la unidad del plan de salvación, la fidelidad de Dios, y nos muestran toda la historia del mundo, desde la creación, orientada a la vocación de este pueblo, que ha sido escogido y llamado a la existencia sólo para dar a luz al que iba a salvar al mundo.

El Segundo Isaías

Pero puede suceder que no sepamos descifrar este enigma ni leer este designio grandioso a través de esas listas monótonas de nombres desconocidos. Por eso el Señor nos lo ha comunicado de otra manera accesible a todos.

Al final del exilio llega otro gran genio, completamente distinto. Como poeta —y poeta lírico— traducirá en cantos extraordinariamente bellos este progreso de la revelación. Tampoco en este caso conocemos su nombre. Como profeta pertenece a la escuela de los seguidores de Isaías y es conocido como el «Segundo Isaías». Las primeras palabras de su mensaje («Consolad, consolad a mi pueblo») resumen bien todo el contenido de su obra, llamada por ello *El libro de la consolación* (Is 40-55). Lo que P expresaba con esquemas genealógicos, lo canta este profeta con hermosos poemas. El discípulo, llevado por este entusiasmo y esta exultación, saborea mejor y comprende sin esfuerzo.

En el curso de nuestro estudio sobre el sentido profundo de la vocación, P nos había enseñado a situarla en la tradición misma de la creación. Pero aquí encontramos en cada página —y de una forma extraordinariamente clara— la vocación de Israel relacionada sin cesar, e incluso identificada, con su creación, en la perspectiva de la creación universal. Los textos son demasiado numerosos como para citarlos todos. Escogemos sólo algunos de ellos:

> 43,1-4: ... tu *creador*, Jacob, *tu plasmador*, Israel. Yo te he rescatado, te he *llamado por tu nombre*, tú eres mío.
>
> 43,7: A todos *los que se llamen por mi nombre*, a los que para mi gloria *creé*, *plasmé* e *hice*...
>
> 43,15: Yahveh vuestro Santo, el *creador de Israel*, vuestro Rey.
>
> 43,21: El pueblo que yo me he *formado*...
>
> 44,1: Jacob, siervo mío; Israel, a quien yo *elegí*. Así dice Yahveh que te *creó*, te *plasmó ya en el seno* y te da ayuda: «No temas, siervo mío, Jacob, a quien yo *elegí*...».
>
> 44,21: Yo te he *formado*, tú eres mi siervo.
>
> 44,24: ... el que te *formó desde el seno*. Yo, Yahveh, *lo he hecho todo*, yo, solo, *extendí los cielos, yo asenté la tierra*, sin ayuda alguna.

46,3: Los que habéis sido *transportados desde el seno, llevados desde el vientre materno.*

48,12: Escúchame, Jacob, Israel, a quien *llamé*: Sí, es mi mano la que *fundamentó la tierra* y mi diestra la que *extendió los cielos*. Yo los *llamo* y todos se presentan.

51,13: Yahveh, tu *hacedor*, el que *extendió los cielos y cimentó la tierra.*

Y esta síntesis extraordinaria (pero que tal vez sea un texto interpolado):

51,16: Cuando *extendía los cielos y cimentaba la tierra, diciendo a Sión: «Mi pueblo eres tú».*

Habría que leer todos estos capítulos. Tal acumulación resulta más sorprendente cuando se la compara con los profetas anteriores, en los que no aparecía la relación entre creación y vocación. Es cierto que confiesan su fe en Dios creador de todo, pero no la relacionan con la elección de Israel. Algunos textos son significativos: Jeremías apoya su confianza en la fidelidad de Dios probándola con la permanencia del mundo físico.

Así dice Yahveh, el que da el sol para alumbrar el día, y gobierna la luna y las estrellas para alumbrar la noche... Si fallaren estas normas en mi presencia —oráculo de Yahveh— también la prole de Israel dejaría de ser una nación en mi presencia a perpetuidad (Jr 31,35-36).

La idea de la creación conduce a la de la estabilidad del mundo —y de ella se deduce la firmeza del designio divino—, pero no a la de la elección de Israel. Se ve que falta precisamente el término medio, la relación que en el Libro de la consolación revela la profundidad de la vocación. En 32,17-21 Jeremías comienza su oración con una doxología:

«¡Ay, Señor Yahveh!, he aquí que tú hiciste los cielos y la tierra con tu gran poder y tenso brazo.

Nada es extraordinario para ti» (32,17)

Y después continúa:

Tú que has obrado señales y portentos en Egipto... (32,20).

Y sacaste a tu pueblo Israel de Egipto (32,21).

De la alabanza del Creador pasa al Sinaí, omitiendo presisamente toda la etapa intermedia donde P y luego el Segundo Isaías nos han enseñado a descubrir lo esencial.

Se podía aducir también como ejemplo la imagen del alfarero que aparece a menudo en los profetas, y que por sí misma sugeriría una alusión a la creación, ya que en el relato yavista la palabra empleada para describir la creación del hombre es *yasar* (modelar, formar), el término técnico que describe el trabajo del alfarero: «Entonces Yahveh Dios formó al hombre» (Gn 2,7).

En el Segundo Isaías (45,9-13) el alfarero es, en efecto, el creador, y el texto establece una relación estrecha entre la creación del mundo, la creación de Israel, la misión de Ciro, la liberación:

> Así dice Yahveh, el Santo de Israel y su modelador: ...Yo *hice la tierra y creé al hombre* en ella.
> Yo le he suscitado (Ciro) para la victoria...
> El reconstruirá mi ciudad.

La misma imagen es aplicada en el capítulo 18 de Jeremías a la libertad de decisión de Dios que puede —como el alfarero que hace añicos porque quiere la vasija que acaba de modelar— castigar a su pueblo o concederle su gracia. La diferencia entre las perspectivas resulta evidente; analizándola podemos percibir mejor lo que la enseñanza de los autores del exilio tiene de auténtica novedad.

La Palabra

Esta relación con la creación, que aporta luz de una forma extraordinaria tanto sobre la naturaleza de la vocación como sobre la omnipotencia y la iniciativa absoluta de Dios; este acercamiento, se ha realizado gracias a la profundización de una noción que llegará a su desarrollo más sublime en la teología de la nueva alianza: la noción de *Palabra*.

P nos había mostrado ya el mundo creado sólo por la Palabra de Dios (el resto del código sacerdotal nos mostrará la actividad continua de la Palabra al promulgar las leyes), pero el Segundo Isaías explota a fondo este filón: concibe la creación como una *llamada a la existencia*. Esta expresión no se encontrará con toda su precisión metafísica más que en el libro de la Sabiduría (11,25) —el griego es una lengua útil para esbozar una definición filosófica—, pero la idea aparece constantemente en el Libro de la consolación:

> 40,26: ... que ha *creado* todos estos astros... y a cada uno lo *llama* por su nombre.
> 41,4: El que *llama* a las generaciones desde el principio.

48,12: Escúchame, Jacob; Israel, a quien *llamé*: Sí, es mi mano la que *fundamentó la tierra* y mi diestra la que *extendió los cielos*. Yo los *llamo y todos se presentan*.

Este último texto es particularmente importante por las dos veces que se emplea la palabra «llamar». La Palabra se manifiesta en el principio como creadora; llama y los seres existen: es la *creación*. Se manifiesta después prescribiendo a cada uno su tarea, llama a los seres que ha creado: es la *vocación*. Esta Palabra que en distintas ocasiones y de muchas maneras se dirigió al pueblo por medio de las leyes y los profetas, es la que finalmente ha llegado a hacerse ella misma a imagen y semejanza del hombre, para llamarnos a cada uno por nuestro nombre.

De este modo toda la Biblia aparece, desde la creación a la encarnación, como manifestación de la Palabra divina. El Segundo Isaías es el profeta por excelencia de esta Palabra.

Para comprobar con mayor claridad el progreso que aporta a esta teología de la Palabra basta con comparar sus textos con los del primer Isaías y con san Juan.

El profeta del siglo VIII, un miembro de la corte donde reina un descendiente de David, se fija sobre todo en David[11]; convoca a todas las naciones para que adoren al Dios verdadero en Jerusalén, la ciudad de David (Is 2,2-3); su perspectiva mesiánica está centrada en el Mesías de raza real, el Emmanuel, hijo de David (Is 7-11).

El Segundo Isaías se remonta al éxodo y a Abrahán. No habla más que una vez de David (55,3). Su universalismo está totalmente descentralizado, dentro de su perspectiva de la creación universal. Su mesianismo es mucho menos aparente, tal vez porque se le concedió prever el aspecto más inefable del misterio: para él el Salvador escatológico es, en definitiva, la Palabra que debe ser enviada y cumplir totalmente su misión antes de volver a Dios (55,11).

Hay entre ellos —por así decirlo— la misma relación que entre los relatos de la infancia de Mateo[12] y el prólogo de san Juan.

Esta proximidad, esta afinidad con san Juan aparece de una forma extraordinaria si se tiene en cuenta la línea maestra del Libro de la

11. No menciona a Abrahán más que una vez, y se trata probablemente de un texto interpolado (29,22).

12. Que, por otra parte, se refiere explícitamente al texto principal del primer Isaías: Mt 1,23 cita a Isaías 7,14 (LXX).

consolación: así como san Juan es el evangelista de la Palabra, el Segundo Isaías es el profeta del Verbo, de la Palabra de Dios[13].

La escena de su vocación (Is 40,3.6-8) no contiene ninguna teofanía. En ella sólo hay palabras: simplemente «una voz clama». «Una voz dice: ¡'Grita'!» Y digo: «¿Qué he de gritar?». El profeta comprende entonces que el objeto mismo de su misión es anunciar que la «Palabra de nuestro Dios permanece por siempre».

> En el principio existía el Verbo (Jn 1,1).

En el centro de su mensaje está la Palabra que Dios pronuncia y que «su pueblo comprenderá», «Soy yo el que decía: 'aquí estoy'» (Is 52,6).

> Y el Verbo se hizo carne (Jn 1,14).

«Mi pueblo conocerá mi nombre en aquel día» (Is 52,6).

> He manifestado tu nombre a los hombres (Jn 17,6).

Finalmente con el tema de la Palabra concluirá el Libro de la consolación en un texto que es, dentro del Antiguo Testamento, tal vez la premonición más sublime de la misión del Verbo: «Así será mi palabra, la que salga de mi boca, que no tornará a mí de vacío, sin que haya realizado lo que me plugo y haya cumplido aquello a que la envié» (55,10-11).

Es casi la personificación de la palabra, esta palabra eficaz, «que sale de la boca de Dios»,

> Yo he salido de Dios (Jn 16,27)

«y no tornará a mí de vacío»:

> Antes de volver junto al Padre (Jn 13,3).

---

13. En hebreo, como en griego, no hay más que una palabra, lo que ofrece la ventaja de que nuestra percepción de la realidad divina conserva el contacto con el punto de partida de la analogía, las realidades humanas que han servido para darle un nombre.

En nuestra lengua se ha reservado la palabra latina «verbo» para el uso teológico. Sin duda es útil tener un término técnico (además la palabra «Palabra», al ser femenino, puede no resultar idónea cuando se trata de Cristo), pero se corre el riesgo de perder el sentido de la identidad de las expresiones en la Sagrada Escritura.

Cuando «la misión está completamente cumplida» san Juan —y sólo él— recoge la última palabra:

> Todo está cumplido (Jn 19,30).

No sería imposible que Cristo hubiese querido retomar la palabra con la que concluye el mensaje del Segundo Isaías. Ha cumplido su Nombre, este Nombre que ha revelado definitivamente a los hombres la intención del corazón de Dios: *Yehoshua* (Yahveh salva) = Jesús. Vuelve a su Padre después de haber hecho aquello para lo que había sido enviado y de haber cumplido su misión de Salvador.

De esta manera la misión divina de la Palabra ilumina la misión de Jesús. Después de la primera manifestación de la palabra que era la creación, las *toledot* de P y de los sinópticos nos habían mostrado, como una larga procesión en orden litúrgico, la lenta generación de Cristo a través de la historia. Isaías, Miqueas, Mateo y Lucas nos habían descrito su nacimiento en la carne. El Segundo Isaías y Juan nos cuentan sus *toledot* eternas. Con esta doble luz vemos mejor cómo toda la vocación de Israel está orientada a la encarnación, a la manifestación última de la Palabra.

La llamada

Me parece que ahora tenemos ya esta síntesis de teología bíblica de la vocación que estábamos buscando: la Palabra de Dios llama a todos los seres a la existencia y «a cada uno según su especie», como P repite hasta la saciedad en el primer capítulo del Génesis. Cada ser es hecho para algo: el árbol lleva su semilla dentro, pero no necesita que se lo digan, está inscrito en la necesidad de su naturaleza.

También el hombre ha sido creado para algo, pero como es inteligente y libre, Dios le comunica sus designios por medio de su Palabra: «Y bendíjolos Dios y díjoles Dios: creced, multiplicaos, henchid la tierra y sometedla, mandad... » (Gn 1,28). Esta es la vocación común del hombre. Todas las profesiones, todos los oficios que tiene que realizar en la tierra tienen su origen en esta primera llamada del poder creador, que le ha encomendado la tarea de someter la tierra.

Pero el hombre está destinado a una vida personal de conocimiento y de amor de Dios. Una amistad entre dos personas siempre es única; por eso ya no basta con la llamada común a la existencia y a la actividad. Es necesaria una llamada[14] personal; entonces es cuando se

14. Habría que evitar que el sentido demasiado «externo» de la palabra «llamada» nos escondiera la profunda correspondencia con la realidad que la llamada revela.

puede hablar de vocación en el sentido propio, aunque todavía de un modo general[15].

Hay un sentido más especial, que es el más corriente en el lenguaje religioso actual: Dios destina a determinadas personas para que le pertenezcan de una forma particular, por medio de una consagración o para una misión.

El pueblo entero estaba consagrado, puesto aparte para su Dios y encargado de una misión determinada. La llamada se dirige a ciertos hombres cuya vocación es descrita en la Biblia. Dios necesita, Dios se digna tener necesidad de los hombres. Conduce a su pueblo por medio de hombres, le advierte, le enseña, lo castiga, lo salva por medio de hombres. De esta manera la gran vocación de Israel se diversifica, se particulariza en distintas vocaciones. La Biblia nos cuenta muchas de ellas: vocaciones de patriarcas, de jefes, de reyes, de jueces; vocaciones de profetas, de hombres de la Palabra, de sacerdotes, de consagrados.

El estudio pormenorizado de estas grandes escenas de vocación sería muy interesante para mostrar la infinita diversidad de las tareas incluidas en la misma orientación final, al servicio del mismo objetivo; así como también las formas infinitamaente distintas por las que esta llamada profunda se manifiesta a la conciencia de cada uno. Algunos como el pequeño Samuel o, más tarde, santo Tomás son consagrados al templo por sus padres desde su más tierna infancia. Isaías escucha un día una pregunta: «¿A quién enviaré?» y sabe que es a él a quien se dirige la pregunta: «Heme aquí: envíame». Otros, como Moisés o Jeremías, discuten paso a paso con Dios, con la insignificancia del pobre ser humano que se siente sobrepasado por una misión demasiado pesada. Jonás huye hacia Tarsis. Otro se va entristecido...

En muchos casos (Jeremías, Sansón, Samuel, Juan Bautista y otros) se subraya que la vocación viene desde el seno materno. Dios se toma la molestia de precisar a su elegido que esta llamada que escucha no hace más que confirmar la estructura misma de su ser.

Podéis ver cómo no tiene sentido preguntarse por qué Dios ha llamado a éste o aquél: lo ha creado para eso. Mas un día, el que estaba destinado para ello ha oído la llamada. Y a la vez ésta le descubre, de un modo más o menos oscuro, para qué ha sido creado: el servicio exclusivo a Dios; de tal forma que esta revelación es portadora de la gracia necesaria para realizarla.

15. Cada vez que la palabra vocación (*klesis*) aparece en el Nuevo Testamento, es empleada siempre en el sentido general de vocación a la vida sobrenatural.

Como siempre, cuanto más se profundiza en la esencia de las cosas, más fáciles resultan las aplicaciones prácticas. En efecto, cuando se trata de discernir una vocación, la cuestión no es tanto darse cuenta de la santidad de un alma, de la excelencia de sus deseos, etc... sino tratar de ver, por medio de la experiencia, si ha sido creada para ello, si está estructurada en cuerpo y alma de modo que sea capaz de vivir, de realizarse completamente en esta forma de vida especial que desea.

Pues la vocación, en cierta manera, está ya inscrita en el ser, no como una necesidad —a la manera en que un manzano da manzanas y no puede dar más que manzanas—, sino porque todo depende del designio libre de Dios, de la Palabra única que nos ha llamado a la existencia con miras a esa misión, que nos ha preparado para ella a lo largo de nuestra vida por caminos a menudo muy misteriosos y que, finalmente, nos llama a realizarla en el seno de su reino.

DEL MANA A LA EUCARISTIA

El maná es una figura de la Eucaristía[1]. En este capítulo pretendo seguir a través de la Biblia la orquestación del tema del maná, con el deseo de que captéis lo que un trabajo de crítica literaria puede aportar de beneficio espiritual.

En la Biblia, en efecto, podemos considerar o bien los hechos que son relatados y que pueden contener en sí mismos enseñanzas abundantes, o bien la forma en que son contados —o incluso contados muchas veces—; a medida que Israel va avanzando, conoce cada vez mejor a su Dios y enjuicia los hechos de su pasado con una luz nueva. Los diferentes relatos de un mismo acontecimiento, o las alusiones que lo recuerdan, nos permiten palpar el proceso de maduración del pueblo elegido, el progreso de la obra de Dios en él.

Dios no sólo guía la historia sagrada y ha dispuesto misteriosamente en ella una preparación para las realidades de la nueva alianza, sino que mueve también de un modo secreto, por medio de la inspiración, a cada uno de los que en la Biblia nos cuentan esta historia. Más aún, los mismos textos —y su traducción griega— están orientados de una forma maravillosa para expresar lo que el escritor no se imaginaba todavía.

Vamos a tratar de seguir, paso a paso, el camino del recuerdo del maná en la conciencia religiosa del pueblo de Israel.

---

1. Cf. los textos (antífonas, primera lectura, salmo, secuencia) de la misa de la solemnidad del Cuerpo y Sangre de Cristo, particularmente los del ciclo A. El maná prefigura sólo un aspecto de la eucaristía. La realidad es infinitamente mayor, anunciada por muchos temas en el Antiguo Testamento: sacrificio, presencia, amor, etc.

El maná

1. **Nm** 11,6.9
   21,5
   Ex 16,4.13b-15.21b.31.35a
2. **Dt** 8,3.16
3. **Ex** 16,1-3.6-7.11-12.16-21a.22-30.32-34
   Jos 5,12
4. **Sal** 105,40; 78,24-25; 107,9; 81,17; 147,16, etc.
   Ne 9,15.20
5. **Sb** 16,20-29
   19,21b
6. **Mt** 4,4
   Jn 6,30-33.48-50
   1 Co 10,1-6
   Hb 9,4
   Ap 2,17

1

Lo primero que hay que hacer es buscar todos los pasajes que hablan del maná. Para ello resulta últil una concordancia, pero no basta: hay textos importantes que hacen alusión al maná sin contener esta palabra.

Después hay que clasificar estos textos —siguiendo su orden histórico probable, la época en que han sido escritos— y agruparlos de acuerdo con sus semejanzas literarias.

Evidentemente es necesario tener un cierto conocimiento de los diferentes estratos literarios de la Biblia, y de las mentalidades que en ellos se reflejan. Actualmente disponemos de buenos manuales que ponen estos conocimientos al alcance de todos; las notas de la Biblia de Jerusalén indican casi siempre a qué tradición pertenece cada perícopa[2].

De este modo podemos distinguir varios grupos; hay que estudiar cada uno de ellos por separado, precisando su contenido, su aportación y, en la medida que pueda conocerse, la intención del narrador.

---

2. Recordemos: se distinguen, en líneas generales, dos tradiciones antiguas, conocidas convencionalmente por el nombre con que llaman a Dios: *yavista* (J) y *elohísta* (E); después, en la época de la monarquía, la corriente profética a la que debemos la redacción de Josué, Jueces, Samuel, Reyes y una nueva compilación de la Ley: *deuteronomista* (D); luego la obra de los *sacerdotes* o «código *sacerdotal*» (P): en tiempos exílicos y postexílicos reflexionan acerca de toda la historia ya conocida con nuevas e influyentes perspectivas teológicas y centran todo su relato en la ley y el culto.

1. Un **primer grupo** reúne los textos de **Exodo** y de **Números** que dependen claramente de tradiciones muy antiguas, próximas a los hechos (su fuente es yavista y cuenta —tal vez— con algunas datos elohístas): Nm 11,6-9; 21,5; Ex 16,4.13b-15.21b.31.35a.

Este grupo nos ofrece todas las precisiones concretas deseables:

La producción del maná: cae con el rocío,

Por la mañana una capa de rocío en torno al campamento. Y al evaporarse la capa de rocío apareció sobre el suelo del desierto una cosa... (Ex 16,13b-14a; cf. Nm 11,9 [J])

Su descripción:

... una cosa menuda, como granos, parecida a la escarcha de la tierra... Era como semilla de cilantro (Ex 16,14b.31 [J]).

El libro de los Números ofrece menos detalles, pero aporta otro punto de comparación:

El maná era como la semilla del cilantro; su aspecto era como el del bedelio (Nm 11,7 [J]).

Se nos dice también que se derrite al sol (Ex 16,21 [J]).

La forma de prepararlo y su sabor:

El pueblo se desparramaba para recogerlo; lo molían en la muela o lo majaban en el mortero; luego lo cocían y hacían con él tortas. Su sabor era parecido al de una torta de aceite (Nm 11,8 [J]).

El Exodo dice que tenía un «sabor a torta de miel» (16,31 [J]).

En todos estos detalles tan vivos se aprecia un recuerdo bastante cercano a lo sucedido, más claro en el caso de expresiones peyorativas brutales:

En cambio ahora tenemos el alma seca. No hay de nada. Nuestros ojos no ven más que el maná...

Estamos cansados de ese manjar miserable (Nm 11,6; 21,5 [J]).

Esta fuente nos ofrece también la etimología popular de la palabra (Ex 16,15.31a).

2. Un **segundo grupo** está formado únicamente por dos versículos del **Deuteronomio**:

Te humilló, te hizo pasar hambre, te dio a comer el maná que ni tú ni tus padres habíais conocido para mostrarte que no sólo de pan vive el hombre, sino que el hombre vive de todo lo que sale de la boca de Yahveh.

... Que te alimentó en el desierto con el maná, que no habían conocido tus padres, a fin de humillarte y ponerte a prueba para después hacerte feliz (Dt 8,3.16).

El tono es completamente diferente, su tendencia es moralizante: es un sermón, una predicación profética. El maná es citado a título de ejemplo entre todas las pruebas del desierto, entre los medios empleados por Dios para educar a este pueblo de dura cerviz. No hay ninguna preocupación por los detalles vividos o concretos.

La perspectiva deuteronómica de la retribución temporal configura este corto pasaje; todas esas pruebas son «para después hacerte feliz». El pueblo educado en el desierto tiene que llegar a la tierra prometida suficientemente formado para observar todos los mandamientos, las sentencias y los preceptos, y para ser feliz allí. Para nosotros, que sabemos que la esperanza de la tierra prometida está puesta en el final, toda la perspectiva queda modificada y adquiere su sentido pleno.

Cuando Jesús rechace al tentador (Mt 4,4) citará este texto que relaciona y opone el pan y la Palabra de Dios. En este inicio absoluto de su manifestación y ante semejante interlocutor no dirá más. San Juan hará posible que percibamos un sentido más pleno en esta respuesta: el Señor no la toma por casualidad de un contexto donde se trata del maná. «Si eres el Hijo de Dios...» Cuando llegue su día, no serán las piedras lo que él cambie en pan, sino a sí mismo, Palabra salida de la boca del Padre.

3. **El tercer grupo** incluye los **textos de origen sacerdotal**: Ex 16,1-3.6-7.11-12.16-21a.22-30.32-34; Jos 5,12.

El relato es, al mismo tiempo, más largo y menos concreto que las narraciones primitivas. Insiste solamente en algunos datos:

La *precisión de las medidas*: estos juristas puntillosos se muestran siempre muy preocupados por ello.

He aquí lo que manda Yahveh: Que cada uno recoja lo que necesite para comer, un gomor por cabeza, según el número de los miembros de vuestra familia; cada uno recogerá para la gente de su tienda. Así lo hicieron los israelitas; unos recogieron mucho y otros poco. Pero cuando lo midieron con el gomor, ni los que recogieron mucho tenían de más, ni los que recogieron poco tenían de menos. Cada uno había recogido lo que necesitaba para su sustento (Ex 16,16-18 [P]).

Se tiene una clara impresión de una distribución más justa: aumenta el aspecto milagroso.

Esta tradición insiste además en la *putrefacción inmediata del maná*.

Algunos guardaron algo para el día siguiente; pero se llenó de gusanos y se pudrió (Ex 16,20 [P]).

Son los únicos detalles concretos en que se ha fijado: eran necesarios para destacar la gran maravilla que le interesa por encima de todo y que constituye el centro de su relato: el milagro especial que acontece cada semana para que se pueda *observar el sábado*. Es la primera preocupación de los sacerdotes. Se llega a tener casi la impresión de que toda la historia del maná —como toda la historia de la creación (Gn 2,2-4)— está orientada al sábado:

El día sexto recogieron doble ración: dos gomor por persona... Lo sobrante... lo guardaron para el día siguiente según la orden de Moisés; y no se pudrió, ni se agusanó. Dijo entonces Moisés: «Hoy comeréis esto, porque es sábado de Yahveh; y en tal día no hallaréis nada en el campo»... A pesar de todo, salieron algunos del pueblo a recogerlo el séptimo día, pero no encontraron nada. Yahveh dijo a Moisés: «¿Hasta cuándo os negaréis a guardar mis mandatos y mis leyes? Mirad que Yahveh os ha puesto el sábado; por eso el día sexto os da ración para dos días. Quédese cada uno en su sitio, y que nadie se mueva de su lugar hasta el día séptimo» Y el día séptimo descansó el pueblo (Ex 16,22-30 [P]).

Es evidente que esta última característica es para él la principal: desde los tiempos más lejanos del éxodo los antepasados observaban la prescripción sagrada, cumplida por Dios de un modo ejemplar desde los orígenes del mundo; Dios mismo se atenía a ella a costa de repetir sorprendente y periódicamente el milagro.

El prodigio de la conservación se prolonga indefinidamente, con un fin cultual, en la urna de maná guardada en el arca de la alianza (Ex 16,32-34), junto a las tablas de piedra y la vara de Aarón (Hb 9,4), a fin de que los israelitas conserven para siempre el recuerdo de todo ello.

Exodo 16

1Partieron de Elim, y toda la comunidad de los israelitas llegó al desierto de Sim, que está entre el Elim y el Sinaí, el día quince del segundo mes después de su salida del país de Egipto. 2Toda la comunidad de los israelitas empezó a murmurar contra Moisés y Aarón en el desierto. 3Los israelitas les decían: «¡Ojalá hubiéramos muerto a manos de Yahveh en la tierra de Egipto cuando nos sentábamos junto a las ollas de carne, cuando comíamos pan hasta hartarnos! Vosotros nos habéis traído a este desierto para matar de hambre a toda esta asamblea».

4Yahveh dijo a Moisés: «Mira, yo haré llover sobre vosotros pan del cielo; el pueblo saldrá a recoger cada día la porción diaria; así le pondré a prueba para ver si anda o no según mi ley. 5Mas el día sexto, cuando preparen lo que hayan traído, la ración será doble que la de los demás días».

6Dijeron, pues, Moisés y Aarón a toda la comunidad de los israelitas: «Esta tarde sabréis que es Yahveh quien os ha sacado del país de Egipto; 7y por la mañana veréis la gloria de Yahveh. Porque ha oído vuestras murmuraciones contra Yahveh; pues ¿qué somos nosotros para que murmuréis contra nosotros?» 8Y añadió Moisés: «Yahveh os dará esta tarde carne para comer, y por la mañana pan en abundancia; porque Yahveh ha oído vuestras murmuraciones contra él; pues ¿qué somos nosotros? No van contra nosotros vuestras murmuraciones, sino contra Yahveh».

9Dijo entonces Moisés a Aarón: «Ordena a toda la comunidad de los israelitas: Acercaos a Yahveh, pues él ha oído vuestras murmuraciones». 10Aún estaba hablando Aarón a toda la comunidad de los israelitas, cuando ellos miraron hacia el desierto, y he aquí que la gloria de Yahveh se apareció en forma de nube. 11Y Yahveh hablo a Moisés, diciendo: 12«He oído las murmuraciones de los israelitas. Diles: Al atardecer comeréis carne y por la mañana os hartaréis de pan; y así sabréis que yo soy Yahveh, vuestro Dios». 13Aquella misma tarde vinieron las codornices y cubrieron el campamento; **y por la mañana había una capa de rocío en torno al campamento**. **14Y al evaporarse la capa del rocío apareció sobre el suelo del desierto una cosa menuda, como granos, parecida a la escarcha de la tierra**. **15Cuando los israelitas la vieron, se decían unos a otros: «¿Qué es esto?» Pues no sabían lo que era. Moisés les dijo: «Este es el pan que Yahveh os da por alimento**». 16He aquí lo que manda Yahveh: Que cada uno recoja cuanto necesite para comer, un gomor por cabeza, según el número de los miembros de vuestra familia; cada uno recogerá para la gente de su tienda«.

17Así lo hicieron los israelitas; unos recogieron mucho y otros poco. 18Pero cuando lo midieron con el gomor, ni los que recogieron mucho tenían de más, ni los que recogieron poco tenían de menos. Cada uno había recogido lo que necesitaba para su sustento.

19Moisés les dijo: «Que nadie guarde nada para el día siguiente». 20Pero no obedecieron a Moisés, y algunos guardaron algo para el día siguiente; pero se llenó de gusanos y se pudrió; y Moisés se irritó contra ellos. 21Lo recogían por las mañanas, cada cual según lo que necesitaba; **y luego, con el calor del sol, se derretía**.

22El día sexto recogieron doble ración, dos gomor por persona. Todos los jefes de la comunidad fueron a decírselo a Moisés; 23él les respondió: «Esto es lo que manda Yahveh: Mañana es sábado, día de descanso consagrado a Yahveh. Coced lo que se deba cocer, hervid lo que se tenga que hervir; y lo

sobrante, guardadlo como reserva para mañana». 24 Ellos lo guardaron para el
día siguiente, según la orden de Moisés; y no se pudrió, ni se agusanó. 25 Dijo
entonces Moisés: «Hoy comeréis esto, porque es sábado de Yahveh; y en tal
día no hallaréis nada en el campo». 26 Seis días podéis recogerlo, pero el día
séptimo, que es sábado, no habrá nada». 27 A pesar de todo, salieron algunos
del pueblo a recogerlo el séptimo día, pero no encontraron nada. 28 Yahveh
dijo a Moisés: «¿Hasta cuándo os negaréis a guardar mis mandatos y mis leyes?
29 Mirad que Yahveh os ha puesto el sábado; por eso el día sexto os da ración
para dos días. Quédese cada uno en su sitio, y que nadie se mueva de su lugar
el día séptimo» 30 Y el día séptimo descansó el pueblo.
31 **La casa de Israel lo lamó maná. Era como semilla de cilantro, blanco,
y con sabor a torta de miel.**
32 Dijo Moisés: «Esto manda Yahveh: Llenad un gomor de maná, y con-
servadlo, para vuestros descendientes, para que vean el pan con que os alimenté
en el desierto cuando os saqué del país de Egipto». 33 Dijo, pues, Moisés a
Aarón: «Toma una vasija, pon en ella un gomor lleno de maná, y colócalo
ante Yahveh, a fin de conservarlo para vuestros descendientes». 34 Tal como
Yahveh se lo mandó a Moisés, Aarón lo puso ante el Testimonio para con-
servarlo.
35 **Los israelitas comieron el maná por espacio de cuarenta años, hasta
que llegaron a la tierra habitada**. Lo estuvieron comiendo hasta que llegaron
a los confines del país de Canaán. 36 El gomor es la décima parte de la medida.

Lauda, Sion

...	
Ecce panis Angelórum	He aquí el pan de los ángeles,
Factus cibus viatórum:	hecho pan del hombre que camina,
Vere panis filiórum,	el verdadero pan de los hijos,
Non mitténdus cánibus.	que no se puede echar a los perros
In figúris praesignatur,	Fue anunciado con símbolos:
Cum Isaac immolatur:	por Isaac dispuesto al sacrificio,
Agnus paschae deputátur:	por el cordero pascual inmolado,
Datur manna pátribus.	por el maná de nuestros padres.
Bone pastor, panis vere,	Buen pastor, pan veradadero,
Jesu, nostri miserere:	Jesús, ten piedad de nosotros,
Tu nos pasce, nos tuére:	aliméntanos y protegenos,
Tu nos bona fac vidére	haznos ver los bienes eternos
In terra vivéntium.	en la tierra de los vivos.
Tu, qui cuncta scis et vales:	Tú que todo lo sabes y todo lo puedes,
Qui nos pascis hic mortales:	que nos alimentas en la tierra,
Tuos ibi comensáles	haznos comensales tuyos
Coherédes et sodáles	y daños tu herencia
Fac sanctórum civium.	en compañía de tus santos.

Panis angélicus

Panis angélicus fit panis hómimum;
Dat panis cáelicus figúris términum;
O res mirábilis: mandúcat Dóminum
Pauper servus et húmilis.

El pan de los ángeles se ha hecho pan de los hombres,
el pan bajado del cielo sustituye a los símbolos,
¡Qué admirable! Come a su Señor
el esclavo pobre y humilde.

4. Reunimos en un **cuarto grupo**, menor, las diversas menciones del maná en los **libros históricos y sapienciales**, evocaciones explícitas, como en la hermosa oración de Nehemías (Ne 9,15.20) o en ciertos salmos:

> De pan del cielo los hartó (Sal 105,40).
>
> Hizo llover sobre ellos maná para comer,
> les dio el trigo de los cielos;
> pan de fuertes[3] comió el hombre (Sal 78,24-25).

En otros pasajes la alusión es más general, más desarrollada (Sal 107,9; 81,17). A veces se trata solamente de alimento, pero el maná se incluye dentro de la experiencia del pueblo, que se acuerda de que ha sido alimentado providencialmente (Sal 104,27; 111,5; 136,25; 145,16; 147,14).

Un texto como «Esparce la escarcha...» (Sal 147,16) se puede considerar también como una alusión al maná, si se lo relaciona con la descripción del Exodo (16,14) y con los términos empleados en el libro de la Sabiduría (16,22).

No hay que forzar estos textos; pero el conjunto muestra que el recuerdo del maná seguía vivo y formaba parte de la experiencia religiosa de Israel.

3. Este «pan de fuertes» lo tradujeron los LXX por «pan de ángeles»; la expresión, recogida por el libro de la Sabiduría (16,20), se usó a menudo en la liturgia latina. Se recogió también en algunos himnos, por ejemplo *Panis angelicus fit panis hominum* y *Ecce panis Angelorum*, empleado constantemente en la adoración al Santísimo Sacramento.

5. **Quinto grupo**. Se trata de un testimonio que contrasta con todos los demás: el **libro de la Sabiduría** (16,20-29; 19,21b) nos ofrece un eco de la leyenda judía sobre el maná, que había ido creciendo:

> A tu pueblo, por el contrario, le alimentaste con manjar de ángeles;
> le suministraste sin cesar desde el cielo un pan ya preparado, que podía brindar todas las delicias y satisfacer todos los gustos.
> El sustento que les dabas revelaba tu dulzura con tus hijos pues, adaptándose al deseo del que lo tomaba,
> se transformaba en lo que cada uno quería (Sb 16,20-21).

Si los que vivieron la experiencia del desierto hubiesen podido leer este texto, se hubiesen quedado realmente atónitos. Ellos que, durante cuarenta años, habían recogido el maná, nunca habían encontrado en ese «manjar miserable» más sabor que el de «torta de aceite y de miel» (Nm 11,8; Ex 16,31), que les «cansaba» (Nm 21,5). Si hubieran podido darle el gusto de la carne o de las cebollas de Egipto...

El desarollo continúa y contradice completamente la historia y el buen sentido: el fuego no es capaz de derretir el maná,

> para que los justos pudieran sustentarse
> hasta de su natural poder se olvidaba (Sb 16,23).

¿De dónde ha sacado esto el sabio? Las demás tradiciones (de acuerdo de la práctica de los nómadas del desierto) afirman lo contrario (Nm 11,7; Ex 16,23). Pero para él cuanto más milagroso y extraño al orden natural normal, mejor resulta.

Retoma (16,26) las lecciones que el Deuteronomio (8,3) había sacado del maná y encuentra otras nuevas: si el maná se derrite con el primer rayo de sol, resulta que es necesario «adelantarse al sol para dar gracias» (16,28), etc.

Se trata de un *midrás*: una especie de poema, una exposición que manifiesta el poder maravilloso de Dios; un comentario que enriquece la tradición con rasgos legendarios o de pura imaginación, para insistir en la interpretación teológica, en el sentido que la reflexión de Israel descubre en los viejos relatos de su herencia nacional.

Otros textos extrabíblicos, textos rabiníCos, han explotado también el tema del maná. Cuando el pueblo salió del desierto, se acabó el maná. Al entrar en la tierra prometida dispone de los «buenos frutos naturales del país» para alimentarse. Entonces los sabios de Israel se preguntaron en qué se convertía el maná, pues lo concebían como algo extraordinariamente abundante que caía del cielo. «El maná que se acabó el día de la entrada en la tierra prometida está depositado en el cielo hasta que venga el Mesías», como alimento escatológico por excelencia (tradición judía tardía). «El maná se amontonaba por encima del sol, más alto que las aguas del diluvio, y los pueblos de oriente y los pueblos de occidente veían cómo Dios alimentaba a su pueblo con el alimento celestial. Así, el día del juicio, los malvados verán a los justos sentados a la mesa del Señor. Porque el maná es molido en el tercer cielo en los molinos de los ángeles, y los santos se alimentarán de él toda la eternidad». Esta imagen del «molino de los ángeles» no se encuentra en la Biblia; sin embargo, recordad el capítulo en el que se presenta a Moisés moliendo en un gran molino el pan de la Palabra de Dios, recogido en seguida por san Pablo para alimentar a los cristianos. Sin duda que este capítulo es herencia de una tradición rabínica que no ha sido recogida en la Biblia.

Ahora se puede comprender qué es un tema y su desarrollo. No hay sólo imaginación por parte de los autores, ni sólo piedad (a menudo un tanto exagerada, incluso delirante), sino que también interviene el Espíritu Santo, que sabe dónde quiere llevar a su pueblo, que sabe qué tesoros tiene reservados para él, que sabe que el corazón de la nueva alianza será la eucaristía que Jesús dejará a su Iglesia para alimentarla a lo largo del desierto de este mundo.

6. El **sexto grupo** de textos pertenece al **Nuevo Testamento**. Podemos dejar aparte la breve alusión de la primera carta a los Corintios (10,3) para centrarnos en el discurso sobre el pan de vida (Jn 6,30-56).

Los judíos piden un signo a Jesús: el Mesías tenía que superar los prodigios del desierto.

> Ellos entonces le dijeron:
> «¿Qué señal haces
> para que viéndola creamos en ti?
> ¿Qué obra realizas?
> Nuestros padres comieron el maná en el desierto,
> según está escrito:
> Pan del cielo les dio a comer» (30-31).

Y Jesús responde:

> Jesús les respondió:
> «En verdad, en verdad os digo:
> No fue Moisés quien os dio pan del cielo:
> es mi Padre
> el que os da el verdadero pan del cielo;
> porque el pan de Dios
> es el que baja del cielo
> y da la vida al mundo» (32-33).

«Yo soy el pan de la vida.
Vuestros padres comieron el maná en el desierto
y murieron;
este es el pan que baja del cielo,
para que quien lo coma no muera.
Yo soy el pan vivo, bajado del cielo,
si uno come de este pan, vivirá para siempre;
y el pan que yo le voy a dar,
es mi carne por la vida del mundo» (48-51).

Esta es la clave esencial del tema del maná, que nos permite ahora comprender la orquestación que lo desarrolla progresivamente a lo largo de la historia de Israel.

2

El alimento del desierto, a pesar de ser providencial y milagroso, al final pareció pesado y monótono. Las tradiciones antiguas, que conservan el recuerdo preciso de ello, no nos lo ocultan.

La primera reflexión profética se sitúa sobre todo en el plano moral; al subrayar el aspecto de prueba y de retribución, insiste en la intención pedagógica del Señor.

El discurso del pan de vida permite captar —como hemos dicho— una significación eucarística que prolonga y resuelve la antinomia del texto «No sólo de pan vive el hombre, sino de toda palabra que sale de la boca de Dios». La Palabra bajada del cielo se ha hecho pan.

Con el paso de los siglos el recuerdo se va alejando cada vez más de la realidad material. Los textos esparcidos en los salmos o en la oración de Nehemías, nos muestran que el pueblo conservaba la memoria del maná, tipo mismo de los beneficios de Dios, de su providencia, de su dulzura y de su solicitud.

Pero, al mismo tiempo, el maná se transforma en símbolo, un tema sobre el que se ejercita la reflexión piadosa, una ocasión para la enseñanza teológica. Tanto si los sacerdotes han añadido algún elemento a la historia (por ejemplo: el milagro semanal del sábado), como si han exagerado o forzado algún elemento real (por ejemplo: la descomposición rápida del maná), estas iniciativas contienen para nosotros una enseñanza más rica que si, como buenos escribas, se hubiesen limitado a repetirnos los hechos sin añadir nada.

Incluso si la historia de la ración doble del sexto día y de la conservación milagrosa no son más que elementos moralizantes, se incluyeron para enseñarnos, de parte de Dios que las ha inspirado, el valor del descanso para él, de la obligación tan dulce que nos impone nuestro Dios de descansar ante él y para él, de interrumpir cada semana el trabajo agobiante de nuestra vida terrena, para que nos vayamos familiarizando con «el descanso eterno». Los que no pueden dejar de salir para buscar el maná, incluso si tienen ya por adelantado su medida completa, ¿podrán gozar en paz de la tierra prometida? Los que son incapaces de descansar, ¿podrán encontrarse bien en el paraíso?

El sábado judío se encontraba bastante vacío, pero el domingo cristiano recibe todo su significado de la celebración de la eucaristía, verdero maná, maná de la nueva alianza.

El mismo relato sacerdotal, completamente centrado en el culto, recuerda también —lo hemos subrayado ya— la función litúrgica del maná, colocado en el arca de la alianza, para servir allí de memorial.

«De sus maravillas ha dejado un memorial» (Sal 111,4). De esta manera el tema se encamina hacia la eucaristía: maná milagroso, conservado en el tabernáculo, para ser un memorial perpetuo de sus maravillas... ¡Qué próxima nos resulta de repente esta historia antigua! Mas para nosotros el memorial no es puramente estático, no es un simple prodigio de conservación material; las maravillas del Señor se renuevan cada mañana en una acción real.

Hay otro aspecto en el que esta tradición insiste especialmente para poner de relieve los milagros que cuenta: la descomposición rápida del maná. Resulta imposible almacenarlo. Lo cual obliga al pueblo a depender cada día de la Providencia: nada de seguridad. Se puede adivinar ya el espíritu del sermón de la montaña. A través del juridicismo riguroso se percibe una espiritualidad mucho más evolucionada, signos de reflexión teológica sobre la significación espiritual del maná.

Vemos así cómo este tema se abre y desemboca en dos realidades esenciales de la vida cristiana:

— *la sacramental*: eucaristía, alimento, comunión, don de Dios y memorial de sus maravillas;

— *la espiritual*, en el sentido de la primera bienaventuranza que es la condición principal para entrar en el reino o en la tierra: pobreza que significa abandono total en las manos de Dios, de quien esperamos hoy nuestro pan para hoy; actitud del niño que recibe todo del Padre; esperanza radical de la criatura que depende de su creador. En este sentido la pobreza no es renuncia o privación, es en sí misma una bienaventuranza, la alegría de contar en cada instante sólo con Dios, de deberle todo y de saber que nuestra vida es la condición para recibir todos sus dones.

«Tú les has preparado un pan delicioso bajado del cielo, tú que colmas de bienes a los hambrientos». La antífona de las primeras vísperas de la solemnidad del Cuerpo y Sangre de Cristo, al cantar el

Magnificat en la celebración de la eucaristía, ilustra la unión de estas dos realidades del tema del maná[4].

Dios sabía dónde conducía a su pueblo y qué pan quería darle al llegar la plenitud de los tiempos. Las hipérboles y excesos del libro de la Sabiduría que, con su fantasía audaz, sobrepasaban tanto la realidad antigua, quedan por debajo de la realidad nueva que cantaban sin conocerla todavía. A propósito del maná —al igual que sobre cada aspecto de la historia o de la vida de este pueblo— podemos captar no sólo esta apertura misteriosa de las realidades del Antiguo Testamento hacia las realidades del Nuevo, sino también la disposición maravillosa de las mismas palabras que nos hablan de ellas: tales palabras están preparadas para expresar una verdad que las sobrepasa; no la contienen de antemano, pero sólo ella les dará todo su sentido.

3

El «verdadero Israel», la Iglesia, debe atravesar el desierto de este mundo hasta el final de los tiempos. Sólo puede sobrevivir gracias a Dios, que cada mañana le concede el alimento del maná. Su situación humana es necesariamente precaria. Vive de la fe, con los ojos fijos, llenos de esperanza, en su Señor. Es él quien da a su tiempo a cada uno su alimento (Sal 144,15).

El cristiano recibe todos los días el pan bajado del cielo. Como a los hebreos de antaño, nos sucede que por nuestra fragilidad y debilidad carnal, «no le sacamos ningún gusto»; nos sobreviene la tentación de pensar que vamos a perecer (Nm 11,16). La fe nos asegura que contiene en sí todo sabor, como decía el libro de la Sabiduría (16,20): el desarrollo de los últimos libros del Antiguo Testamento invitaba a sobrepasar el símbolo para presentir la realidad; del mismo modo podría siempre ayudarnos a ir más allá del velo del sacramento para alcanzar la realidad definitiva que esconde, contiene y anuncia.

El conocimiento de la Biblia tiene que ayudarnos a vivir esta analogía entre la forma con que las figuras antiguas anunciaban las realidades nuevas y la forma con que las realidades actuales prefiguran la plenitud que llegará; a pesar de la diferencia radical existente entre las dos etapas —porque nosotros conocemos y poseemos todo lo esencial— hay una semejanza profunda entre nosotros y los patriarcas: como ellos, en esperanza, aguardamos la manifestación del Señor;

4. Fijaos en las correspondencias: este texto del *Magnificat* (Lc 1,53) es una cita de Sal 107,9, que contiene probablemente una alusión al maná.

nuestra fe es, como la suya, oscura; como ellos, caminamos en el desierto hacia la tierra; como a ellos, se nos alimenta con el maná.

Pero nuestro maná es ya «un alimento que permanece para la vida eterna» (Jn 6,27). El discurso sobre el pan de vida desemboca por todas partes en la perspectiva escatológica. Un texto del Apocalipsis, misteriosamente profundo, prolonga el tema del maná en este sentido de eternidad, donde «el maná escondido» significa la saciedad total:

> Al vencedor le daré maná escondido y
> un nombre nuevo (Ap 2,17).

En el paraíso, en la novedad perfecta de la creatura renovada («nombre nuevo»), ya no hay ni sombra, ni figura, ni realidad sensible.

El maná se acabó al entrar en la tierra prometida, cuando los hebreos pudieron alimentarse con los productos naturales del país. Lo que el libro de Josué (5,12-13 [P]) nos cuenta con una perspectiva histórica, se renueva en cada uno de los planos de significación del maná: en la institución de la eucaristía, tal como lo canta el *Lauda Sion*, «las cosas antiguas han dado paso a las nuevas, la sombra a la verdad», «el pan del cielo ha puesto fin a las figuras».

Pero este mismo «pan vivo que da vida» es todavía una figura que, como el maná, se acabará al entrar en la patria, cuando podamos alimentarnos con los buenos frutos naturales del país: la presencia y el don infinito del mismo Dios.

El maná era, al mismo tiempo, largueza milagrosa y una de las pruebas del desierto —hambre, inseguridad, tentación de náusea—, cuyo objetivo era hacer desear más la tierra.

También la eucaristía es la manifestación suprema del amor de Dios y una prueba de fe: tanto una como otra —la experiencia de la intimidad, el sufrimiento de una visión todavía opaca— pretenden hacernos desear más el paraíso.

Es la oración que la Iglesia pone en nuestros labios y en nuestro corazón para coronar la misa del Santísimo Sacramento: después de haber comulgado el cuerpo y la sangre preciosos del Señor, le pedimos que nos conceda en la eternidad lo que prefigura aquí abajo esta comida: el gozo inagotable de su divinidad[5].

---

5. «La comunión de tu Cuerpo y Sangre, Señor, signo del banquete del reino, que hemos gustado en nuestra vida mortal, nos llene del gozo eterno de tu divinidad. Tú que vives y reinas...» (Oración después de la comunión en la solemnidad del santísimo Cuerpo y Sangre de Cristo).

EL BUEN PASTOR

Con una palabra del evangelio vamos a escuchar cómo resuenan sus armónicos en todo el Antiguo Testamento. Veremos así cómo no adquiere su sentido pleno más que al final de toda la tradición que la prepara, y cómo ella misma da sentido a los presentimientos, a los esbozos de los textos antiguos.

Yo soy el buen pastor

Cuando Jesús dice en el capítulo 10 del evangelio de Juan «*Yo soy el buen pastor*» está pronunciando unas palabras que todos pueden comprender. Si uno no está seguro de su significado, puede buscar la palabra «pastor» en un diccionario y sabrá lo que quiere decir.

Ciertamente... todo el problema radica en la diferencia entre el significado de una palabra, tal como lo ofrece un diccionario, y su valor afectivo, simbólico, alusivo. ¿Qué puede evocar la palabra pastor, a finales de este siglo XX, en una sociedad completamente urbana e industrial? La mayor parte de los habitantes de nuestras ciudades y barrios no han visto nunca un pastor. Y en las regiones donde hay enormes ganaderías, con inmensos rebaños criados de un modo racionalizado, asépticos, tratados con hormonas, clasificados y repartidos metódicamente... el antiguo pastor se ha transformado en un técnico altamente cualificado. Incluso en comarcas como la de mi pueblo natal, donde un humilde pastor conducía a los pastos comunales a un pequeño grupo de borregos y de cabras... la imagen no era apreciada en absoluto. Cuando se empezó a cantar en lengua vernácula en misa el salmo «Tú eres mi pastor» una buena mujer se escandalizó mucho: «Decir esto a nuestro Señor, me parece que no es conveniente...» Para ella «pastor» evocaba al inocente del pueblo que no servía más que para acompañar a los borregos por caminos escarpados.

Desde hace un tiempo, por el contrario, con la moda ecologista, al pastor se le rodea de una aureola folklórica y romántica...

Todo ello apenas puede hacernos percibir lo que Cristo ha querido decir al proclamar Yo soy el buen pastor. ¿Cómo comprender entonces? ¿Cómo entender su significado[1]?

El se dirigía a unos discípulos que sabían de memoria el Antiguo Testamento. Por eso la mejor forma de intentar comprender, de conocer su intención, es sentirse pueblo de Dios por el trato constante con el Antiguo Testamento.

El pastor en la historia sagrada

La palabra «pastor» evoca enseguida las más grandes figuras de Israel, las de las épocas más importantes. Abrahán[2] y las tradiciones patriarcales; Moisés, que antes del éxodo tiene que huir de Egipto para aprender de su suegro el oficio de pastor; David, el pequeño pastor de Belén que llegó a ser rey en Jerusalén. Y las grandes figuras ejemplares: Abel, el pastor preferido a Caín, el agricultor; Jacob, el pastor preferido a Esaú, el cazador... Desde la primera ojeada sobre la historia sagrada, la imagen del pastor aparece ya con una estatura considerable.

La experiencia del oficio de pastor ofrece, en las civilizaciones pastoriles vecinas a Israel, la primera analogía para pensar en la providencia de un Dios que se preocupa de su pueblo, lo conduce, le da alimento y protección. En los caminos del éxodo, a través del desierto, Israel se siente como el rebaño conducido por su Dios-pastor. Y los antiguos profetas continúan orquestando este tema: emplean a menudo la imagen del pastor para ilustrar la solicitud de Dios para con su pueblo. Pero con el exilio el tema asume una dimensión nueva, y madura hacia la plenitud del tiempo que se acerca. El mejor testimonio de esta evolución es el capítulo 34 del profeta Ezequiel[3].

---

1. Hay otra dificultad inherente a este tema: en nuestra lengua la palabra «rebaño» no es estimada y el término «borrego» es claramente peyorativo, pues lo empleamos para referirnos a la gente ignorante... Por eso se traduce habitualmente el término griego neutro «*probaton*» por el femenino «*oveja*», con el inconveniente que esto supone, por tratarse de una infidelidad material al texto.

2. El clan de Téraj estaba tal vez a punto de establecerse alrededor de la gran ciudad, cuando la llamada de Dios le hace volver precisamente al oficio de pastor, a la trashumancia en la estepa.

3. Cf. el texto de las páginas 156-157, que se ha de leer atentamente.

Este capítulo agrupa, en torno al tema del pastor y del rebaño, fragmentos que representan perspectivas bastante distintas. Es como una «plataforma giratoria», que recoge toda esta tradición pastoral y la orienta en la dirección del Nuevo Testamento, hacia muchas palabras de Cristo que reconocemos al leerlo.

El profeta, de parte de Dios, se dirige primeramente a los malos pastores (1-10) y se queja de este rebaño, cansado y abatido *como ovejas que no tienen pastor*... Cuando Cristo vea a las muchedumbres hambrientas alrededor de él, citará el dicho de Ezequiel (Mt 9,36).

Después el oráculo anuncia que el Señor Dios va a quitar su rebaño a los malos pastores (10), es más: que él mismo vendrá a cuidar de su rebaño (11-12). ¿Cúal será la primera preocupación de este pastor divino?

> Buscaré a la oveja perdida.

Si leéis la pequeña parábola de la oveja perdida, en el capítulo 15 de Lucas, o de la oveja descarriada del capítulo 18 de Mateo, no resulta difícil comprender una historia tan simple. Pero sólo se penetra en ella si se percibe su valor como alusión, si se escucha a través de ella la resonancia del texto de Ezequiel.

La sección siguiente del capítulo se refiere a las ovejas duras y malvadas, que se encuentran dentro del rebaño (17-22). Habría que buscar la prolongación de este texto en la gran escena del juicio en el capítulo 25 de Mateo —pero esto no atañe directamente a nuestro tema—.

Viene después la gran promesa mesiánica (23): el Señor suscitará al único pastor, un hijo de David. ¿Qué quiere decir? No era fácil saber, antes de que llegara, que se refería al Mesías, pues las imágenes que lo anunciaban eran muy distintas: ¿sería un guerrero empapado en sangre, un rey victorioso, un ser divino venido sobre las nubes? ¿Sería un pastor, un juez justo, tal vez incluso un siervo? El único dato seguro, a partir de la gran profecía de Natán (2 S 7), es que tenía que ser hijo de David. Al relacionar los versículos 11 y 23 de este capítulo de Ezequiel tenemos tal vez uno de los presentimientos más extraordinarios de la encarnación —pues el que vino es Dios, que llega para cuidar a su rebaño y es, al mismo tiempo, hijo de David—; y esto es algo que no se podía imaginar el corazón del hombre.

En estos tiempos mesiánicos anunciados, cuando llegue por fin el Mesías, este buen pastor, entonces caerá una lluvia de bendiciones: la paz, la armonía recuperada como en un nuevo Edén... (25-31).

Tal vez comencemos a percibir mejor los ecos que despierta en todo el Antiguo Testamento el dicho de Cristo: *yo soy el buen pastor*...

Juan 10

[11]Yo soy el buen pastor.
El buen pastor da su vida por las ovejas.
[12]Pero el asalariado, que no es pastor,
a quien no pertenecen las ovejas,
ve venir al lobo, abandona las ovejas y huye,
y el lobo hace presa en ellas y las dispersa,
[13]porque es asalariado
y no le importan nada las ovejas.
[14]Yo soy el buen pastor;
y conozco a mis ovejas y las mías me conocen a mí,
[15]como me conoce el Padre y yo conozco a mi Padre
y doy mi vida por las ovejas.
[16]También tengo otras ovejas, que no son de este redil;
también a ésas las tengo que conducir
y escucharán mi voz;
y habrá un solo rebaño, un solo pastor.

Ezequiel 34

[1]La palabra de Yahveh me fue dirigida en estos términos: [2]Hijo de hombre,
profetiza contra los pastores de Israel, profetiza. Dirás a los pastores: Así dice
el Señor Yahveh: ¡Ay de los pastores de Israel que se apacientan a sí mismos!
¿No deben los pastores apacentar el rebaño? [3]Vosotros os habéis tomado la
leche, os habéis vestido con la lana, habéis sacrificado las ovejas más pingües;
no habéis apacentado el rebaño. [4]No habéis fortalecido a las ovejas débiles,
no habéis cuidado a la enferma ni curado a la que estaba herida, no habéis
tornado a la descarriada ni buscado a la perdida; sino que las habéis dominado
con violencia y dureza. [5]Y ellas se han dispersado, por falta de pastor, y se
han convertido en presa de todas las fieras del campo; andan dispersas. [6]Mi
rebaño anda errante por todos los montes y altos collados; mi rebaño anda
disperso por toda la superficie de la tierra, sin que nadie se ocupe de él ni
salga en su busca.

[7]Por eso, pastores, escuchad la palabra de Yahveh: [8]Por mi vida, oráculo
del Señor Yahveh, lo juro: Porque mi rebaño ha sido expuesto al pillaje y se
ha hecho pasto de todas las fieras del campo por falta de pastor, porque mis
pastores no se ocupan de mi rebaño, porque ellos, los pastores, se apacientan
a sí mismos y no apacientan al rebaño; [9]por eso, pastores, escuchad la palabra
de Yahveh. [10]Así dice el Señor Yahveh: Aquí estoy yo contra los pastores:
reclamaré mi rebaño de sus manos y les quitaré de apacentar mi rebaño. Así
los pastores no volverán a apacentarse a sí mismos. Yo arrancaré mis ovejas
de su boca y no serán más su presa.

[11]Porque así dice el Señor Yahveh: Aquí estoy yo; yo mismo cuidaré de
mi rebaño y velaré por él. [12]Como un pastor vela por su rebaño cuando se
encuentra en medio de sus ovejas dispersas, así velaré yo por mis ovejas. Las
recobraré de todos los lugares donde se habían dispersado en día de nubes y
brumas. [13]Las sacaré de en medio de los pueblos, las reuniré de los países, y
las llevaré de nuevo a su suelo. Las pastorearé por los montes de Israel, por
los barrancos y por todos los poblados de esta tierra.

[14]Las apacentaré en buenos pastos, y su majada estará en los montes de la excelsa Israel. Allí reposarán en buena majada; y pacerán pingües pastos por los montes de Israel. [15]Yo mismo apacentaré mis ovejas y yo las llevaré a reposar, oráculo del Señor Yahveh. [16]Buscaré la oveja perdida, tornaré a la descarriada, curaré a la herida, confortaré a la enferma; pero a la que está gorda y robusta la exterminaré: las pastorearé con justicia.

[17]En cuanto a vosotras, ovejas mías, así dice el Señor Yahveh: He aquí que yo voy a juzgar entre oveja y oveja, entre carnero y macho cabrío. [18]¿Os parece poco pacer en buenos pastos, para que pisoteéis con los pies el resto de vuestros pastos? ¿Os parece poco beber en agua limpia, para que enturbiéis el resto con los pies? [19]¡Mis ovejas tienen que pastar lo que vuestros pies han pisoteado y beber lo que vuestros pies han enturbiado! [20]Por eso, así dice el Señor Yahveh: Yo mismo voy a juzgar entre la oveja gorda y la flaca. [21]Puesto que vosotras habéis empujado con el flanco y con el lomo y habéis topado con los cuernos a todas las ovejas más débiles hasta dispersarlas fuera, [22]yo vendré a salvar a mis ovejas para que no estén más expuestas al pillaje; voy a juzgar entre oveja y oveja.

[23]Yo suscitaré para ponérselo al frente un solo pastor que las apacentará, mi siervo David; él las apacentará y será su pastor. [24]Yo, Yahveh, seré su Dios, y mi siervo David será príncipe en medio de ellos. Yo, Yahveh, he hablado. [25]Concluiré con ellos una alianza de paz, haré desaparecer de esta tierra las bestias feroces. Habitarán en seguridad en el desierto y dormirán en los bosques. [26]Yo los asentaré en los alrededores de mi colina, y mandaré a su tiempo la lluvia, que será una lluvia de bendición. [27]El árbol del campo dará su fruto, la tierra dará sus productos, y ellos vivirán en seguridad en su suelo. Y sabrán que yo soy Yahveh, cuando despedace las barras de su yugo y los libre de la mano de los que los tienen esclavizados. [28]No volverán a ser presa de las naciones, las bestias salvajes no volverán a devorarlos. Habitarán en seguridad y no se les turbará más. [29]Haré brotar para ellos un plantío famoso; no habrá más víctimas del hambre en el país, ni sufrirán más el ultraje de las naciones. [30]Y sabrán que yo, Yahveh su Dios, estoy con ellos, y que ellos, la casa de Israel, son mi pueblo, oráculo del Señor Yahveh. [31]Vosotras, ovejas mías, sois el rebaño humano que yo apaciento, y yo soy vuestro Dios, oráculo del Señor Yahveh.

El Señor es mi pastor

Unos dos o tres siglos después de Ezequiel, un joven levita, piadoso y poeta, medita sobre este texto del gran profeta. Ezequiel, al igual que lo hicieron todos los oráculos antiguos, ha hablado siempre del rebaño de forma colectiva; se dirige al pueblo entero, al país o a Jerusalén. Apenas aflora, en uno o dos versículos, una atención particular a las personas, a las diferencias existentes entre ellas (cf. versículos 4 y 16).

El poeta medita sobre la forma en que el Señor guía a su pueblo como pastor incomparable. Y se da cuenta, por una efusión de gracia, que el pastor de todo el pueblo es su propio pastor y se siente como una pequeña oveja amada por el Señor. Retoma las palabras de Ezequiel sobre el rebaño para aplicárselas a sí mismo (comparad los versículos 13-14 de Ezequiel 34 con el comienzo del salmo).

Y de un modo repentino, en esta meditación descriptiva en tercera persona (*El señor es... él guía...*), surge el grito del encuentro personal, que pone en primer plano la segunda persona: tú estás conmigo. En esta religión todavía colectiva, sociológica (lo que importa es el rebaño) aparece la relación personal, la del tú y yo, el comienzo de la religión en espíritu y verdad, la mirada llena de amor, de gratitud y de confianza en el Señor.

Para continuar expresando algo de esta experiencia de gracia única, nuestro salmista de repente, de una manera bastante desconcertante, cambia de registro, abandona el tema pastoril para evocar el de la hospitalidad, y canta el modo con que el Señor lo acoge como a un huésped distinguido, le unge con un perfume precioso[4], le da alimento y le colma en todos los sentidos.

El poeta acaba su canto con una estrofa de acción de gracias por tantos beneficios. Y espera continuar habitando en la casa del Señor, el templo, *a lo largo de los días*.

Salmo 23 (22)

1 Yahveh es mi pastor, nada me falta.
2 Por prados de hierba fresca me apacienta.
Hacia las aguas de reposo me conduce,
3 y conforta mi alma;
me guía por senderos de justicia,
en gracia de su nombre.
4 Aunque pase por valle tenebroso,
ningún mal temeré, porque tú vas conmigo;
tu vara y tu cayado, ellos me sosiegan.
5 Tú preparas ante mí una mesa
frente a mis adversarios;
unges con óleo mi cabeza,
rebosante está mi copa.
6 Sí, dicha y gracia me acompañan
todos los días de mi vida;
mi morada será la casa de Yahveh
a lo largo de los días.

4. Así lo vemos en el evangelio. Por ejemplo Mt 26,7: «Se acercó a él [Jesús] una mujer que traía un frasco de alabastro, con perfume muy caro, y lo derramó sobre su cabeza mientras estaba a la mesa».

La obra de la inspiración

Siguiendo rápidamente las etapas de este tema del buen pastor hemos podido comprobar cómo, a partir de situaciones históricas concretas (la vida pastoril, el exilio, el tiempo del judaísmo centrado en el templo), *la revelación* va creciendo en el alma de Israel: aprende a conocer a su Dios cada vez mejor, descubre la intimidad con él, espera al mesías que vendrá como un pastor. Y, al mismo tiempo, comprendemos cómo estas experiencias cristalizan en una *tradición*, que las guarda y las medita de forma que hace posibles nuevas experiencias.

Pero tal vez, al mirar más de cerca este salmo, podamos percibir al mismo tiempo algo del misterio de la *inspiración*.

El poeta expresa su descubrimiento personal, esa experiencia de gracia que le ha iluminado y que ha llenado su corazón de ternura, y escribe su canto a fin de que sea de provecho para todo el pueblo de Dios.

Pero quien estaba inspirando al poeta misteriosamente era el Espíritu Santo, que sabe perfectamente quién será el único pastor. De manera que, bajo esta moción del Espíritu, el poeta empleará palabras e imágenes que no tendrán su sentido pleno más que después del acontecimiento.

Las mismas *realidades* que él cantaba en la oscuridad de la esperanza son las que nosotros vivimos por el don de la gracia cristiana, e incluso las mismas que brillarán con la luz resplandeciente de la gloria. Por eso podemos, bastantes siglos después de Cristo, proclamar el salmo que el poeta escribió varios siglos antes de él. Incluso podemos recitarlo mejor que él, porque conocemos mejor lo que nuestro Pastor nos ha traído y todas las realidades mesiánicas que experimentamos. La luz del evangelio ilumina cada palabra, el salmo adquiere por ella su sentido pleno: sabemos, mejor que el autor, quién es nuestro buen pastor y todo lo que ha hecho por nosotros. Ahora tiene un nombre sobre todo nombre y un rostro único:

> El Señor es mi pastor, nada me falta.
> Hacia las aguas de reposo me conduce,
> y conforta mi alma.

Sabemos hacia qué aguas nos ha conducido el Señor, el día de nuestro bautismo, para crear de nuevo nuestra alma. Por eso este salmo era entregado, en la antigüedad cristiana, a los catecúmenos que tenían que aprenderlo de memoria durante la cuaresma para poder vivirlo en la vigilia pascual.

> Me guía por el camino justo.

El mismo nos ha dicho: «Yo soy el camino» y no podemos ir al Padre más que por él.

> Aunque pase por valle tenebroso...

El Señor mismo ha pasado por el valle tenebroso de la muerte. Nosotros, por el bautismo, experimentamos su muerte para salir de ella viviendo su vida resucitada. El bautizado, en el momento de sumergirse en este agua de muerte —y también nosotros, cada vez que en nuestra vida experimentamos la angustia y el peligro—, el bautizado puede decir:

> Ningún mal temeré,
> porque tú estás conmigo.

«Tú estás conmigo». Esta palabra resuena con mayor profundidad cuando la dirigimos a Cristo: ahora tenemos su presencia en la Iglesia, su presencia eucarística, «presencia real», y sobre todo su presencia de gracia, el misterio de la intimidad que ha venido a revelarnos: «En él haremos nuestra morada».

> Tú preparas ante mí una mesa...

El salmista espontáneamente, siguiendo la inspiración libre de su genio poético rompe la secuencia pastoril, para evocar el tema de la comida. El Espíritu que lo mueve, le inspira de un modo sobrenatural esta imagen: los recién bautizados tiene que ser conducidos enseguida a la eucaristía. Nosotros sabemos lo que el autor no pudo suponer nunca: a qué mesa el Señor nos invita cada día, qué copa rebosante prepara para nosotros y qué fuerza encontramos en ella contra nuestros adversarios, contra el mal que nos amenaza y nos solicita sin cesar.

> Unges con óleo mi cabeza...

De esta manera tenemos, reunidos en esta joya admirable, los tres sacramentos de la iniciación cristiana. Este salmo bautismal, este salmo eucarístico, es también un salmo del Espíritu —cuyo nombre es Unción (1 Jn 2,27)—, que en la confirmación nos unge para siempre con su perfume, nos marca con su sello, nos infunde la audacia apostólica y nos fortifica como atletas para afrontar la luchas venideras.

> Sí, dicha y gracia me acompañan...

Podemos cantar con el salmista la estrofa de acción de gracias que cierra el salmo, porque gozamos, más que él, de todas las bendiciones mesiánicas, de todas las gracias sacramentales que el único pastor vino a concedernos.

> Mi morada será la casa de Yahveh
> a lo largo de los días...

El salmo se abre aquí a una perspectiva infinita. Tal vez el levita se refería simplemente al gozo de vivir en el templo a lo largo de su vida. En esta época en Israel no se había levantado todavía el velo del más allá, y probablemente la mirada del poeta se detenía en la muerte y el seol. Pero, llevado del carisma de la inspiración, ha empleado esta expresión misteriosa e insólita: «a lo largo de los días», que para nosotros puede asumir una dimensión eterna: sabemos que nuestra morada definitiva es la casa del Señor, adonde el buen pastor ha ido para prepararnos un lugar... Por eso la Iglesia ha adoptado este salmo de la iniciación cristiana, este salmo de los sacramentos mayores, para expresar también su esperanza, en la liturgia de difuntos.

La tradición eclesial

Desde el comienzo de la nueva era la Iglesia, que vive de la luz de Cristo, guiada por el Espíritu Santo, que le hace avanzar progresivamente hacia la verdad completa, medita este salmo, lo canta en su liturgia, lo ofrece a los catecúmenos, lo proclama en la celebración de la eucaristía. Se utiliza en la administración de los sacramentos, en la liturgia de las horas. Los santos padres lo han comentado, poco a poco han ido descubriendo su extraordinaria profundidad.

Y nosotros, 2000 años después, podemos y debemos estudiar este salmo con todos los medios de la exégesis moderna, pero situándonos siempre en la gran corriente de la tradición en la que nos encontramos «como peces en el agua».

Pistas

* Tratad de familiarizaros con el oficio del pastor releyendo en el Génesis: 21,25ss.; 25,19-38,30. Cf. también: Ex 2,16ss., 22,4ss.; Lv 27,32ss.; 1 S 16,1.13; 17,34ss., etc.
* Buscad en la Biblia los pasajes donde se cuentan los hechos a los que se hace alusión en el primer apartado titulado: El pastor en la historia sagrada.
* ¿Conocéis pasajes de los profetas donde se habla del pastor?
* Profundizad el tema del Pastor en el Nuevo Testamento con ayuda de la *Concordancia del Nuevo Testamento*, en los artículos *Pastor* (página 402, columna 1) y *Cordero* (página 22, columna 2).

DE LOS SALMOS AL PADRE NUESTRO

«¡Señor, enséñanos a orar!»
El les dijo:
«Cuando oréis, decid: Padre...» (Lc 11,1-2).

Como respuesta a la petición de los apóstoles, Jesús les enseña sólo el Padre nuestro. Sin embargo los discípulos continuaron recitando los salmos. ¿Por qué?

Jesús no vino a abolir, sino a dar cumplimiento. El Padre nuestro no ha abolido los salmos, así como tampoco el Nuevo Testamento ha abolido al Antiguo, sino que le da cumplimiento. Toda la antigua alianza es germinación, maduración; sólo el fruto le da su sentido; la espera y el deseo no se explican más que gracias a su término. Y, viceversa, el evangelio se ilumina gracias a todo este contexto y a estas realidades previas, que son el camino divino que nos hace entrar en la plenitud de su mensaje.

Esto es particularmente perceptible en el ámbito más espiritual, el de la oración; al enseñarnos el Padre nuestro, Jesús nos da la clave principal para comprender el salterio, nos abre el acceso al sentido cristiano de la oración de los salmos. Por su parte, el salterio hace resonar todos los armónicos de cada una de las siete peticiones, después de haberlas anunciado y preparado con fórmulas que se aproximaban cada vez más a la perfección de aquellas que Cristo debía revelar.

Quisiera, en primer lugar, descubrir en un salmo tardío esta maduración de la oración de Israel que se orienta hacia el Padre nuestro; y después, a la luz de las siete peticiones enseñadas por el Verbo, comprender mejor el sentido de las distintas súplicas y de los anhelos infinitamente diversos del salterio: en este país maravilloso, país de aguas rebosantes, de lagos y fuentes, que brotan con abundancia en todas las direcciones, el Padre nuestro ha venido a trazar los siete grandes canales profundos y convergentes de sus peticiones perfectas.

Las aguas vivas y dispersas han encontrado su sentido; corren y se reúnen, nuestra tierra está regada, colmada de riquezas: la acequia divina va llena de agua (Sal 65,10) y este agua viva, límpida como el cristal, corre hasta la vida eterna.

Mt 6,9-13

9«Vosotros, pues, orad así:
Padre nuestro que estás en los cielos,
santificado sea tu nombre;
10venga tu reino;
hágase tu voluntad
así en la tierra como en el cielo.
11Nuestro pan cotidiano
dánosle hoy;
12y perdónanos nuestras deudas,
así como nosotros hemos perdonado
a nuestros deudores;
13y no nos dejes caer en la tentación,
mas líbranos del mal».

Lc 11,2-4

2«Cuando oréis, decid:
Padre,
santificado sea tu nombre,
venga tu reino,
3danos cada día
nuestro pan cotidiano,
4y perdónanos nuestros pecados
porque también nosotros perdonamos
a todo el que nos debe,
y no nos dejes caer
en tentación».

Los salmos se orientan hacia el Padre nuestro

La mayoría de los salmos son muy difíciles de datar: contienen muy pocos elementos históricos; se han visto modificados a lo largo de los siglos; por el uso litúgico continuo se han efectuado retoques, que acaso hayan suprimido los datos que habrían facilitado una datación. Por otra parte, los sentimientos que expresan son propios de todos los tiempos.

Sin embargo, hay un criterio indiscutible: un salmo formado por citas de otros escritos es necesariamente posterior a ellos. En el salterio encontramos algunas piezas de este tipo; está claro que son obra de escribas piadosos que, como saben de memoria los libros sagrados, disponen libremente los textos para componer una oración nueva. El salmo 145[1] constituye un buen ejemplo a este respecto. Su autor es un judío profundamente piadoso, celoso, que probablemente no tiene aptitudes poéticas. Dispone los versículos de acuerdo con un procedimiento escolar, siguiendo el orden del alefato, lo que al mismo tiempo excluye la inspiración poética y la composición rigurosa. Pero su memoria sustituye al genio; se alimenta de los textos sagrados, de textos llenos de lirismo. El Espíritu Santo que le inspira, le hace escoger en el tesoro de la Escritura precisamente las oraciones que recogerá el Padre nuestro.

Comienza de la misma manera que esta oración, exaltando el nombre de Dios:

> 1Yo te ensalzo, oh Rey Dios mío
> y bendigo tu nombre para siempre jamás;
> 2todos los días te bendeciré,
> por siempre jamás alabaré tu nombre;
> 3grande es Yahveh y muy digno de alabanza,
> insondable su grandeza.

Todo ello no es más que un centón de reminiscencias[2]. Pero todas estas reminiscencias están organizadas de modo que se encaminan hacia la forma definitiva: «*Santificado sea tu nombre*».

La alabanza de gloria continúa, destacando después las obras de Yahveh, sus hazañas:

> 4Una edad a otra encomiará tus obras,
> pregonará tus proezas.

Es el advenimiento del reino, obra realizada con mano fuerte y brazo extendido:

> 10Te darán gracias, Yahveh, todas tus obras
> y tus amigos te bendecirán;
> 11dirán la gloria de tu reino,
> de tus proezas hablarán,
> 12para mostrar a los hijos de Adán tus proezas,
> el esplendor y la gloria de tu reino.

---

1. Los números de los salmos son los que figuran en la Biblia hebrea.
2. Sal 30,2; 5,3; cf. 103,1; 34,2; 146,2; cf. 52,11; 48,2; 96,4.

Prestemos atención ahora:

> 13aTu reino, un reino por los siglos todos,
> tu dominio, por todas las edades.

La transposición se ha completado, la palabra «emprende el vuelo». Se afirma la dimensión escatológica definitiva del reino, al mismo tiempo que su extensión progresiva en el tiempo presente.

El soplo de la inspiración divina se digna animar también a los compiladores, porque aquí todavía los textos están tomados de los himnos, de los salmos o de los profetas[3]; pero este puzzle está maravillosamente orientado a la expresión: «*Venga tu reino*».

> 7Se hará memoria de tu inmensa bondad,
> se aclamará tu justicia.
> 8Clemente y compasivo es Yahveh,
> tardo a la cólera y grande en amor.

Es el recuerdo de la gran declaración de Yahveh, que al revelar su nombre a Moisés (Ex 34,6) le descubre al mismo tiempo sus atributos más queridos y principalmente la ternura y la misericordia[4].

> 9Bueno es Yahveh para con todos,
> y sus ternuras sobre todas sus obras[5].
> 13bYahveh es fiel en todas sus palabras,
> en todas sus obras amoroso.

Esta alabanza de la voluntad de Dios —el Padre nuestro pide que ésta se cumpla en el universo entero— es una alabanza del amor, de la gracia, de la fidelidad de Dios, de su palabra; nuestro salmo —tal vez sea su única característica propia, pero es muy valiosa— expresa ya incluso lo que Santa Teresita del Niño Jesús afirmará con tanta audacia: «El buen Dios tendrá que hacer toda mi voluntad en el cielo, porque yo no he hecho nunca mi voluntad en la tierra»[6].

---

3. Sal 78,4; 71,16.18b.19; 106,2; cf. 1 Cro 29,10-12; Sal 103,22; 10,16; 29,10b; 102,13; 146,10; Dn 3,33 (100); 4,31.

4. Este texto tiene innumerables ecos a través de toda la Biblia: Nm 14,18; Dt 5,9-10; Ne 9,17; Jr 32,18; Il 2,13; Na 1,3; Jon 4,2; Sal 86,5.15; 103,8; 111,4...

5. Cf. Sal 103,13, que va más lejos y presenta el misterio de la paternidad divina: «Cual la ternura de un padre para con sus hijos...».

Si se pudiera tener la seguridad de que este versículo de nuestro salmo contiene una alusión al libro de la Sabiduría (11,23-26), podría datarse en uno de los últimos decenios antes de Cristo; en este caso sería el último texto del Antiguo Testamento, la claridad de la aurora que precede inmediatamente a la luz.

6. *Derniers entretiens*, 13 de julio de 1897.

19a El cumple el deseo de los que le temen.

Estas últimas realidades expresadas harán posible la conformidad de nuestra voluntad con la voluntad divina: «*Hágase tu voluntad en la tierra como en el cielo*».

15 Los ojos de todos fijos en ti, esperan
que les des a su tiempo el alimento;
16 abres la mano tú
y sacias a todo viviente a su placer.

Esta cita, completamente literal, del salmo 104,26-28 se transformará en la humilde petición de los pobres, enseñada por Cristo: «*Danos hoy nuestro pan de cada día*».

14 Yahveh sostiene a todos los que caen,
a todos los encorvados endereza.

Este salmo, que pretende ser un canto de pura alabanza, no incluía una confesión de los pecados, una expresión de arrepentimiento propiamente dicha; pero el versículo citado contiene dos alusiones al salmo 37,34 y al salmo 146,8, que, relacionadas de esa manera, se encaminan hacia la oración perfecta: «*Perdona nuestras ofensas*».

20a Guarda Yahveh a cuantos le aman,
19b escucha su clamor y les libera.

Esta vez la afirmación está tomada de los salmos 31,24 y 34,16b.18a: como Dios nos guarda y nos escucha, le pedimos que *no nos deje caer en tentación* y que nos proteja en la prueba.

20b A todos los impíos extermina.

Esta certeza, expresada muchas veces en la Biblia[7], corresponde a la última petición, la de verse *librados del mal*, de todos los males, de los malvados, y de todos nuestros enemigos.

Al final de los tiempos, el enemigo por excelencia, el diablo, el seductor, será arrojado al lago de fuego, junto con la bestia y los falsos profetas (Ap 20,10) y con la misma muerte (Ap 20,14); entonces se cumplirá la profecía de nuestro salmo y, al mismo tiempo, se realizará la última petición del Padre nuestro.

---

7. Cf. Sal 37,28; 92,10; 104,35; el cántico de Débora: Jc 5,31, etc. (con fórmulas diferentes en cada ocasión).

Este salmo, compuesto de citas, tejido de hilos entrecruzados tomados de distintos pasajes del salterio, resulta ser como un comentario anticipado de la oración que Cristo nos ha enseñado. Estamos llenos de admiración al palpar la inspiración y la forma en que el Espíritu Santo ha ido configurando las almas del pueblo elegido para guiarlo ya tan cerca de la luz definitiva y para enseñarle a pedir precisamente lo que el Padre quería dar con la venida de su Hijo.

Nosotros, que hemos recibido por él la gracia y la verdad, ¿vamos a ser más reacios para utilizar estas oraciones sálmicas, ahora que el Señor nos ha enseñado la plenitud de su sentido?

Las siete peticiones agrupan todos los salmos

Vamos a ver a continuación cómo podemos orar los salmos a la luz del Padre nuestro, en su dirección, por así decirlo. En la experiencia de oración, ésta sería tal vez una de las mejores perspectivas para recitar los salmos: cada una de las frases de la oración divina resume, condensa, atrae hacia sí un gran número de salmos y da todo su sentido a muchos versículos dispersos. Releyendo el salterio de un extremo a otro con esta clave, vemos cómo los temas se organizan, las direcciones se orientan, se hace la síntesis en el sentido del Padre nuestro.

El Padre nuestro
(traducción litúrgica)

Padre nuestro, que estás en el cielo,
santificado sea tu nombre;
venga a nosotros tu reino,
hágase tu voluntad
en la tierra como en el cielo.
Danos hoy
nuestro pan de cada día;
perdona nuestras ofensas,
como también nosotros perdonamos
a los que nos ofenden;
no nos dejes caer en la tentación,
y líbranos del mal.

Padre nuestro, que estás en el cielo, santificado sea tu nombre

Todos los *himnos* del salterio, todos los *cantos de alabanza* se condensan en este texto, que expresa la admiración, la adoración del nombre divino y la contemplación más desinteresada.

«Padre nuestro». Sólo una o dos veces el salterio se había elevado tan alto que había llegado a pronunciar tímidamente el nombre divino (Sal 103,13 y 68,6).

Venga a nosotros tu reino

Está claro que esta petición reúne y completa todos los *salmos del reino*; y no solamente éstos, sino todos los que reflejan la maduración espiritual que Dios ha hecho experimentar a la significación terrena, política y material que la palabra reino tenía en los tiempos antiguos, hasta conducirla a la realidad espiritual contenida en el evangelio, donde expresa el fruto de la primera bienaventuranza y el objeto de la petición que Cristo nos ha prescrito.

«Venga tu reino» recapitula también los poemas que cantan la realización de este reino, los *salmos históricos* que nos muestran su desarrollo. A la luz de esta enseñanza de Cristo se ilumina y se descubre el sentido de la obra de Dios, que fue configurando el reino a lo largo del tiempo, en la conciencia de Israel.

Es además la meta de todos los *salmos reales* (salmos de entronización, de coronación), que ensalzan al rey terreno en términos que se aplican cada vez mejor al Rey de la gloria; en el salterio se puede seguir la evolución que ha experimentado el alma de la comunidad; al ser oraciones, los salmos expresaban mejor que los libros históricos o sapienciales el aspecto más espiritual de las realidades vividas por el pueblo de Dios.

Hágase tu voluntad en la tierra como en el cielo

Se trata del lenguaje del *amor*, del deseo de configurarse cada vez más con la voluntad del ser amado. Aquí se condensan los salmos más místicos, los impulsos más puros, los que expresan el amor más desinteresado.

Como la voluntad de Dios se expresa por su *ley*, todos los salmos que cantan el amor a la ley, el deseo de obedecerla cada vez con mayor fidelidad —el gran salmo 119 es el prototipo perfecto de este grupo—, no hacen más que desarrollar y orquestar esta petición del Padre nuestro; todos los que cantan el amor a la Palabra de Dios, muchos salmos *sapienciales*, que se complacen en la observancia, en la fidelidad —tal vez incluso demasiado material—, son los primeros pasos, que todavía desconocen su meta y que por fin encuentran su orientación definitiva y su valor en esta petición que los completa y que expresa todo lo que contienen de auténtico.

Danos hoy nuestro pan de cada día

Nuestro pan, y con él los demás bienes, particularmente este pan substancioso en el que Dios mismo se ha transformado, y los sacramentos con los que nos reconforta sin cesar. Aquí se agrupan todos los salmos de *petición* de estos bienes y, al mismo tiempo, los salmos de *acción de gracias* por estos mismos beneficios. Oración de desprendimiento, de despojo, de pobreza, que sólo pide para cada día lo necesario para ese día, que pide hoy el pan para hoy, y que es el alma más espiritual del salterio, la oración por excelencia de los pobres, oración concorde con las bienaventuranzas.

Perdona nuestras ofensas
como también nosotros perdonamos a los que nos ofenden

Aquí se recogen los salmos de *penitencia* y los numerosos textos que piden perdón, que expresan el arrepentimiento, el sentido del pecado.

El mismo Cristo, y solamente él, ha enseñado explícitamente la medida del perdón dada por el Padre nuestro: «como nosotros perdonamos». Resulta difícil encontrar algún presentimiento de la misma en los salmos.

No nos dejes caer en la tentación[8]

Aquí se concentran todas las oraciones de protección, que piden al Señor que evite a su fiel la tentación, los juicios, cualquier tipo de prueba.

Líbranos del mal

El salterio está lleno de estas *súplicas* para ser librados del mal, de cualquier tipo de mal; en primer lugar, del que nosotros hacemos y también del que nosotros sufrimos; estos ruegos constantes para verse librados de los enemigos son iluminados de pronto por esta petición del Padre nuestro. Sabemos quién se esconde detrás de todos estos enemigos: el adversario, el maligno. Y esto hace posible que podamos decir con Cristo todos estos salmos *imprecatorios* contra los enemigos, dirigiéndolos en su nombre a todos los poderes del mal.

El eco perpetuo de tal imprecación en los salmos de lucha contra todos los enemigos, de la guerra interminable, no es más que un aspecto

8. O en la prueba: la palabra griega tiene los dos sentidos.

del gran combate escatológico que, desde el principio, enfrenta al adversario con Dios. El dragón, que no pudo devorar al hijo de la mujer, se fue a hacer la guerra al resto de sus hijos (Ap 12,5.17). La construcción misma del reino, en la que trabajamos con todas nuestras fuerzas, se hace en este combate, cuyas vicisitudes en la historia del mundo y nuestras luchas personales no son más que aspectos episódicos.

«Líbranos del mal» es la petición de la *salvación*, de la redención; se pide que venga el Salvador, el Redentor—; los salmos propiamente *mesiánicos*, al mismo tiempo que anuncian la llegada del Rey, piden que venga el Salvador que libra del mal.

Cuando estamos habituados a este tipo de discernimiento, vemos aflorar no sólo en cada salmo, sino casi en cada estrofa y a menudo en cada verso, la petición que le da su sentido.

Es quizás la mejor forma de entrar en la oración de los salmos, la mejor porque se adapta dócilmente al designio divino, porque se configura de acuerdo con la armonía de las relaciones entre los dos testamentos.

Es también el método más misericordioso para nuestra debilidad, el más pedagógico y el más sencillo, ya que utiliza sin cesar el instrumento que mejor manejamos, el texto que a partir de nuestra infancia nos resulta más conocido, las palabras más próximas a nuestro corazón y las que más hemos meditado.

Cuando no llegamos a captar los sentimientos o los deseos que expresa un salmo, busquemos a cuál de las siete peticiones corresponde. Cuando nuestra oración tiene dificultades para profundizar en una estrofa o en un versículo, desentrañemos las palabras del Padre nuestro: nos ofrecerán el hilo conductor, nos orientarán hacia el sentido pleno del salmo; y ellas mismas, estas palabras que nos resultan tan familiares, recibirán a su vez, por este contacto con la admirable diversidad de los salmos, una significación cada vez más profunda, nos descubrirán riquezas cada vez más variadas y siempre nuevas, alimentarán cada vez mejor nuestro diálogo con nuestro Padre del cielo.

II
Evangelios

INTRODUCCION A LOS EVANGELIOS

Mateo

Libro de la generación
de Jesús, Mesías, hijo de David, hijo de Abrahán.
Abrahán engendró a Isaac,
Isaac engendró a Jacob,
Jacob engendró a Judá y a sus hemanos...

Este evangelio llama la atención, sobre todo, por el espacio que en él ocupan las palabras de Jesús, agrupadas en grandes discursos sobre un mismo tema; se caracteriza también por su ambiente judeocristiano y por el clima de comunidad eclesial que en él predomina.

El evangelio de las palabras de Jesús

En Lucas los dichos de Jesús ocupan casi tanto espacio como en Mateo, pero los distribuye a lo largo del camino del Señor, dando a cada uno de ellos, en la medida de lo posible, un contexto existencial. Mateo consideró que era más pedagógico agruparlos en temas, destacando así su importancia teológica. Se denomina de un modo impropio «discursos» a las seis grandes recopilaciones de dichos que dan un ritmo al conjunto de la obra, cinco de los cuales terminan con la misma expresión: «Cuando acabó Jesús estos discursos...»

El primer lugar lo ocupa el *sermón de la montaña* (capítulos 5-7), los dichos esenciales que, agrupados en torno a las bienaventuranzas, exponen el corazón del mensaje de Jesús: «Bienaventurados...», y los que afirman el carácter personal de su doctrina: «Pues yo os digo...»

Después el *discurso de misión* (capítulo 10), que acompaña el primer envío de los ápostoles y ofrece su perspectiva para los tiempos venideros.

Luego el *discurso en parábolas* (capítulo 13) que, con imágenes tomadas de la vida del pueblo, muestra el crecimiento del reino.

El grupo de dichos sobre el *tema comunitario* (capítulo 18), que presenta las normas de la vida comunitaria en la Iglesia.

Los que se excluyen de ella son los *malaventurados* (capítulo 23), que constituyen la antítesis de los «bienaventurados» del capítulo 5. Este grupo, el único que no está dirigido a los discípulos, no se cierra con la expresión habitual.

Finalmente, la gran colección de *dichos apocalípticos* (capítulos 24-25) orienta la mirada hacia la vida entera de la Iglesia y del mundo hasta el final de los tiempos.

Estas recopilaciones de dichos están distribuidas como «bocadillos» —este término se emplea, al hablar de los «cómics», para referirse a los diálogos, al espacio que ocupan las palabras— a lo largo de los relatos, a veces con una coherencia excelente, y a veces sin que se pueda captar la relación con el contexto. Por eso no se puede establecer una estructura del evangelio a partir de estos «bocadillos». Pero, aunque falte esta estructura, hay que señalar un fenómeno realmente notable: el ritmo se va haciendo más lento progresivamente; de las frases cortas, las breves sentencias del comienzo, a las largas secuencias de las maldiciones o del discurso escatológico (comparad los capítulos 5 y 23). Al leer el texto se cae en la cuenta de esta característica: la respiración se hace más profunda, la longitud de onda cambia, a medida que se pasa de los comienzos galileos al drama de la pasión. Al referir los dichos de Jesús, el evangelio regula la respiración del lector de acuerdo con la revelación del misterio.

La disposición del conjunto es la del kerigma tradicional, tal como puede encontrarse en Marcos. Pero Mateo modifica el orden de los datos del kerigma en función del medio al que se dirige y de su propia visión teológica.

El evangelio para los judíos

Escrito para los judíos convertidos al cristianismo y, a través de ellos, para los que podían hacerse cristianos, quiere mostrar con cada palabra, con cada episodio, con cada curación, que Jesús cumple las Escrituras, realiza las profecías, lleva a su plenitud la alianza y la revelación que ella contiene. Multiplica las citas, a menudo acompañadas de la fórmula «para que se cumpliera el oráculo del Señor por medio del profeta...»

No se trata simplemente de citas, referencias formales: este uso constante del Antiguo Testamento es para él esencial en la formación del pensamiento religioso. El misterio de Jesús planteaba una cuestión irresoluble para el pensamiento judío, que durante siglos se había ido configurado en su afirmación absoluta del monoteísmo.

El evangelio de Mateo nos descubre cómo la cristología primitiva sólo pudo elaborarse utilizando todos los textos mesiánicos esparcidos en el Antiguo Testamento. Estos textos, en apariencia divergentes e incompatibles, encuentran su sentido y revelan su convergencia a la luz del misterio de Cristo. Gracias a ellos los creyentes han podido aceptar lo inconcebible y llegar a pensar y encontrar las palabras para formular poco a poco una teología de Jesús, Mesías y Señor.

De esta manera se ha modificado la perspectiva de la historia sagrada. Mateo, como cualquier buen judío habría contado esta historia poniendo en el centro a Moisés en el Sinaí, el don de la ley y la organización del culto.

Pero Mateo se ha encontrado con Jesús y su mentalidad ha cambiado: es lo que nos muestra en su admirable introducción, en la que resume, bajo la forma convencional de una genealogía, toda la historia del pueblo de Dios que se encamina hacia el Mesías. El ve cómo el designio de Dios se orienta hacia Jesús a partir de las promesas hechas a Abrahán, a David, a los exiliados. Sigue la línea más espiritual de la historia, ve cómo maduran a lo largo de los siglos los frutos de las bienaventuranzas: la tierra, el reino, la consolación.

Esta página importante constituye el vínculo de toda la Biblia. Es el nexo que asegura su unidad. Los santos padres no colocaron este evangelio en primer lugar por casualidad: constituye el gozne entre los dos testamentos porque explica el Antiguo a la luz del Nuevo y fundamenta el Nuevo arraigándolo en el Antiguo.

Esta realidad ilumina también el motivo principal de la obra: Mateo está de tal manera penetrado por las Escrituras que va a presentar la vida del Mesías siguiendo minuciosamente el orden de la torá.

Comienza nombrando explícitamente el Génesis; después muestra a Jesús yendo a Egipto, como el pueblo al final del primer libro.

«De Egipto llamé a mi hijo»: el Exodo. Jesús pasa por el agua, después permanece cuarenta días en el desierto, al igual que el pueblo había estado en él cuarenta años. Allí resiste a las tentaciones en las que el pueblo había caído (capítulos 3-4).

Es el verdadero Moisés (capítulos 5-7), que desde la montaña da la ley al pueblo. Así como Moisés había revelado el nombre de Dios,

Jesús revela su nombre de Padre. Y al igual que Moisés hizo llegar las diez plagas a Egipto, él hace diez milagros seguidos (capítulos 8-9).

Al llamar a los doce apóstoles (capítulo 10) constituye, como Moisés en el Levítico, el nuevo pueblo de Dios.

Enseña cómo crece el reino (capítulo 13) y las normas del mismo (capítulo 18), como también el Deuteronomio las había enseñado al pueblo de Israel.

Como nuevo Josué, atraviesa el Jordán y llega a Jericó (capítulos 19-20). Como David, entra en Jerusalén. Allí anuncia la destrucción del templo, «pues aquí hay uno mayor que Salomón». Inaugura el culto nuevo entregando su cuerpo como sacrificio (capítulos 21-26).

Finalmente termina de cumplir los oráculos de los Pofetas con su pasión, su muerte y su resurrección (capítulos 26-28).

Sin duda que todo esto no constituye un plan rigurosamente establecido; las correspondencias no son totalmente exactas. Pero revela el dinamismo profundo de un espíritu totalmente penetrado por su Escritura Sagrada, que reflexiona sobre la realidad del Mesías con las categorías de ésta, que contempla en él la realización de lo que no era más que esbozo o esperanza: la verdad entera, todo el contenido positivo de la alianza, ha pasado al evangelio.

Nadie ha percibido mejor que Mateo el cumplimiento, la continuidad, el acabamiento del Antiguo Testamento en el Nuevo y al mismo tiempo, la ruptura entre los dos, el rechazo de los que han rechazado a Jesús.

El evangelio para los fieles

Por otra parte, es en este evangelio penetrado de judaísmo, donde mejor se percibe la presencia de una comunidad cristiana estructurada, que ha pasado a ser ya una Iglesia edificada sobre Pedro y los ápostoles.

A éstos les confía una función importante. Tal vez les menciona con menos frecuencia que Marcos, llevado por su deseo de centrarlo todo en Jesús; pero la misma estructura del evangelio subraya la importancia de la misión que se les confía.

Tan pronto como concluye su introducción, el evangelista presenta a Jesús, su enseñanza (capítulos 5-7) y su actividad (capítulos 8-9) en un bloque claramente delimitado por la inclusión entre dos sumarios idénticos (4,23-25; 9,35-36). Inmediatamente después llama a sus discípulos y los envía a su primera misión. El evangelio termina con la misión universal de la que serán responsables: gran inclusión (capítulos 10-28), que revela la función esencial de los ápostoles en el designio salvífico.

Mateo los presenta desde el comienzo, sin necesidad de esperar a la misión: el primer acto de Jesús, al comenzar su ministerio, es la elección de los cuatro primeros discípulos. La vocación de Mateo se incluye en la sección de los diez milagros; esta sección se cierra con la oración para que el Señor envíe obreros a la mies: necesidad de cooperadores que han de prolongar la obra del Maestro.

Mateo considera a estos ápostoles como si fueran ya las «columnas de la Iglesia». Los contempla con la mirada de los primeros cristianos, los respeta y venera. Como es muy honrado, no es capaz de esconder sus debilidades (en las que Marcos insiste a menudo), pero las atenúa siempre que puede.

Pone de relieve la función de Pedro más que la de ningún otro de entre ellos: «Tú eres Pedro y sobre esta piedra...»; el caminar sobre las aguas; el didracma («por mí y por ti»).

En estos primeros bocetos en los que se va dibujando una jerarquía, aparece ya un esbozo de la Iglesia.

Cuando se lee el evangelio de Mateo uno se siente dentro de una comunidad cristiana, comunidad atenta a la relación fraterna, al perdón, a la preocupación por los débiles; una comunidad donde también se plantean problemas: se preven procedimientos en casos de faltas graves, hay normas para la corrección o la expulsión de los pecadores; es una comunidad ya bien establecida, con todo lo que esto significa: el peligro de la mediocridad, el riesgo de la rutina. Para designar a estos fieles él ha acuñado el término «minicreyentes»: tienen fe, puesto que acuden a las reuniones de la asambles; pero es una fe mínima, por eso les exhorta para que profundicen en ella.

Su pretensión constante es que Cristo vuelva a ser el centro de sus vidas. Por eso cuenta los milagros de un modo esquemático: suprime a los figurantes, elimina todos los detalles, todo lo que puede estorbar o distraer, para que no quede más que lo esencial: el encuentro cara a cara con Jesús.

Así como Marcos presenta a Jesús de Nazaret sobre todo en la realidad muy humilde y concreta de la condición humana, de su vida entre los hombres que lo rodeaban, Mateo muestra principalmente a Jesús como Señor, a Jesús resucitado. Casi se podría decir que se pasa del Jesús de la historia al Señor a quien la comunidad cristiana adora y suplica. Por eso en Mateo las peticiones dirigidas a Jesús tienen ya un carácter litúrgico. Las ofrece como modelos de oración, para la asamblea que celebra y recuerda a su Señor.

Las palabras de Jesús, reunidas en sus grandes discursos, asumen una autoridad incomparable. Es la afirmación solemne de su propia doctrina que resuena en el mundo a través de la Iglesia hasta el final de los tiempos.

El autor

Siempre se ha relacionado al primer evangelio con el apóstol Mateo, sobre el cual el propio texto ofrece una información preciosa (Mt 9,9-13): Jesús lo llama cuando está sentado en el despacho de impuestos; él lo sigue inmediatamente y ofrece una gran comida para celebrar este acontecimiento (los textos sinópticos paralelos llaman a este convertido Leví).

En la lista de los doce apóstoles se precisa (Mt 10,3) que Mateo es este publicano (los otros evangelios mencionan el nombre sin más datos).

El testimonio más antiguo sobre el primer evangelio nos ha llegado a través de Eusebio de Cesarea, que vivió en el siglo IV. Se trata de un texto de Papías, obispo de Hierápolis, cuya información se remonta a finales del siglo I: «Mateo reunió, en lengua hebrea, los *logia*, y cada uno los interpretó (*¿los tradujo?*) según su capacidad». «Reunió»: ¿es una alusión al trabajo de compilación, de recopilación de los *logia*, que constituye precisamente la característica más evidente de este evangelio? Por otra parte, la mención del «interpretar» o «traducir» podría indicar la versión del evangelio en lengua griega.

Eusebio ofrece además otra información interesante: «Mateo predicó primero a los hebreos. Como tenía que dirigirse a otros, fijó por escrito en su lengua materna su evangelio, sustituyendo su presencia por medio de la escritura». Esta mención de la «lengua materna» permite precisar cuál es la «lengua hebrea» del texto precedente: se trata evidentemente del arameo.

En torno a Mateo, en el corazón de esta comunidad judeocristiana, que conoce muy bien la tradición, pudo haber una escuela de escribas cristianos, semejante a las escuelas rabínicas (el evangelio de Mateo es el único que habla de los escribas enviados por Jesús -23,24-).

Al mismo tiempo que escrutan con pasión la Escritura —estudiando las profecías y todo lo que pueda iluminar el misterio de Cristo— trasmiten lo que han memorizado, lo que han recibido en la catequesis oral. Manifiestan una experiencia catequética profunda, una preocupación didáctica permanente, un arte pedagógico que revela una gran práctica y que se muestra en cada línea del evangelio.

Es preciso anunciar el evangelio a todos los pueblos. Por eso, cuando el «testigo ocular y servidor de la palabra» tiene que alejarse, redacta un texto que sirva de referencia. La información de Eusebio sugiere que la fijación por escrito no es más que un remedio para salir del paso, que sustituye a la trasmisión oral en caso de necesidad.

El texto arameo constituye ciertamente el sustrato del actual evangelio de Mateo en griego (y tal vez también de los demás evangelios; podría ser una de las fuentes comunes supuestas para los sinópticos).

¿Cómo se hizo el paso de uno a otro? Para responder a esta pregunta lo único que podemos hacer es plantear hipótesis. La lengua del evangelio de Mateo griego prueba que no puede tratarse de una traducción directa. Fue necesario que el mensaje volviera a ser transmitido por tradición oral: Mateo, al llegar a un entorno helenístico, habría tenido que reunir una escuela de catequistas, que expresaron de una forma nueva la buena noticia en su lengua griega.

Al memorizar los dichos y los hechos del Señor, al repetirlos continuamente, descubrieron en ellos, a la luz del Espíritu, las respuestas a los problemas que la joven Iglesia tenía planteados, las orientaciones que ella necesitaba. De esta manera abrieron el camino para la actualización, que proseguiría a lo largo de la vida de la Iglesia.

En las asambleas de la comunidad, las lecturas y los cantos se toman del Antiguo Testamento en la versión de los LXX: su lengua griega, la lengua común, en la que se transmite la revelación, hace posible que se anuncie en la misma corriente de tradición la meta de esa revelación, la buena noticia de Jesucristo. En las celebraciones litúrgicas, los textos recitados y proclamados revelan su sentido más profundo y adquieren su configuración final: la tradición, antaño transmitida en arameo, adquiere su estado definitivo en la lengua griega del evangelio según san Mateo.

El escriba que se ha hecho discípulo del reino es semejante al dueño de una casa que saca de sus arcas lo nuevo y lo viejo (Mt 13,52).

Marcos

> Comienzo de la buena noticia
> de Jesús,
> Mesías,
> Hijo de Dios.
> Conforme está escrito en Isaías el profeta:
> «Mira:
> Envío mi mensajero delante de ti,
> el que ha de preparar tu camino...»

¿Quién es Marcos?

El Nuevo Testamento nos ofrece bastante información sobre Marcos o Juan, de sobrenombre Marcos[1]: joven judío de Jerusalén, su madre acogía en su casa las reuniones de la primera comunidad cristiana. Primo de Bernabé, acompaña a Bernabé y Pablo a Antioquía y después, en el primero de sus grandes viajes; les deja, pero vuelve a salir enseguida con Bernabé hacia Chipre. Aparece junto a Pablo durante su primera cautividad romana, colabora con él y le sirve de consuelo en su prueba. Amigo y compañero de Bernabé que lo escoge, colaborador «precioso» para Pablo que lo reclama, «hijo mío» para Pedro, se encuentra realmente en la encrucijada de todos los caminos de la evangelización de la Iglesia primitiva: el lugar ideal para un evangelista. Ciertamente es un personaje secundario, pero aparece en todas partes: ha acompañado a los más grandes, que lo aprecian cada vez más; sobre todo a Pedro, cuyo testimonio nos ofrece con el eco directo del estilo oral.

Es cierto que la crítica, como corresponde, ha infundido la sospecha en cada una de estas afirmaciones, ofrecidas por la Escritura o tras-

1. Hch 12,12; Col 4,10; Hch 12,25; 13,5; 13,13; 15,39; 2 Tm 4,10; 1 P 5,13.

mitidas por la tradición: el nombre de Marcos era muy frecuente en esta época, pudieron producirse cambios, confusiones... A pesar de todo, parece que las informaciones tradicionales resisten a todos los análisis críticos y mantienen su solidez y su coherencia.

Sus fuentes

Aunque Marcos viviera con Pablo (y su vocabulario conserva a veces las características del paulino), la influencia de Pedro sobre él es predominante. Se puede escuchar al que ha «visto con sus propios ojos», en esos relatos de colorido variado y ricos en detalles secundarios, que llevan la marca del recuerdo real: es Pedro quien recuerda cuándo Jesús lo llamó, en primer lugar; cuándo curó a su suegra; siguió a Jesús de noche dejando Cafarnaúm; presenció la llamada de Leví, estaba en la barca el día de la tempestad, vio cómo se levantaba la hija de Jairo, tomó la palabra en Cesarea de Filipo, fue llevado a un monte alto, vio al «joven rico», escuchó la petición de los hijos de Zebedeo, vivió la entrada en Jerusalén y la expulsión de los vendedores, la unción en Betania, Getsemaní, el arresto; él mismo contó sus propias negaciones...

Ningún otro escrito nos ofrece mejor que Marcos el contacto único con Jesús, sus reacciones y sus emociones, su ternura y sus enfados, su presencia y su mirada; la atmósfera galilea... con la pequeña comunidad de los Doce en torno a él.

Además, el texto nos ofrece a menudo una especie de contraseña: al comenzar un relato Pedro nos diría «nosotros»: nosotros llegamos, nosotros entramos... Marcos lo sustituye por un «ellos» característico: «ellos llegan, ellos entran», que no se puede explicar si no es como cambio de la primera a la tercera persona; se palpa el proceso de transmisión que va del «testigo ocular» al servidor de la palabra (Lc 1,2).

Marcos memorizó estos recuerdos de Pedro y después se decidió a escribirlos, en la época en que tuvo lugar la bienaventurada muerte del primer apóstol —según el testimonio de Papías, que vivió a principios del siglo II—.

Ensartó estas perlas en la trama del »kerigma«, es decir, en la primera proclamación misionera tal como se encuentra admirablemente resumida en las últimas palabras de Cristo a los apóstoles (Lc 24,46-47) y tal como la expresan los discursos de la primera parte del libro de los Hechos.

Marcos se sirvió de este esquema transmitido de un modo constante por la comunidad creyente. Algunas secciones estaban ya delimitadas, algunos bloques de relatos y palabras estaban organizados ya en secuencias fijas: o bien porque las cosas sucedieron históricamente así (la mujer con flujos de sangre y la hija de Jairo) o bien porque la catequesis solía agruparlas de esa manera (una »jornada« típica, una serie de controversias).

Su evangelio

Marcos compone su evangelio a partir de estas tradiciones, siguiendo una estructura simple y que tendría un gran influjo; se trata de anunciar al mundo entero la buena noticia: Jesús, Mesías, Hijo de Dios, ha venido para salvarnos. Marcos cuenta los hechos, los milagros, que manifiestan la verdad de su misión, hasta llegar a la gran confesión: «Tú eres el Mesías» (8,29), que está en el centro del libro. Y, acto seguido, el anuncio de la pasión, la subida a Jerusalén, la muerte, la proclamación del centurión: «Es Hijo de Dios»; después, la tumba vacía... Se dice lo esencial, de una forma rápida, para que el lector tome su propia decisión ante el acontecimiento único de Jesús.

De una forma rápida, en lo que se refiere a la estructura general, a la escasez de discursos, al pequeño volumen del evangelio. Pero no en lo que respecta al modo de contar las historias, que es —como hemos dicho— el del narrador popular, conocedor de una gran tradición oral, llena de elementos pintorescos, de vida y de inspiración.

Estas dos características opuestas: la estructura simple (construida a grandes rasgos) y las numerosas informaciones sobre detalles concretos, hacen que destaque de un modo extraordinario la figura de Jesús, su humanidad, su personalidad, profundamente enraizadas en su país y en su tiempo. Otros testigos ofrecen otros datos, nos revelan otras dimensiones. Pero Marcos ofrece una información insustituible para el conocimiento de Jesús de Nazaret, «Mesías, Hijo de Dios».

La lengua y el entorno

La lengua es un griego bastante rudo, con sabor popular, que manifiesta en todo momento el sustrato original semítico y, al mismo tiempo, un entorno pagano en el que se hablaba latín (probablemente Roma).

El sabor popular —no es necesario insistir en ello— es perceptible incluso a través de una traducción: la espontaneidad, el vigor, la preferencia por los diminutivos, las rupturas en la construcción...

El entorno pagano: Marcos experimenta la necesidad de explicar a sus lectores las costumbres judías; les traduce las palabras arameas; supone que una mujer puede «repudiar a su marido» (algo impensable en un ambiente judío).

Un mundo en el que se habla latín: emplea palabras latinas como centurión, camilla, flagelar; expresiones latinas, como *genua ponere*; da el valor romano de una moneda griega...

Queda por precisar qué quiere decir «origen semítico». Por una parte, parece que no se puede suponer un original hebreo de Marcos; por otra, si bien el sustrato lingüístico está más cerca del arameo, el evangelio de Marcos no puede ser una traducción directa de un texto arameo. No una traducción, pero sí una versión: un griego hablado por personas —Pedro, Marcos— cuya lengua materna era el arameo; y un griego escrito por creyentes para quienes el texto de los LXX era la matriz de la expresión de su fe .

Este evangelio recibe su forma definitiva en una comunidad cristiana, que tiene sus propias costumbres, sus fiestas, sus tradiciones, que observa el ayuno los viernes, que practica la unción de los enfermos, que celebra la eucaristía; todo esto prolonga las realidades del evangelio y sirve para comprenderlas mejor. Cuenta también con la luz del espíritu y con las palabras de sus profetas. Y tiene además sus dificultades y sus problemas. Estas realidades, a su vez, influyen a veces en el texto, que puede insistir en un dato concreto, puede subrayar un aspecto de la revelación o puede señalar una aplicación, permitiendo así que los siglos venideros continúen la actualización.

Todo ello constituye el valor y el sabor únicos de Marcos.

Lucas

Puesto que muchos han intentado narrar ordenadamente
las cosas que se han verificado entre nosotros,
tal como las han transmitido
los que, desde el principio, fueron testigos oculares
y se han hecho servidores de la palabra,
he decidido yo también,
después de haber investigado diligentemente
todo desde los orígenes,
escribírtelo por su orden,
ilustre Teófilo,
para que conozcas
la solidez de las enseñanzas que has recibido.

¿Quién es Lucas?

Lucas es autor no sólo de un evangelio, sino también de los Hechos de los Apóstoles: los dos tomos de una gran obra, cuya perspectiva es absolutamente única entre los autores del Nuevo Testamento.

El mismo Lucas es un personaje único entre todos los judíos convertidos al cristianismo: griego, de origen pagano... Nacido en Antioquía, sin duda convertido por Pablo, que le llama «médico querido» (Col 4,14), «colaborador» (en un versículo en el que aparece citado junto a Marcos: Flm 24). Acompaña al apóstol en sus viajes —al menos cuando los relata diciendo «nosotros»—. El único que está junto a él en 2 Tm 4,11. El es probablemente el «hermano» de 2 Co 8,18.

De todas estas informaciones ofrecidas por la Escritura y por algunos testimonios antiguos (de Ireneo, Clemente, Orígenes) no se había dudado nunca hasta el siglo XIX, y, en realidad, no hay ninguna razón seria para dudar de ellas. El estudio de la lengua, la crítica interna y las perspectivas propias de la obra confirman la tradición antigua.

Su lengua

La lengua griega de Lucas —de origen griego (de Siria)— es la de más calidad literaria de todo el Nuevo Testamento; es capaz de realizar innovaciones elegantes y giros que evocan el griego clásico y que ni siquiera interesan a los demás evangelistas.

Como convertido (y tal vez cercano al judaísmo antes de encontrarse con Pablo) se nutre en los LXX, saborea esta versión griega mejor que ningún otro, se recrea en sus semitismos y disfrutará, sobre todo en los relatos de la infancia, haciendo lo que nosotros llamaríamos una «imitación de...», dando un sabor completamente especial a esta sección. Parece como si la lengua de Lucas reflejara el progreso mismo del evangelio, nacido en un rincón perdido de una provincia marginal para llegar pronto al centro del imperio —Roma— donde concluye su obra.

Profundamente humilde, modesto, respetuoso con la tradición, Lucas copia sus fuentes sin atreverse a corregirlas, incluso cuando el griego de éstas es pobre —lo que produce curiosos contrastes entre su prosa ágil y estos fragmentos ásperos que intercala en medio de ella—. ¿Tal vez le gustaba su sabor un tanto popular?

Sus fuentes

El mismo nos dice, en su prólogo tan clarificador, que ha tenido muchos predecesores y que esto le anima a esta empresa audaz de poner por escrito la tradición.

Conocemos al menos a dos de sus antecesores: Marcos (o una fuente de Marcos, un proto-Marcos, una redacción del evangelio de Marcos anterior a la actual); y la colección llamada de los logia, el protoevangelio (Q) que podemos reconstruir de un modo aproximado a partir de los 230 versículos que Lucas tiene en común con Mateo, y que Marcos desconoce.

Pero Lucas, aunque respeta a sus predecesores, siente la necesidad de hacer constar que todavía no se han puesto por escrito muchos recuerdos preciosos o siguen esparcidos en escritos dispersos.

Se informa con rigor. Consulta a los testigos, recoge textos y fragmentos inéditos: la mitad de su evangelio contiene elementos propios, redactados por él y que llevan la marca de su estilo personal.

Su plan

Con el respeto hacia la tradición que lo caracteriza, toma como base el antiguo «kerigma», la estructura de Marcos; en ella intercala, a modo de secciones, sus fuentes, escritas u orales: en primer lugar, el relato de la infancia, completamente propio de Lucas, recibido tal vez de la «que guardaba todas las cosas en su corazón».

Después Lucas prosigue con el relato de Marcos: Juan, el bautismo, el desierto, Galilea; pero lo sigue con libertad, añadiendo las informaciones que le ofrecen sus fuentes (la genealogía, las tres tentaciones) o desplazando un episodio (la vocación de Pedro, relacionada con una pesca milagrosa).

Pronto abandona a Marcos para incorporar una sección recibida de otra parte (6,11-8,3); después vuelve a la trama del relato común: las parábolas, la tempestad calmada, algunos milagros, la multiplicación de los panes... Entonces (9,17) excluye una sección completa de Marcos (Mc 6,45-8,26) y después la recupera: confesión de Pedro, transfiguración, anuncio de la pasión.

A medio camino de su evangelio (9,51) orienta decididamente todo su relato hacia Jerusalén, donde va a cumplirse la redención del mundo. A lo largo de un «viaje» que apenas se preocupa de la topografía ni de la duración, Lucas va entrelazando de una forma muy libre su documentación propia con la fuente de los *logia*, va sembrando todo el camino de relatos y dichos, encuentros y curaciones, enseñanzas y parábolas.

Toma de nuevo a Marcos como base por un momento (Lc 18,15-43); después, en Jerusalén (19,29) recupera la estructura básica y comienza a seguirla de un modo general; pero como dispone de otras fuentes que considera también sólidas (más cercanas a Juan), a menudo las prefiere a Marcos.

Finalmente añade al segundo evangelio su valiosa documentación, de primera mano, sobre la resurrección, las apariciones, la ascensión... llegando al inicio del libro de los Hechos y al tiempo de la Iglesia.

Hay que subrayar que esta construcción en la que se emplean piedras de distinta procedencia —lo cual podría llevar a un resultado bastante artificial—, está organizada de acuerdo con una estructura tripartita original, que da una nueva perspectiva al kerigma original: 1. Los comienzos y la sección de Galilea. 2. El »viaje« hacia Jerusalén. 3. Jerusalén. De esta forma Lucas concede una importancia especial a Jerusalén, a la que prefiere llamar con su nombre santo, el que lleva en los LXX: Ierousalem.

Su evangelio

Es el evangelio de la ternura y de la bondad. Ningún otro presenta como él al Salvador, en los textos propios: el hijo perdido, el buen samaritano, el buen ladrón, Zaqueo, la pecadora... Lucas mismo se muestra lleno de delicadeza: sabe, como dice su maestro Pablo, que la caridad lo perdoma todo, lo soporta todo...

Es también el evangelio de las mayores exigencias en lo referente a la renuncia y a la pobreza. Multiplica las advertencias sobre los peligros del dinero y sobre el buen uso del mismo. Insiste en la limosna.

Es el evangelio de la oración. En primer lugar, de la oración de Jesús; sólo Lucas nos presenta a Jesús orando en el bautismo, en el desierto, antes de elegir a los Doce, en el momento de la confesión de Pedro, en la transfiguración... nos cuenta que Jesús ha orado por Pedro.

Insiste también en la oración de los cristianos: las parábolasdel amigo insistente y de la viuda insistente, el episodio de Marta y María...

Es además el evangelio del Espíritu Santo, el preludio del libro de los Hechos de los Apóstoles, que son los Hechos del Espíritu. El Espíritu tiene una función principal en los relatos de la infancia. Empuja a Jesús, »lleno de Espíritu Santo«, al desierto, después a Galilea... Interviene constantemente. Basta con comparar Lucas 11,12 y Mateo 7,11.

»El fruto del Espíritu es el gozo...« Lucas es el evangelista del gozo, de la alegría, de la exultación, que hacen estremecerse, saltar, danzar y gritar... Nuestro vocabulario es pobre en palabras de gozo, al lado de la sobreabundancia del gozo bíblico...

Evangelio misionero, que desemboca en la prodigiosa expansión presentada en la segunda parte de la obra: se abre a las naciones, a los paganos, a los marginados, a todos los que el mundo —y, en concreto, el mundo judío— rechaza.

Y particularmente a esa mitad de la humanidad normalmente postergada, las mujeres. Sólo Lucas nos permite percibir su presencia constante junto a Jesús y la función que desempeñaban (Marcos sólo las menciona cuando todos los apóstoles y discípulos han desaparecido; entonces ellas son las únicas a las que dirige su mirada). Con toda la dulzura de su compasión está atento también a las viudas. Y, sobre todo, gracias a él conocemos algo del misterio de la que fue bendita entre todas las mujeres; él nos ha revelado la salutación del ángel y el canto exultante de María.

Hay que subrayar además que la obra de Lucas, en su unidad indisociable, es el evangelio del tiempo de la Iglesia. Lucas tiene una profunda visión teológica del tiempo: distingue claramente entre el tiempo de la preparación, que concluye con la muerte de Juan Bautista; el tiempo de Jesús; el tiempo de la Iglesia, tiempo de camino hasta el fin del mundo. Esta perspectiva, que penetra ya su evangelio, le hace asombrosamente cercano para nuestros contemporáneos; del mismo modo que su revelación de la misericordia, hace de él para todos el más accesible de los testigos de la bondad de Dios.

Juan

En el principio existía la Palabra
y la Palabra estaba con Dios,
y la Palabra era Dios.
Ella estaba en el principio con Dios.
Todo se hizo por ella,
y sin ella no se hizo nada de cuanto existe.
En ella estaba la vida
y la vida era la luz de los hombres.

Un cuarto evangelio

Los tres primeros evangelios son muy semejantes y, a pesar de sus diferencias, uno se siente en el mismo ambiente y puede pasar de uno a otro sin dificultad. Pero, cuando se llega al cuarto, cambia el ambiente y se plantean muchas preguntas.

En primer lugar, la cuestión del autor: una larga tradición, apoyada en la información final (21,24), mantenida de un modo unánime durante casi veinte siglos, atribuye este evangelio a Juan, el hermano de Santiago, el hijo de Zebedeo, que llegó a ser el guía espiritual de la iglesia de Efeso. El hecho de que no se le nombre en el evangelio habría contribuido a consolidar esta tradición. Pero una mirada más crítica se pregunta: ¿Cómo puede ser autor de este evangelio griego aquel que hablaba arameo, su lengua materna, probablemente caracterizada por provincialismos galileos? ¿Cómo pudo anunciar a la Palabra hecha carne el que repasaba redes en el lago de Galilea? Más aún: ¿Cómo pudo aportar tradiciones tan diferentes, algunas de las cuales parecen incompatibles con las de los otros testigos, uno de los compañeros más cercanos de Jesús, testigo ocular desde el comienzo?

¿Se trata de un autor o de varios? El conjunto del libro tiene un tono característico exclusivo, que lo hace fácilmente reconocible entre los evangelios; y, sin embargo, se pueden distinguir perfectamente diferentes estilos y redacciones. Muestra una clara unidad de inspiración, de «aliento», de atmósfera; y, sin embargo, bastantes elementos parecen inconexos. A primera vista parece una obra bien estructurada, con cuatro partes (prólogo, relatos, discursos, final); sí, pero no sigue un orden: hay rupturas, soluciones de continuidad notables, «secciones erráticas», cuyo acabamiento resulta muy desigual.

Las numerosas dificultades y contradicciones han estimulado, durante veinte siglos, la sagacidad de los comentadores y de los teólogos. Se han propuesto y continúan proponiéndose innumerables claves de lectura: desde un fundamentalismo, que afirma que cada palabra salida de los labios de Jesús fue escrita enseguida por sus dicípulos y conservada tal cual, hasta el liberalismo más subjetivo, que ve en este evangelio la obra de una comunidad cristiana, que elabora, después de mucho tiempo, un texto que sólo tendría una pequeña conexión con los orígenes. Las posiciones extremas se invalidan por sí mismas; los exegetas continúan trabajando, siguiendo corrientes divergentes, con todos los recursos de los diversos métodos, para tratar de resolver el misterio insondable de este texto profundísimo.

Cualquiera que sea la posición adoptada, hay un dato que se ha de mantener decididamente: para el creyente está inspirado todo el evangelio, el texto íntegro, tal como nos ha llegado por la cadena de los manuscritos y la fe de la Iglesia.

Se puede tratar de descubrir fuentes diversas. Se puede imaginar también la labor de los revisores, de los correctores, retocando el texto, modificándolo, cada uno con su propio punto de vista. Todo esto importa poco: al concluir todo este trabajo de marquetería, es el libro entero el que está inspirado. Hasta las rupturas que parecen romper el proceso de comprensión, tienen su sentido: ofrecen la gran ventaja de mostrar de una forma evidente que la secuencia del relato no es lineal, que no se trata de una historia continua ni de una biografía, sino de un mensaje y del anuncio de salvación. Fijaos en los capítulos del 4 al 7: son difíciles de leer; los exegetas han tratado de encontrar una secuencia satisfactoria desde el punto de vista topográfico. El riesgo que corren tales reconstrucciones es el de descuidar los indicios, las características, que pueden ofrecernos claves de lectura. Si el autor inspirado (el que ha redactado por última vez el texto) los ha dejado así, ha sido para disuadirnos de buscar ingenuamente una relación entre los viajes de Jesús. Estamos obligados a mantener una distancia fecunda, que es una llamada para que comprendamos el texto de un modo más profundo.

Para el creyente lo importante no es seguir un itinerario, sino alimentar su fe. Este es el objetivo principal de este evangelio: fue escrito «para que creáis... y para que creyendo tengáis vida en su nombre» (20,31). ¡Fuera los problemas! Su riqueza son las palabras fulgurantes, las fórmulas que se pueden saborear a lo largo de la vida, las profundas experiencias que revelan la cercanía incandescente del misterio de Dios. Desde que existe es el libro de cabecera de los creyentes, de los místicos, de los contemplativos, que quieren profundizar en él cada vez más.

Al servicio del texto

El primer servicio que se debe prestar es el de ofrecer el texto mismo con una presentación que facilite su lectura; acompañado de la traducción más literal posible. Después hay que servirse de las disciplinas que pueden aportar una luz útil desde el punto de vista lingüístico, histórico, teológico... para aportar al lector por medio de notas, todo lo que puede ayudarle a comprender mejor; es lo que me he propuesto en mi edición de los evangelios. Habría que tratar también de comprender cómo se dio el paso de la enseñanza de Jesús al mensaje del evangelio, de la realidad de lo que Jesús vivió durante su vida terrena, a la redacción definitiva del texto.

Desde el punto de vista histórico estamos muy mal informados sobre este paso. Lucas, el único historiador de la Iglesia primitiva, nos cuenta el rápido proceso de difusión de la Palabra en el mundo habitado, pero no se preocupa de describirnos el proceso de redacción de los evangelios. Sólo nos ofrece un dato: en su prólogo, cuando nos revela por qué se ha decidido a escribir, nos dice que «muchos» lo han hecho ya. Podemos pensar no sólo en los dos evangelios canónicos, sino en otros relatos que circulaban.

Hay otro camino que nos ofrece tal vez una perspectiva más segura: todo lo que sabemos acerca de la transmisión del saber en el entorno judío de esta época, los métodos de enseñanza de los rabinos, la formación de sus discípulos, los procedimientos de memorización. En este ambiente encaja perfectamente el método empleado por Jesús, tal como lo muestra el evangelio: una enseñanza oral, resumida en fórmulas fácilmente memorizables, repetidas y remachadas por los discípulos para deducir de ellas todo su significado.

Una enseñanza adaptada

Jesús no ofrecía una enseñanza uniforme de un modo uniforme. A las muchedumbres les anunciaba la venida del reino y les exhortaba a la conversión. «Les hablaba en parábolas; pero a sus discípulos se lo explicaba todo en privado» (Mc 4,34); había una enseñanza reservada a los discípulos, a los que habían decidido ya comprometerse y seguirle, a los Doce, a quienes se les iba a encargar pronto que proclamaran el kerigma por todas partes.

Con algunos de ellos Jesús mantiene una relación más íntima. En varias ocasiones en el evangelio «toma aparte» a Pedro, Santiago y Juan, los llamados en primer lugar: en casa de Jairo, en el momento de las grandes manifestaciones (transfiguración, agonía) o para las revelaciones escatológicas (Mc 13,3). Estaban destinados a desempeñar una tarea más importante en la Iglesia; le habían seguido desde el principio y casi antes del principio; lo amaban más; estaban preparados para recibir mejor las mayores revelaciones, aunque no iban a poder asimilarlas hasta mucho más tarde. El Maestro les daba una enseñanza más profunda, una revelación que les abría más al misterio íntimo de Dios, ofreciéndoles ya palabras para expresarlo; comenzaban a comprender palabras como «Hijo de Dios», «el Padre»; palabras transmitidas por la Escritura como «aliento», «Espíritu», «Consolador», «Sabiduría», «Palabra», revelaban poco a poco su sentido profundo. Los discípulos no son capaces de entenderlo todo, no lo comprenden todavía, pero las palabras se graban en su corazón. Las palabras, memorizadas con avidez, son como semillas que germinarán más tarde: «Cuando venga el Espíritu de la verdad, os guiará hasta la verdad completa» (Jn 16,13).

Lo que hizo Jesús —no solamente predicar a todos, sino también formar discípulos que fueran capaces de predicar—, es lo que los discípulos continúan haciendo de una forma natural: se dirigen a las muchedumbres, anuncian el kerigma sin cansarse, como el día de Pentecostés, «a todas las naciones que hay bajo el cielo». Después forman a los discípulos: la comunidad se reúne, según el sumario de los Hechos (2,42), «acudían asiduamente a la enseñanza de los apóstoles, a la comunión, a la fracción del pan y a las oraciones». En estos pequeños grupos, reunidos en torno a los discípulos que habían recibido el mensaje directamente del Maestro, se preparan los catequistas, los evangelizadores que proclaman la buena noticia y que, a su vez, aplicarán el mismo método ya experimentado.

Juan, al igual que los demás apóstoles, tiene en torno a sí una comunidad a la que alimenta con su palabra, y que, al mismo tiempo, le aporta el medio vivo que favorece la maduración de su pensamiento. Poco a poco, con el paso de los años, a medida que evoca sus recuerdos, que repite las palabras de Jesús, que explica los oráculos de los profetas, va encontrando cada vez mejor las palabras que expresan todas estas revelaciones que había conservado en su corazón. En el diálogo con sus discípulos, al responder a sus preguntas, se va mejorando la formulación: la comunidad va perfeccionando poco a poco las expresiones o los relatos. La luz de la primera intuición se organiza bajo la acción del Espíritu y se estructura en forma de verdad comunicable.

Y, así como Jesús había reservado una enseñanza más profunda y más íntima para algunos discípulos, ¿no pudo Juan hacer lo mismo? Jesús les entregó el fondo de su corazón, de su experiencia mística. Y ellos llegarán a ser los transmisores privilegiados.

La difusión

Este primer núcleo eclesial se iba formando en Jerusalén y en sus alrededores. Juan desempeñaba en él una función importante, siempre junto a Pedro (Hch 1,13; 3; 4; 8,14). En este entorno estrictamente judío, Juan, que había acompañado ya a Jesús en Jerusalén y en Judea, se ha familiarizado profundamente con Jerusalén; conoce los rincones de la ciudad, sigue su liturgia, conoce sus costumbres, el pensamiento y la forma de argumentar de sus gentes; su evangelio se sumerge en el judaísmo centrado en el templo, de tal forma que el ministerio de Jesús se presenta en el marco de las fiestas judías: la pascua de la purificación del templo, la pascua del pan de vida, la pascua de la muerte del Cordero; y entre ellas, el sábado de Betesda, la fiesta de las tiendas, la fiesta de la dedicación.

Muy pronto, después del periodo judío, los apóstoles tuvieron que dispersarse, empujados por la persecución o deseosos de extender el evangelio. Podemos suponer que Juan, junto con los suyos, se detuvo primero en Samaria; los Hechos nos informan de que fue enviado con Pedro y Felipe a Samaria (8,14); es la última mención que tenemos sobre su persona. En su evangelio se recogen algunas indicaciones topográficas: el recuerdo de que Juan bautizaba «en las fuentes» —Ainón— (3,23), el encuentro con la samaritana (4,1-42)... que revelan una familiaridad e interés especiales por esta región.

A partir de entonces no disponemos de informaciones de primera mano. Una tradición antigua, transmitida por los testigos eclesiásticos más fidedignos, nos informa de que después fue a Efeso, donde llega a ser el guía religioso de esta Iglesia.

En relación con ello se plantea la cuestión de si Juan hablaba griego. Resulta muy difícil conocer el nivel lingüístico real de los galileos con los que Jesús convivió: su lengua materna es seguramente el arameo postexílico, un arameo teñido de provincialismos. Saben un poco de hebreo, tal vez justo lo suficiente para descifrar algunas líneas. En cuanto al griego, es evidente que, tanto la helenización masiva a consecuencia de la dominación griega después de Alejandro, como la situación de la «Galilea de los gentiles» permeable a todos los influjos, y las necesidades de la administración y del comercio, favorecían una cierta familiaridad con esta lengua; pero éstas son realidades que apenas dejan huellas, ni en la escritura ni en los monumentos. Aunque algunos nombres propios son testimonio de este fenómeno —Felipe, Andrés, Bartimeo— sin embargo, el repliegue riguroso de los judíos en su judaísmo, después de la destrucción de Jerusalén, borró radicalmente cualquier recuerdo de esta diversidad lingüística. De ahí procede nuestra perplejidad. Es probable que Juan, al llegar a Efeso, pudiese expresarse en griego —el griego koiné—, aunque con algunos semitismos.

Efeso

Efeso, capital de la provincia romana, era la gran metrópolis religiosa de Asia menor: «¡Grande es la Artemisa de los efesios!» (Hch 19,28). Allí se daban cita todos los cultos, era un centro gnóstico, en ella confluían todas las religiones mistéricas. Se tiene noticia incluso de la presencia de un grupo de discípulos de Juan Bautista (Hch 19,1-4). Al llegar a Efeso la comunidad joánica se encontró con cristianos que estaban allí desde hacía mucho tiempo: Pablo había pasado por la ciudad en el año 52, después se quedó dos años enteros. La Iglesia de Efeso contaba con personalidades destacadas: Apolo, Priscila y Aquila y otros muchos. Tal vez no es casual que la gran encíclica espiritual de Pablo haya conservado en la tradición el nombre de los efesios.

Esta Iglesia está muy arraigada en su fe, el Apocalipsis alaba su aguante. Es probable que ofreciera el entorno donde pudieron desarrollarse o expresarse las intuiciones fundamentales del discípulo amado. Está inmersa en un ambiente de cultura helenística, transmitida sólo en lengua griega, con todo lo que esto significa de facilidad de palabra, de gusto por la especulación, de mayores posibilidades para la abstracción. Tal vez así podrían explicarse algunas propiedades del evangelio; en él pueden percibirse algunas características helénicas: el empleo de una palabra como logos (Verbo), que tiene una resonancia filosófica; la insistencia en el conocimiento y en la verdad —pequeños matices que no modifican el estilo semítico de la obra—. Juan no especula; muestra, pero no demuestra. Es el testigo que da testimonio de lo que ha visto. Su pensamiento no se estructura en razonamientos ni se complica con silogismos; afirma, y yuxtapone las afirmaciones, cordinándolas con un simple «y»; de ahí procede el carácter claramente semítico de la obra. Escrito en griego y en un entorno griego, el libro es sólo un evangelio, un escrito cristiano que únicamente pretende dar a conocer a Cristo; y que para conseguir este objetivo, recoge tanto las tradiciones más antiguas cómo las reflexiones de las comunidades cristianas. A través de todo ello se nos transmite algo extraordinario: Juan se esfuerza por expresar su experiencia personal de la revelación y del amor. Esta profunda vivencia espiritual, que había recibido del contacto con el Maestro, está más allá de las palabras y de todo lo que se puede decir. Pero había que tratar de comunicarla, para que la verdad divina llegara al mayor número posible, e hiciera fecunda la vida de la Iglesia hasta el final de los tiempos. Los que habían podido asimilar la carta «a los Efesios» —cuya perspectiva es cósmica y celeste— estarían bien preparados para acoger la revelación excepcional que el apóstol les entregaba; ellos, por su parte, la expresan de acuerdo con su capacidad. Es difícil apreciar todo lo que un auditorio caluroso y ferviente puede aportar al que habla: en un conocimiento, en una revelación, en una ciencia, se profundiza cada vez más a medida que se comunican. Las reacciones del grupo permiten precisar, perfilar y dar los límites precisos a lo que era una intuición general. De modo que este entorno de discípulos griegos contribuía a mejorar la expresión de la fe tal como se iba a plasmar en el evangelio.

Esta presencia de la comunidad en el propio tejido del evangelio ayudaría a captar mejor un fenómeno bastante singular: Cristo llega a pronunciar palabras que no pueden entenderse en modo alguno antes de la resurección y de Pentecostés. Se las dirigió a sus discípulos antes de pascua, a las muchedumbres, a los judíos, reprochándoles su incompremsión: estos dichos se sitúan en distintos niveles; la comunidad cristiana los ha actualizado y los ha redactado en el lenguaje de la fe de la Iglesia.

De la palabra al texto

Entre los discípulos más fervorosos, los más cercanos a Juan, se encuentras los escribas, los secretarios, los redactores que van a llevar a cabo la fijación por escrito. Algunos fragmentos pudieron escribirse al dictado de Juan; otros pudieron redactarlos los discípulos de acuerdo con el discípulo amado o animados por él; otros pudieron fijarse por escrito más tarde gracias a la memoria de los dichos y los hechos, conservada amorosamente por los más próximos. Este trabajo de fijación avanzaba poco a poco a lo largo de los años. No se tenía ninguna prisa por concluirlo. Parecía que la escucha, la comunicación verbal, la transmisión oral eran más importantes que lo escrito. Pero el conjunto de la obra se iba configurando poco a poco con la intervención de diferentes redactores. ¿Quiénes eran?

A través de los ecos de antiguos autores cristianos conocemos algunas figuras: Juan el anciano, o el presbítero, que podría ser uno de los colaboradores o sucesores del apóstol Juan. Tal vez, otro Juan. La tradición iconográfica presenta a Prócoro, uno de los siete diáconos, como secretario de Juan. Los otros son anónimos. Sean secretarios o escribas, recitadores o redactores, revisores o copistas, pertenecen todos a los grupos joánicos, que han oído directamente a Juan anunciar su mensaje. Con su trabajo o su reflexión personal, bajo la inspiración del Espíritu Santo, han puesto por escrito el mensaje de Juan.

Tal vez esta perspectiva nos ayude a comprender el estado de este evangelio, que nos había llamado la atención desde el principio: ordenado y desordenado a la vez. Por una parte, distribuido claramente en varios bloques fácilmente delimitables: después del prólogo, la predicación del Bautista y la narración de los hechos escogidos como «signos»; luego, un conjunto de discursos; a continuación pasión, muerte y resurreción, con los relatos complementarios del capítulo 21. Está claro que se trata de una disposición intencionada. Pero en esta estructuración general de la obra, se descubren rupturas, soluciones de continuidad, faltas de coherencia: por ejemplo, el capítulo 14 concluye con la expresión «¡Levantaos. Vámonos de aquí!», que no va seguida de ningún desplazamiento, sino que por el contrario da paso inmediatamente a otro discurso. Por otra parte, en el texto hay fragmentos muy distintos; algunos capítulos están bien rematados (la curación del ciego en el capítulo 9); parece que otros no han sido totalmente concluidos; algunas páginas parecen una recopilación de dichos sueltos (3,31-36), sin relación con el contexto.

No es posible imaginarse un autor que entrega su texto de esta manera a los copistas; y todavía menos un revisor que hubiese alterado arbitrariamente un conjunto ya bien ordenado. La impresión que produce es la de un manuscrito que quedó incompleto: tal cual, como una colección que iba creciendo con el paso de los años, era el tesoro más querido de la Iglesia. Por fin, un día los discípulos se deciden a editarlo: tal vez al morir el apóstol; tal vez por la amenaza de una persecución inminente; tal vez para hacer frente a la proliferación de escritos tendenciosos, atribuidos a la tradición joánica, pues los grupos gnósticos del entorno podían deformar peligrosamente el mensaje de

Juan. En lugar de proponer un nuevo orden, inevitablemente arbitrario, entregan el manuscrito tal como lo recibieron, a pesar de sus rupturas, que no destruyen la clara organización del conjunto.

Es imposible fijar una fecha de composición para una obra de este tipo, pero, ¿se puede tratar de indicar una fecha de edición? Ciertamente, tuvo que ser después de la muerte del apóstol; una tradición —que dejó su huella en el evangelio— cuenta que murió muy anciano. ¿Hay otros indicios? Tal vez haya una referencia clara: al hablar de los enemigos de Cristo, Juan dice habitualmente «los judíos» —los primeros cristianos no pudieron hablar de este modo, pues su actividad apóstolica se desarrollaba entre los judíos y tenía como fruto muchas conversiones—. Esta palabra adquiere un tono polémico después de que los judíos, reunidos en Jamnia, tras la destrucción del templo, han añadido a sus 18 bendiciones una maldición contra los cristianos, en el año 85, que es, por tanto, la fecha más antigua a la que la redacción del texto se puede remontar.

¿Y el *términus ad quem*? Un valioso papiro, encontrado en Egipto, del tamaño de la palma de la mano, fechado hacia el año 120. En esta época las copias estaban ya bastante extendidas, pues un soldado pudo tener una de ellas en su macuto antes de ir a morir en las arenas de Fayoum. Cuando se calcula el tiempo necesario para la difusión de escritos, todos ellos copiados a mano, se concluye que son necesarios dos o tres decenios para ello. Por tanto, hacia los años 90-95, el evangelio de Juan se encontraba ya tal como ha llegado a nosotros.

Juan y los sinópticos

Está claro que este libro es un evangelio, pero ya antes habían aparecido otros tres. ¿Qué relaciones hay entre ellos? En primer lugar, hay una semejanza fundamental: narran el mismo acontecimiento único, Jesús, su vida, su mensaje, su pasión y su resurección; todo ello escrito «para que creáis y para que tengáis vida en su nombre».

Juan cuenta muchos episodios que se encuentran ya en los sinópticos: la predicación de Juan Bautista, el bautismo de Jesús, diversas curaciones, la marcha sobre las aguas, la multiplicación de los panes, la unción en Betania, la entrada en Jerusalén, los vendedores expulsados del templo. Juan, pues, conoce las tradiciones comunes. Además, parece que da por supuesto que sus lectores las conocen: omite algunos elementos esenciales en los que los demás insisten, por ejemplo, la cena. Emplea este trasfondo común y no duda en precisarlo o rectificarlo: dice que Marta y María vivían en Betania (11,1), da el nombre de Malco (18,10), sabe cómo Pedro pudo entrar en el atrio del Sumo Sacerdote (18,15). ¿Conocía el texto de los otros evangelios? Algunas semejanzas literarias muy claras permiten suponer que así fue. Por lo demás, es posible que haya conocido una etapa de la redacción anterior al texto canónico de los sinópticos.

Pero las diferencias son notables. Los otros tres se basan en el esquema del kerigma. Marcos lo ofrece casi en su estado puro: después del anuncio del Bautista, la predicación en Galilea; luego el camino hacia Jerusalén, la pasión, muerte y resurreción. Mateo lo sigue con exactitud, incorporando sus grandes discursos. Lucas lo modifica un poco, incluyendo entre las dos partes un «viaje», más espiritual que geográfico. Juan rompe totalmente con este esquema: varios viajes a Jerusalén; el corazón del evangelio está ocupado por una serie de grandes discursos sin ningún paralelo sinóptico. Dispone además de su propio tesoro de recuerdos y tradiciones que se remontan al estrato más antiguo de la historia cristiana: sólo él nos informa sobre el paso de los discípulos de Juan Bautista a Jesús, las bodas de Caná, el encuentro con la Samaritana, la resurección de Lázaro, el lavatorio de los pies. En este sentido, es el más historiador de los evangelistas: cuando cuenta algo de lo que fue testigo, parece que ofrece algunos detalles, carentes de significación o de valor simbólico, simplemente porque «aquello sucedió realmente así».

Una historia profundamente teológica

Tanto si se trata de sus propias tradiciones como de la tradición común, Juan, el historiador, modela los hechos para hacer que aparezca todo su significación salvífica. En él el modo de contar está tan influido por su teología que su obra constituye un género literario aparte, con un estilo muy diferente al de los sinópticos.

También el uso de la Escritura es diferente: el rabbí Mateo trata de fundamentar cada detalle de su evangelio con una cita, pero Juan contempla las grandes figuras de la historia de Israel, los grandes temas presentados por los profetas y los sabios, y descubre cómo se cumplen en la revelación nueva: el Hijo de Dios, el pastor, la palabra, la sabiduría, el viento, el consolador, la viña, el maná, el agua viva. Contiene menos citas, pero más alusiones; menos textos concretos, pero más imágenes que destacan notablemente. Toda su meditación gira en torno a algunas palabras especialmente significativas, que se repiten con frecuencia. La pobreza de su vocabulario depende de esta concentración del pensamiento. Repite sin cansarse las palabras esenciales: vida, amor, luz, verdad, gloria; y también «permanecer», que evoca la estabilidad propia del comtemplativo. Este énfasis, esta insistencia en las mismas realidades, produce una simplificación y, al mismo tiempo, una concentración del pensamiento. Así se explica también un fenómeno característico de su estilo, que es la utilización alternativa de dos palabras de significados próximos, referidas al mismo tema: amar, decir, enviar, ver. Como nuestra lengua no siempre dispone de estos binomios, muchas veces resulta difícil traducirlos, y en ocasiones se hace con expresiones un tanto forzadas: por ejemplo «enviar» y «encomendar una misión».

Su pensamiento de contemplativo y de místico está completamente centrado en el acontecimiento único: El Verbo se hizo carne, Dios ha amado tanto al mundo que le ha dado a su Hijo para que nosotros seamos hijos de Dios. El Hijo se ha hecho intérprete del Padre y nos ha comunicado su vida; vivimos de esta vida eterna ya comenzada. El amor que une al Padre, al Hijo y al Espíritu es el mismo que se nos entrega para que nos amemos unos a otros: el evangelio de Juan (junto con su primera Carta) es el evangelio del amor. Esta palabra aparece sin cesar (mientras que sólo figura dos veces en los sinópticos, y en un contexto negativo: Mt 25,12; Lc 11,42). Este amor constituye la comunidad de discípulos, la Iglesia, y debe extenderse por medio de ellos al mundo entero, hasta llegar a las ovejas que no son de este redil. De todas formas, hay que destacar que este amor está concentrado en la comunión de los discípulos entre sí; se tiene la impresión de que en esta Iglesia había corrientes heréticas o cismáticas y la comunidad trataba de defenderse de ellas mediante la excomunión o el anatema. En este sentido, la exigencia del amor es menos radical que en los sinópticos, no alcanza al extremo de la enseñanza de Cristo: «Amad a vuestros enemigos, haced bien a los que os odien» (Lc 6,27).

Este vínculo que une a todos los discípulos de Cristo no es sólo una realidad mística. Su vida llega a nosotros a través de los sacramentos, cuyos signos se nos ofrecen a lo largo de todo el evangelio: los curados pasan por el agua del bautismo; el pan multiplicado prefigura la eucaristía: «Si no coméis mi carne, no tendréis vida en vosotros»; las bodas —símbolo de la alianza— son ensalzadas en Caná. El poder de perdonar se comunica por el Espíritu, el cayado del buen pastor es entregado a Pedro. Se percibe así la estructura eclesial que viene a consolidar el vínculo único del amor. Todo se resume en el amor, con sus tres características esenciales, sobre las que insisten los discursos de despedida: «Os dejo mi paz», «Os doy mi gozo», «Padre, guárdalos en la unidad».

LA GENEALOGIA DE MATEO 1

Abrahán, David y Zorobabel

En Navidad[1] la liturgia propone la lectura solemne de la genealogía que abre el evangelio de Mateo. Prestamos atención con respeto, pero sentimos cierto tedio: pasiva y resignadamente escuchamos la cadencia de nombres, reconociendo tal vez alguno de ellos. Pero en el fondo no se puede evitar la pregunta: ¿por qué se lee este texto en misa, si no aporta ninguna enseñanza espiritual, ni prepara realmente para acoger el nacimiento de Cristo?

¡Qué equivocación! Estudiemos este texto, para saborear en las próximas navidades el fruto espiritual de esta lista de nombres.

Si se hubiese pedido a Leví, antes de que siguiera a Jesús y se convirtiese en Mateo, que resumiese la historia sagrada con tres palabras, ciertamente habría dicho: Moisés y el don de la ley; Moisés, el éxodo y la tierra prometida; el templo y el culto. Pero Leví se ha hecho discípulo de Jesús, ha meditado la historia sagrada en función de su experiencia de Cristo resucitado y va a escribir el «libro de la generación de Jesús, Mesías, hijo de David, hijo de Abrahán» (1,1). Como texto-bisagra entre el Antiguo y el Nuevo Testamento, la genealogía (1,1-17) es un resumen de la historia sagrada con intención pedagógica y teológica[2]: en su conclusión, en el versículo 17, Mateo subraya claramente que ha realizado una distribución de la historia, repartiéndola en tres etapas de catorce generaciones cada una. ¿Por qué?

1. Misa vespertina de la vigilia.

2. Es evidente que esto mismo puede aplicarse a la genealogía de Lucas, muy diferente de la de Mateo: es ascendente y no descendente; se remonta hasta Adán, y con ello quiere sugerir la universalidad de la salvación. En este capítulo estudiaremos sólo la de Mateo.

Mateo 1,1-17

1 Libro de la generación de Jesús, Mesías,
hijo de David, hijo de Abrahán:
2 Abrahán engendró a Isaac,
Isaac engendró a Jacob,
Jacob engendró a Judá y a sus hermanos,
3 Judá engendró, de Tamar, a Fares y a Zara,
Fares engendró engendró a Esrom,
Esrom engendró a Aram,
4 Aram engendró a Aminadab,
Aminadab engendró a Naassón,
Naassón engendró a Salmón,
5 Salmón engendró, de Rajab, a Booz,
Booz engendró, de Rut, a Obed,
Obed engendró a Jesé,
6 Jesé engendró al rey David.
David engendró, de la que fue mujer de Urías, a Salomón,
7 Salomón engendró a Roboam,
Roboam engendró a Abiá,
Abiá engendró a Asaf,
8 Asaf engendró a Josafat,
Josafat engendró a Joram,
Joram engendró a Ozías,
9 Ozías engendró a Joatam,
Joatam engendró a Acaz,
Acaz engendró a Ezequías,
10 Ezequías engendró a Manasés,
Manasés engendró a Amón,
Amón engendró a Josías,
11 Josías engendró a Jeconías y a sus hermanos,
cuando la deportación a Babilonia.
12 Después de la deportación a Babilonia,
Jeconías engendró a Salatiel,
Salatiel engendró a Zorobabel,
13 Zorobabel engendró a Abiud,
Abiud engendró a Eliakim,
Eliakim engendró a Azor,
14 Azor engendró a Sadoq,
Sadoq engendró a Aquim,
Aquim engendró a Eliud,
15 Eliud engendró a Eleazar,
Eleazar engendró a Mattán,
Mattán engendró a Jacob,
16 y Jacob engendró a José, el esposo de María,
de la que nació Jesús, llamado Cristo.
17 Así que el total de las generaciones son:
desde Abrahán hasta David,
catorce generaciones;
desde David hasta la deportación a Babilonia,
catorce generaciones;
desde la deportación a Babilonia hasta Cristo,
catorce generaciones.

Para comprender este capítulo

Abrahán: Gn 12-25.
David: Is 16; 2 S 24; 1 R 1,1-2,11.
Zorobabel: 1 Cro 3,19; Esd 2,2; 3,2.8; 4,2.3; 5,2; Ne 7,7; 12,1.47; Ag 1,1.12.14; 2,2-9; Za 4,6b.9-10; 6,11-12; cf. Si 49,11.

Primera etapa: Abrahán

Es la etapa de la promesa. A la promesa responde la fe, que trae la salvación.

«Abrahán engendró a Isaac». Isaac es el hijo de la promesa; pero el episodio esencial del sacrificio nos muestra que este hijo de la promesa no es más que un signo: es sólo el primer eslabón de una cadena que tardará dos mil años en completarse. Dios concedió a Abrahán un hijo, Isaac; pero le pidió que lo sacrificara para que Abrahán comprendiera —y para que nosotros comprendamos con él— que la promesa no se agota con Isaac. En el gesto con que Abrahán se dispone para sacrificar a su hijo, es donde verdaderamente se convierte en padre, el padre de los creyentes —«Dios puede de estas piedras dar hijos a Abrahán» (Mt 3,9)—; el evangelio hace alusión al seno de Abrahán (Lc 16,23), donde todos los que han creído se encuentran por la fe transformada para siempre en visión.

En esta etapa hay un detalle importante: se comprueba hasta qué punto Mateo se muestra «paulino». No queda huella del inmenso paréntesis de Egipto, ni del acontecimiento extraordinario del éxodo, ni de la gran personalidad de Moisés. José aparece solamente en una expresión, incluida como por azar: «*Judá y sus hermanos*» (1,2); gracias a ella podemos situar el comienzo de la estancia en Egipto. Un poco más adelante se dice: «Salmón engendró, de Rajab, a Booz» (1,5); la mención de Rajab nos informa de que el pueblo está entrando en la tierra prometida. ¡Y eso es todo! No hay huella del Sinaí, ni del desierto, ni de la conquista. ¿Por qué? Porque la ley, que aparece cuatrocientos años después no afecta para nada a las promesas, y Cristo es el hijo de la promesa. Sin duda que fue necesario un pedagogo, pero esto no consta en los archivos de familia. La historia de José es un episodio brillante, está llena de mensaje moral y de colorido local; el héroe es a la vez virtuoso y seductor, pero la promesa no recae sobre él; por eso se guarda silencio sobre él, como sobre Moisés y Aarón. Porque Cristo sacerdote no ha venido a prolongar el sacerdocio levítico, sino a inagurar un sacerdocio nuevo «según el orden de Melquisedec».

Segunda etapa: David

El Mesías será hijo de la promesa; pero, después de la profecía de Natán (2 S 7), sabemos que tiene que ser hijo de David: ése es su título por excelencia. Recordad la escena. David pretendía construir a Yahveh una casa, y el profeta lo había aprobado enseguida. Mas por la noche se dirigió a Natán la palabra de Dios: Yahveh no quiere la casa de piedra o cedro que puede construirle el rey. Sin embargo, la generosidad divina responde a la generosidad de David: Va a ser Dios quien le construya una «Casa»[3]. «El que nazca de tus entrañas será tu heredero, nunca se extinguirá tu lámpara delante de mí». La respuesta de David, llena de agradecimiento, humildad y asombro, nos muestra perfectamente que ha comprendido la grandeza de las promesas divinas, y que estas palabras decisivas no se iban a aplicar a Adonías, ni siquiera a Salomón, sino a aquel de quien Dios dirá un día en verdad: «Yo seré para él un padre y él será para mí un hijo» - «Este es mi Hijo amado, en quien me complazco» (2 S 7,14; Mt 3,17).

Salomón pensará ingenuamente que él es el objeto de la promesa. Ha construido el templo de Yahveh con gran cantidad de madera de cedro y oro, de púrpura y carmesí. La casa está construida, él es el hijo, ¿que más se puede pedir? El misterio de Salomón es precisamente el del fracaso de un éxito. A menudo sucede que quien tiene mucho éxito, en un plano humano, no se encuentra dentro de las coordenadas justas de las leyes de Dios. Desde su juventud, Salomón lo tenía todo: era hermoso, las riquezas de Saba y el oro de Ofir llenaban sus cofres, el reino gozaba de paz desde Dan a Berseba, la paz reinó durante toda su vida. Tenía ciencia y sabiduría, e incluso mucho más que esto: algunas de sus palabras nos muestran un alma bendecida con profundas gracias divinas. A pesar de un comienzo tan bueno, vemos cómo se endurece; la persona desaparece detrás del personaje. Ha olvidado que todas sus riquezas no eran más que dones; ha dejado que las mujeres extranjeras entraran en su corazón; y esto provoca el fracaso fatal, la división irreparable de este reino, que David había conseguido unificar con su gracia irresistible. El final de Salomón, y la lección profunda de este reino, consiste en mostrarnos que la sabiduría humana conduce al fracaso: cuando la sabiduría increada se encarne, lo hará para enseñarnos la locura de la cruz y, en los planes divinos, el triunfo del fracaso.

¿Quiere esto decir que, en la historia de la salvación, la función de Salomón es puramente negativa? No, pues su significación pro-

---

3. El término está empleado en el mismo sentido que decimos: casa de los Austrias...

videncial consiste en dar al título de rey un esplendor definitivo en la memoria de los pueblos. Era necesario que la palabra rey se cargara de valor afectivo, de una aureola de esplendor, para que podamos celebrar la fiesta de Cristo Rey y para que la palabra tenga su verdadero sentido cuando cantamos:

> Levantad vuestros dinteles,
> alzaos, portones antiguos,
> para que entre el rey de la gloria (Sal 23,7).

De esta forma, como muchas veces en el Antiguo Testamento, hay primero un valor positivo real a partir del cual debemos elevarnos más arriba; podemos servirnos de él para subir hacia Dios. Pero como estos valores siguen siendo materiales, cargados de una resonancia temporal e impura, es necesario superarlos en un momento dado, para tratar de acercarse más a Dios.

Vemos cómo esta purificación necesaria se cumple a lo largo de la tercera etapa, en la humildad del pesebre, en los treinta años de silencio de Nazaret, y en la maldición de la cruz, el único lugar en que Cristo aceptará el título de rey de los judíos, título que había rechazado a lo largo de toda su vida.

Tercera etapa: después del exilio

¿Conocéis a Zorobabel? ¿No? ¡Qué pena! Vamos a comprobar que la etapa de Zorobabel no es menos importante que la de David y la de Abrahán. En cierto sentido es incluso más importante, por su significación espiritual inmediata para nosotros, y por su proximidad histórica con la encarnación.

Zorobabel figura en las genealogías de las Crónicas (1 Cro 3,19). Algunas menciones en los libros de Esdras (2,2; 3,2.8; 4,2.3; 5,2) y Nehemías (7,7; 12,1.47) nos indican que se trata de un jefe activo, eficaz: él se encargó de reconstruir el templo. Los textos importantes, referidos a él, son los de los profetas. Ageo, cuya misión se centra en la reconstrucción del templo, transmite en primer lugar su mensaje a Zorobabel (Ag 1,1.12-14). Más adelante insiste de nuevo:

¡Mas ahora ten ánimo, Zorobabel! —oráculo de Yahveh—... ¡A la obra!, que yo estoy con vosotros —oráculo de Yahveh Sebaot—...y en medio de vosotros se mantiene mi Espíritu... La gloria de esta casa será mayor que la de la primera y en este lugar daré yo paz (Ag 2,4-9).

¡Unas cuantas promesas hermosas sobre esta bicoca miserable, que fue el segundo templo! Y, al final del libro de Ageo, otra promesa dirigida a Zorobabel: «Porque a ti te he escogido» (2,23). Estas palabras nos hacen caer en la cuenta de la importancia extraordinaria de este personaje en la historia de la salvación.

Zacarías nos lo desvela todavía mejor:

> Esta es la palabra de Yahveh a Zorobabel. No por el valor ni por la fuerza, sino sólo por mi Espíritu —dice Yahveh Sebaot— (Za 4,6b).

Es una etapa nueva del tiempo salvífico. El Señor de los ejércitos no empleará ni poder, ni fuerza, ni medios políticos, ni medios militares; sino que todo vendrá por su Espíritu... «He aquí que el Espíritu la cubrirá con su sombra».

> Las manos de Zorobabel echaron el cimiento a esta casa y sus manos la acabarán. ¿Quién menospreció el día de los modestos comienzos? (Za 4,9-10).

¿Quién de vosotros no conocía a Zorobabel? ¿Pensabais que se trataba de «modestos comienzos»? «Se alegrará al ver la plomada en la mano de Zorobabel» (Za 4,10); se está construyendo la casa de Dios. Si la casa construida por mano de hombre se puede destruir, es tal vez porque el templo que se edifica sin que se escuche ningún ruido de martillo —el templo que debería ser cada uno de nuestros corazones— se está preparando profundamente. El momento de la encarnación se acerca.

He aquí las palabras definitivas (es probable que en este texto de Za 6,11 se efectuara una corrección):

> Tomas la plata y el oro, haces una corona, la pones en la cabeza de Zorobabel... y le hablas de esta manera: he aquí un hombre cuyo nombre es Germen.

Es el nombre con que se ha saludado al Mesías:

> He aquí que yo voy a traer a mi siervo Germen... y quitaré la culpa de esta tierra en un solo día (Za 3,8-9).

Ya Jeremías, antes del exilio, había prometido: «Vienen días —oráculo de Yahveh— en que suscitaré a David un Germen justo: reinará un rey prudente, practicará el derecho y la justicia en la tierra» (Jr 23,5).

De esta manera aparece toda la grandeza de Zorobabel. Incluso su nombre es mesiánico:

He aquí un hombre cuyo nombre es Germen: debajo de él habrá germinación (Za 6,12).

Algo va a germinar... Mas para que algo pueda germinar tiene que pasar por la ley normal de toda germinación: si el grano no muere... Zorobabel vuelve a la sombra, con la muchedumbre de pobres que esperan la consolación de Israel. Por eso es normal que se le conozca tan poco, que no se sienta un devoción especial hacia él: su recuerdo ha quedado completamente borrado. No sabemos nada más acerca de su casa, de la casa real, hasta Jesús. Mateo nos ofrece catorce nombres, Lucas diez y ocho, ninguno de ellos nos es conocido, ni coinciden entre sí. La dinastía real se abisma en el silencio y la oscuridad donde «algo va a germinar». Ella constituye el terreno necesario para que la semilla pueda brotar. Cuando los cielos se abran, la tierra podrá dar su fruto: el Salvador.

Ahora comprendemos la importancia excepcional de esta tercera etapa. Era indispensable para decantar, purificar, todo lo que era demasiado carnal en las promesas, todo lo que en la monarquía era demasiado terreno. Eran necesarios cinco siglos de silencio total para que el Mesías pudiese nacer como uno de nosotros, ignorado, pobre entre los pobres. Para que no nos dejáramos engañar por ningún esplendor humano, que pudiera añadir un brillo artificial a su grandeza propiamente divina. El Verbo sólo podía venir cuando la noche y el silencio profundo lo envolvían todo. Las primeras palabras de su enseñanza iban a ser: «Dichosos los pobres». Salomón no hubiera podido decir esto.

Podemos ver ahora el fruto espiritual que se puede obtener de la lectura de la genealogía. En primer lugar, renueva nuestra fe en los diferentes aspectos de los misterios de Cristo: el Salvador es realmente uno de nuestra raza, hombre como nosotros; este pobre es el Mesías y el Rey de reyes; más aún, Jesús acostado en la paja es el Verbo de Dios.

Recapitulando todo el Antiguo Testamento, estas tres tablas del tríptico nos sugieren las actitudes esenciales que debemos tener. En primer lugar, necesitamos la fe en la promesa, la fe por la que somos salvados; después, la adoración ante este Rey de la gloria; finalmente, la humildad, el silencio, porque sólo ellos permiten que el Verbo se exprese en nosotros.

De esta manera, en lugar de escuchar distraídos la cadencia de todos estos nombres de la genealogía, una buena lectura permite recapitular todo lo que Dios ha hecho por el pueblo elegido, a lo largo de los siglos; a imagen de lo que sucede en cada uno, para que en toda persona se realice el nacimiento del Verbo.

LAS «MADRES Y ABUELAS» DE CRISTO

El Nuevo Testamento comienza con una genealogía totalmente masculina —tal como convenía, porque la legitimidad provenía sólo de la descendencia paterna—. Para ser realmente Mesías, Jesús tenía que ser «hijo de Abrahán», «hijo de David». Sin embargo, en esta genealogía, aparecen cinco mujeres: Tamar, Rajab, Rut, Betsabé («la que fue mujer de Urías») y María.

Es lógico preguntarse por qué precisamente estas cinco, pues conocemos otros muchos nombres a través de la Biblia (y también Mateo los conocía): se insiste en Sara, esposa de Abrahán; se habla de Lía y Raquel, esposas de Jacob; de Rebeca, esposa de Isaac; se conocen también los nombres de algunas de las esposas de los reyes. Pero Mateo no nombra aquí ninguna esposa o madre legítima, como si su función consistiera en permanecer ocultas y asegurar pura y simplemente la salvación del mundo haciendo posible, muy de lejos, que naciera Jesús. Mateo ha escogido, para citarlas en la genealogía de Cristo, a mujeres con diferentes problemas. Tres pertenecen a pueblos extranjeros, incluso enemigos de Israel; de la cuarta se precisa que fue mujer de un hitita... Extranjeras[1] y dos de ellas, además, pecadoras[2].

1. Tamar y Rajab son cananeas (hijas de un «pueblo maldito» —Gn 9—); Rut es una moabita; Betsabé, mujer de un hitita. Podría tratarse del carácter universalista de la genealogía. Sería interesante llevar a cabo la siguiente investigación en la Biblia: distinguir qué libros tratan de preservar lo más posible al pueblo de Dios de cualquier tipo de contaminación, de los matrimonios mixtos, de mezclarse o de comer con otros... para conservar al máximo la pureza legal en Israel. Algunos libros persiguen este objetivo: Esdras y Nehemías, por ejemplo. Hay, por el contrario, algunos fragmentos abiertos a los paganos, a las naciones, a los extranjeros, a todos los que están fuera de

Para comprender este capítulo

Tamar: Gn 38; Rt 4,12.
Rajab: Jos 2 y 6.
Rut: el libro de Rut.
Betsabé: 1 R 1
La ley del levirato: Dt 25, 5-10; Mt 22,23-33.

Tamar

La primera mujer que aparece en el Nuevo Testamento es Tamar: «Judá engendró, de Tamar, a Fares y a Zara». El Mesías tenía que nacer de la tribu de Judá. Judá, el patriarca, uno de los doce hijos de Jacob, tenía tres hijos (Gn 38). El primero se casó con Tamar, la cananea, y murió sin hijos. En este caso, la costumbre obligaba al hermano del difunto a casarse con la viuda, para darle una descendencia (Dt 25,5-10; cf. 22,23). El segundo hijo la tomó por mujer, pero no quería dar descendencia a su hermano; le disgustó a Dios, que le hizo morir. El padre, por el temor supersticioso de que también él podía morir, no quiso entregar a su tercer hijo a Tamar, desobedeciendo así a la ley. Envía a Tamar a casa de su padre « hasta que crezca su hijo Selá». De esta manera priva a la mujer de su legítimo derecho y, tal vez, por su culpa se iba a interrumpir la descendencia mesiánica...

Pero Judá se queda viudo. Entonces Tamar se sirve de una estratagema para poder recuperar su derecho: a guisa de prostituta, seduce a Judá y tiene con él dos gemelos. La moral de esta historia, desconcertante para nosotros, está expresada en el versículo 26, en el que Judá declara: «Ella tiene más razón que yo». En efecto, según la costumbre tenía derecho a ello y, sobre todo, la cananea se sirve del medio que tiene a mano, para dar descendencia a su marido y a la dinastía de Judá: de esta manera hizo posible que el plan de Dios se realizara. La falta de Judá se ha visto superada por la iniciativa personal

---

Israel; por ejemplo: la tercera parte del libro de Isaías, el libro de Tobías, el libro de Job, el libro de Rut.

2. San Jerónimo dice sin rodeos que son nombradas por ser pecadoras. Los hombres son nombrados para garantizar la rectitud de la genealogía desde los patriarcas hasta Cristo: toda la historia sagrada... es sagrada gracias a esos hombres. Las mujeres aparecen precisamente para representar el pecado...

de esta pagana cananea, Tamar: la promesa continúa, el Mesías[3] nacerá de Judá.

Historia de Judá y Tamar (Génesis 38,1-30)

1Por aquel tiempo bajó Judá de donde sus hermanos para dirigirse a cierto individuo de Adul.lam llamado Jirá. 2Allí conoció Judá a la hija de un cananeo llamado Súa y tomándola por esposa se llegó a ella; 3ella concibió y dio a luz un hijo a quien llamó Er. 4Volvió a concebir y dio a luz otro hijo, al que llamó Onán. 5Nuevamente dio a luz otro hijo, al que llamó Selá. Ella se encontraba en Akzib al darle a luz.

6Judá tomó para su primogénito Er a una mujer llamada Tamar. 7Er, el primogénito de Judá, fue malo a los ojos de Yahveh, y Yahveh le hizo morir. 8Entonces Judá dijo a Onán: «Cásate con la mujer de tu hermano y cumple como cuñado con ella, procurando descendencia a tu hermano». 9Onán sabía que aquella descendencia no sería suya, y así, si bien tuvo relaciones con su cuñada, derramaba a tierra, evitando dar descendencia a su hermano. 10Pareció mal a Yahveh lo que hacía y le hizo morir también a él. 11Entonces dijo Judá a su nuera Tamar: «Quédate como viuda en casa de tu padre hasta que crezca mi hijo Selá». Pues se decía: «Por si acaso muere también él, lo mismo que sus hermanos». Tamar se fue y quedó en casa de su padre.

12Pasaron muchos días y murió la hija de Súa, la mujer de Judá. Cuando Judá se hubo consolado, subió a Timná para el trasquileo de su rebaño, junto con Jirá su compañero adulamita. 13Se lo notificaron a Tamar: «Oye, tu suegro sube a Timná para el trasquileo de su rebaño». 14Entonces ella se quitó de encima sus ropas de viuda y se cubrió con el velo, y bien disfrazada se sentó en Petaj Enáyim, que está a la vera del camino de Timná. Veía, en efecto, que Selá había crecido, pero que ella no le era dada por mujer.

15Judá la vio y la tomó por una ramera, porque se había tapado el rostro, 16y desviándose hacia ella dijo: «Déjame ir contigo», pues no la reconoció como su nuera. Dijo ella: «¿Y qué me das por venir conmigo?» 17«Te mandaré un cabrito de mi rebaño». «Si me das prenda hasta que me lo mandes...» 18«¿Qué prenda he de darte?» «Tu sello, tu cordón y el bastón que tienes en la mano». El se lo dio y se unió a ella, la cual quedó encinta de él. 19Entonces se marchó ella y, quitándose el velo, se vistió sus ropas de viuda.

20Judá, por su parte, envió el cabrito por mediación de su compañero el adulamita, para rescatar la prenda de manos de la mujer, pero éste no la encontró. 21Preguntó a los del lugar: «¿Dónde está la ramera, aquella que había en Enáyim, a la vera del camino?» «Ahí no ha habido ninguna ramera», dijeron. 22Entonces él se volvió donde Judá y dijo: «No la he encontrado; y los mismos lugareños me han dicho que allí no ha habido ninguna ramera». 23«Pues que se quede con ello», dijo Judá; que nadie se burle de nosotros. Ya ves cómo he enviado ese cabrito, y tú no la has encontrado».

3. Cuando Jesús es invitado por el fariseo y una mujer pecadora de la ciudad se acerca a él, el fariseo se dice para sí: «Si éste fuera profeta, sabría quién y qué clase de mujer es la que le está tocando» (Lc 7,39). Pues bien, es una mujer «de esta clase» la primera mencionada en su genealogía: ¡no es extraño que la conociera!

24Ahora bien, como a los tres meses aproximadamente, Judá recibió este aviso: «Tu nuera Tamar ha fornicado, y lo que es más, ha quedado encinta a consecuencia de ello». Dijo Judá: «Sacadla y que sea quemada». 25Pero cuando ya la sacaban, envió ella un recado a su suegro: «Del hombre a quien esto pertenece estoy encinta», y añadía: «Examina, por favor, de quién es este sello, este cordón y este bastón». 26Judá lo reconoció y dijo: «Ella tiene más razón que yo, porque la verdad es que no la he dado por mujer a mi hijo Selá». Y nunca más volvió a tener trato con ella.
27Al tiempo del parto resultó que tenía dos mellizos en el vientre. 28Y ocurrió que, durante el parto, uno de ellos sacó la mano, y la partera le agarró y le ató una cinta escarlata a la mano, diciendo: «éste ha salido primero».
29Pero entonces retiró él la mano, y fue su hermano el que salió. Ella dijo: «¡Cómo te has abierto brecha!» Y le llamó Peres. 30Detrás salió su hermano, que llevaba en la mano la cinta escarlata, y le llamó Zéraj.

Rajab

«Salmón engendró, de Rajab, a Booz».

Cuando el pueblo elegido entra en la tierra prometida, la fortaleza de Jericó le corta el paso. Rajab la prostituta, otra cananea, acoge en su casa a los espías enviados por Josué, los salva con una mentira y consigue que respeten su vida y la de toda su familia (Jos 2 y 6). Rajab hace una profesión de fe, que nadie le había sugerido, un acto de fe en Dios —«vuestro Dios que es Dios, arriba en los cielos y abajo en la tierra» (2,11)—, que va a ser un hecho salvífico.

Rajab será la mujer más «canonizada» de todo el Nuevo Testamento. En el capítulo sobre la fe de la carta a los Hebreos (11): «Por la fe Abel... por la fe Abrahán... por la fe Isaac...», el autor describe toda la historia sagrada desde el punto de vista de la fe, y Rajab llega en su momento, al igual que los grandes hombres de Israel, ensalzados a causa de su fe: «Por la fe, la ramera Rajab no pereció con los incrédulos, por haber acogido amistosamente a los exploradores» (11,31). Santiago, por su parte, por miedo a que no se comprendan bien cosas un tanto difíciles, dice: es bonito decir «es por la fe», pero «si tu fe no tiene obras, está completamente muerta». Y pone algunos ejemplos: «Ya veis cómo el hombre es justificado por las obras y no por la fe solamente. Del mismo modo Rajab, la prostituta, ¿no quedó justificada por las obras, dando hospedaje a los mensajeros y haciéndoles marchar por otro camino?» (St 2,24-25).

Rajab, pues, es «canonizada» por la carta a los Hebreos, por la carta de Santiago, y por Mateo, que la incluye en la genealogía del Mesías. ¡No está mal para una prostituta cananea! Rajab es la imagen de todos los gentiles, de todos los paganos que se salvarán por el evangelio, y que por su fe activa entran en el pueblo de Dios.

Como epílogo sobre Rajab, acudimos a un dicho de Jesús. Cuando hace milagros, una mujer entre el gentío «levanta la voz» para alabarlo: ¿hay algo mejor que alabar a su madre? Y dice: «Dichoso el vientre que te llevó y los pechos que te criaron». Evidentemente la madre que ha criado un hijo tan extraordinario, tan excepcional, puede sentirse dichosa. Pero él responde: «Dichosos más bien los que oyen la palabra de Dios y la guardan» (Lc 11,27-28). Se trata de un dicho muy fuerte de Jesús a propósito de las mujeres: la mujer no vale solamente por ser esposa y madre; no vale solamente por ser una perfecta secretaria de su marido o la perfecta madre de sus hijos; la mujer vale, como el varón, en tanto que escucha la palabra de Dios y responde personalmente.

Para establecer la diferencia entre el acto de fe personal y la pertenencia al pueblo de Dios, tenemos el resto del libro de Josué. Con Rajab tenemos la primera parte de un díptico que nos muestra de un modo extraño dicha diferencia: una cananea, hija del pueblo maldito, es agregada al pueblo de Dios y forma parte de las madres del Mesías. La segunda parte está representada por la historia de Akán, que viola el anatema, provoca la cólera de Yahveh y la derrota del pueblo. Se dejó tentar por «un hermoso manto de Senaar, doscientos siclos de plata y un lingote de oro de cincuenta siclos de peso» y se los guardó. «Por haber transgredido la alianza con Yahveh y haber cometido una infamia en Israel», Akón será quemado y apedreado. Era un hombre que había vivido toda la gesta del éxodo, que acababa de entrar en la tierra prometida, que acababa de celebrar la primera pascua, que ha sido testigo de todas las proezas de Dios, que pertenece por entero al pueblo de Dios e incluso a la tribu de Judá, pero es infiel y prevaricador; es rechazado, excluido del pueblo. Y una mujer que viene de lo más alejado entre los paganos, de lo más despreciable en una ciudad pagana y cananea, se adhiere a Dios por la fe y queda salvada.

Josué 2,1-21

1 Josué, hijo de Nun, envió secretamente a Sittim dos espías con esta orden: «Id y explorad el país y Jericó». Fueron y entraron en casa de una prostituta, llamada Rajab, y durmieron allí. 2 Se le dijo al rey de Jericó: «Mira que unos hombres israelitas han entrado aquí por la noche para explorar el país». 3 Entonces el rey de Jericó mandó decir a Rajab: «Haz salir a los hombres que han entrado donde ti —que han entrado en tu casa— porque han venido para explorar todo el país». 4 Pero la mujer tomó a los dos hombres y los escondió. Luego respondió: «Es verdad que esos hombres han venido a mi casa, pero yo no sabía de dónde eran. 5 Cuando se iba a cerrar la puerta por la noche, esos hombres salieron y no sé adónde han ido. Perseguidles aprisa, que los alcanzaréis».

[6]Pero ella los había hecho subir al terrado y los había escondido entre unos
haces de lino que tenía amontonados en el terrado. [7]Salieron algunos hombres
en su persecución camino del Jordán, hacia los vados, y se cerró la puerta en
cuanto los perseguidores salieron tras ellos.
[8]Todavía ellos no se habían acostado cuando Rajab subió al terrado, donde
ellos [9]y les dijo: «Ya sé que Yahveh os ha dado la tierra, que nos habéis
aterrorizado y que todos los habitantes de esta región han temblado ante vo-
sotros: [10]porque nos hemos enterado de cómo Yahveh secó las aguas del mar
de Suf delante de vosotros a vuestra salida de Egipto, y lo que habéis hecho
con los dos reyes amorreos del otro lado del Jordán, Sijón y Og, a quienes
consagrasteis al anatema. [11]Al oírlo, ha desfallecido nuestro corazón y no se
encuentra ya nadie con aliento en vuestra presencia, porque Yahveh vuestro
Dios, es Dios arriba en los cielos y abajo en la tierra. [12]Juradme, pues, ahora
por Yahveh, ya que os he tratado con bondad, que vosotros también trataréis
con bondad a la casa de mi padre, y dadme una señal segura; [13]que respetaréis
la vida de mi padre y de mi madre, de mis hermanos y hermanas, y de todos
los suyos, y que libraréis nuestras vidas de la muerte».
[14]Los hombres le respondieron: «Muramos nosotros en vez de vosotros,
con tal de que no divulguéis nuestro asunto. Cuando Yahveh nos haya entregado
la tierra te trataremos a ti con bondad y lealtad». [15]Ella los descolgó con una
cuerda por la ventana, pues su casa estaba en la pared de la muralla y vivía
en la misma muralla. [16]Les dijo: «Id hacia la montaña, para que no os encuentren
los que os persiguen. Estad escondidos allí tres días hasta que vuelvan los
perseguidores: después podéis seguir vuestro camino». [17]Los hombres le res-
pondieron: «Nosotros quedaremos libres de ese juramento que nos has exigido.
[18]Cuando estemos entrando en el país, atarás este cordón de hilo escarlata a
la ventana por la que nos has descolgado, y reunirás junto a ti en casa de tu
padre, a tu madre, a tus hermanos y a toda la familia de tu padre. [19]Si alguno
sale fuera de las puertas de tu casa, caiga su sangre sobre su cabeza. Nosotros
seremos inocentes. Pero la sangre de todos los que estén contigo en casa, caiga
sobre nuestras cabezas, si alguien pone su mano sobre ellos. [20]Mas si divulgas
nuestro asunto, quedaremos libres del juramento que nos has exigido». [21]Ella
respondió: «Sea según vuestras palabras». Y los hizo marchar; ellos se fueron,
y ella ató el cordón escarlata a la ventana.

Josué 6,22-25

[22]Josué dijo a los dos hombres que habían explorado el país: «Entrad en
la casa de la prostituta y haced salid de ella a esa mujer con todos los suyos,
como se lo habéis jurado». [23]Los jóvenes espías fueron e hicieron salir a Rajab,
a su padre, a su madre, a sus hermanos y a todos los suyos. También hicieron
salir a todos los de su familia y los pusieron a salvo, fuera del campamento.
[24]Prendieron fuego a la ciudad con todo lo que contenía. Sólo la plata, el
oro y los objetos de bronce y de hierro los depositaron en el tesoro de la casa
de Yahveh. [25]Pero a Rajab, la prostituta, así como a la casa de su padre y a
todos los suyos, Josué los conservó con vida, ella se quedó en Israel hasta el
día de hoy, por haber escondido a los emisarios que Josué había enviado a
explorar Jericó.

Rut

«Booz engendró, de Rut, a Obed; Obed engendró a Jesé, Jesé engendró al rey David».

Con Rut entramos en el tiempo de los jueces (Releed la historia y también las introduccionnes a este pequeño libro[4]).

En medio de una pobreza extrema y de una fidelidad heroica, esta extranjera —hija de Moab, enemigo inveterado de Israel—, joven y valiente, va con su suegra a Israel y, sin tener en cuenta sus preferencias personales o los atractivos de la juventud, se casa con Booz, con quien debía casarse según la ley, para dar descendencia a su marido difunto. «Este segundo amor vale más que el primero». El hijo que va a nacer será el abuelo de David.

---

4. La historia se sitúa en una época antigua, en pleno periodo de los jueces, entre el año 1100 y el año 1000. Se puede plantear la pregunta de hasta qué punto este libro es verderamente histórico. Podemos darnos cuenta, por ejemplo, de que los nombres son, tal vez, lo suficientemente característicos como para sugerir por sí solos que se trata de una historia inventada; cada uno de los personajes cumple exactamente la función que su nombre indica. Los que se llaman «languidez» y «consunción», mueren jóvenes; la que se llama «la que vuelve la espalda», muestra su espalda y se va inmediatamente; «la acompañante», acompaña... Sin embargo, hay una atmósfera general, una atmósfera muy cercana a la del evangelio, más cercana que la de los libros tan duros que rodean al de Rut en nuestras biblias (La Biblia hebrea, por su parte, coloca el libro al final, entre los escritos tardíos).

¿Hay un trasfondo histórico en esta historia de Rut? Me parece que hay un dato muy elocuente, si se conoce la estabilidad, la rigidez de las relaciones de parentesco en aquel mundo: cuando David, perseguido por Saúl, quiere salvarse y tiene que «saltar como una pulga por las montañas de Judá», toma a toda la familia, su mujer y sus hijos, para que estén seguros con el rey de Moab. ¿Cómo iba David a confiar su mujer y sus hijos a un extranjero y a un enemigo, si no hubiera existido la ley sagrada del clan? Porque por entonces, en Moab se sabía que David descendía de una moabita y que, por tanto, tenía «derecho de asilo». Se conservaba el recuerdo de que David descendía de una abuela, de una bisabuela moabita y, por tanto, podía encontrar asilo para los suyos en el país de Moab.

Es probable que a la vuelta del exilio, en el siglo V, los matrimonios mixtos fueran numerosos. Los dos grandes reformadores de aquella época, Esdras y Nehemías, al querer imponer la ley de Yahveh, se pusieron a regularlo todo, incluso los matrimonios mixtos, pero con la intención de prohibirlos (un ejemplo más de la tendencia xenófoba, particularista y proteccionista). Se puede pensar que en aquel momento —la misma lengua del libro de Rut así lo sugiere— un judío fiel, buen escritor, estaría soportando las medidas brutales tomadas por el gran reformador y, fiel a sí mismo, se acordó de que David era descendiente de una abuela moabita —de acuerdo con la tradición unánime—, y escribió, en conformidad con esa tradición, el pequeño libro de Rut, armonizando todos los detalles. El autor inspirado quiere hacernos reflexionar para mostrarnos que, en el fondo, el gran reformador tiene seguramente razón, pero que sin embargo, los matrimonios mixtos no resultan siempre tan mal, pues David nació de uno de ellos; pues la unión de Rut y Booz fue bendecida por todo el pueblo de Dios, que dice que esta moabita, Rut, es como Lía y Raquel, que han edificado la casa de Israel, que es como Tamar... Ved la intuición del pueblo que relaciona a Tamar y Rut. Al margen de la gran tradición legalista, se construye la genealogía de Mateo, que no tiene más que recoger estos nombres, estos recuerdos, para mostrar cómo las mujeres aseguran la apertura, el universalismo, que pronto será la característica propia del evangelio, donde habrá muchas Noemí, moabitas y otras...

Rut 1,15-17

15 Entonces Noemí dijo: «Mira, tu cuñada se ha vuelto a su pueblo y a su dios, vuélvete tu también con ella».
16 Pero Rut respondió: «No insistas en que te abandone y me separe de ti, porque

donde tú vayas, yo iré,
donde habites, habitaré.
Tu pueblo será mi pueblo
y tu Dios será mi Dios.
17 Donde tú mueras moriré
y allí seré enterrada.
Que Yahveh me dé este mal
y añada este otro todavía
si no es tan sólo la muerte
lo que nos ha de separar».

Betsabé

«David engendró, de la que fue mujer de Urías, a Salomón».

Betsabé cometió adulterio con David (y Mateo lo recuerda con precisión), pero el hijo, nacido de la culpa, muere. Parece que la función destacada de Betsabé en la genealogía mesiánica no se sitúa en la transmisión de la vida, sino más bien en la transmisión de la corona (1 R 1).

2 Samuel 7,8-16

8 «Ahora pues di esto a mi siervo David: Así habla Yahveh Sebaot: Yo te he tomado del pastizal, de detrás del rebaño, para que seas caudillo de mi pueblo Israel.
9 He estado contigo dondequiera has ido, he eliminado de delante de ti a todos tus enemigos y voy a hacerte un nombre grande como el nombre de los grandes de la tierra:
10 fijaré un lugar a mi pueblo Israel y lo plantaré allí para que more en él; no será ya perturbado y los malhechores no seguirán oprimiéndole como antes,
11 en el tiempo en que instituí jueces en mi pueblo Israel; les daré paz con todos sus enemigos. Yahveh te anuncia que Yahveh te edificará una casa.
12 Y cuando tus días se hayan cumplido y te acuestes con tus padres, afirmaré después de ti la descendencia que saldrá de tus entrañas, y consolidaré el trono de su realeza.
13 (El constituirá una casa para mi Nombre y yo consolidaré el trono de su realeza para siempre).
14 Yo seré para él padre y él será para mí hijo. Si hace mal, le castigaré con vara de hombres y con golpes de hombres,
15 pero no apartaré de él mi amor, como lo aparté de Saúl a quien quité de delante de mí.
16 Tu casa y tu reino permanecerán para siempre ante mí; tu trono estará firme eternamente».

1 Reyes 1,11-31

[11]Dijo Natán a Betsabé, madre de Salomón: «¿No has oído que Adonías,
hijo de Jagguit, se hace el rey sin saberlo David nuestro Señor? [12]Ahora voy
a darte un consejo para que salves tu vida y la vida de tu hijo Salomón. [13]Vete
y entra donde el rey David y dile: 'Acaso tú, rey mi señor, no has jurado a
tu sierva: Salomón tu hijo reinará después de mí y él se sentará en mi trono?
¿Pues por qué Adonías se hace el rey?' [14]Y mientras estés tú allí hablando con
el rey, entraré yo detrás de ti y completaré tus palabras».
[15]Entró Betsabé donde el rey, en la alcoba; el rey era muy anciano, y
Abisag la sunamita servía al rey. [16]Arrodillóse Betsabé y se postró ante el rey;
el rey dijo: ¿Qué te pasa? [17]Ella le dijo: «Mi señor, tú has jurado a tu sierva
por Yahveh tu Dios: 'Salomón tu hijo reinará después de mí y se sentará en
mi trono'. [18]Pero ahora es Adonías el que se hace el rey, sin que tú, mi señor
el rey, lo sepas. [19]Ha sacrificado bueyes, vacas cebadas y ovejas en abundancia,
invitando a todos los hijos del rey, al sacerdote Abiatar y a Joab, jefe del
ejército, pero no ha invitado a tu siervo Salomón. [20]Ahora, mi señor el rey,
los ojos de todo Israel te miran para que les indiques quién ha de sentarse en
el trono de mi señor el rey, después de él. [21]Y ocurrirá que, cuando mi señor
el rey se acueste con sus padres, yo y mi hijo Salomón seremos tratados como
culpables».
[22]Estaba ella hablando con el rey cuando llegó el profeta Natán. [23]Avisaron
al rey: «Está aquí el profeta Natán». Entró donde el rey y se postró sobre su
rostro en tierra ante el rey. [24]Dijo Natán: «Rey mi señor: ¿es que tú has dicho:
'Adonías reinará después de mí y él será el que se siente sobre mi trono'?
[25]Porque ha bajado hoy a sacrificar bueyes, vacas cebadas y ovejas en abundancia, invitando a todos los hijos del rey, a los jefes del ejército y al sacerdote
Abiatar; están ahora comiendo y bebiendo en su presencia y gritan: 'Viva el
rey Adonías'. [26]Pero yo, tu siervo, y el sacerdote Sadoq y Benaías, hijo de
Yehoyadá, y tu siervo Salomón no hemos sido invitados. [27]¿Es que viene esto
de orden de mi señor el rey, y no has dado a conocer a tus siervos quién se
sentará después de él en el trono de mi señor el rey?».
[28]El rey David respondió diciendo: «Llamadme a Betsabé». Entró ella donde
el rey y se quedó ante él. [29]El rey hizo este juramento: «Vive Yahveh que
libró mi alma de toda angustia, [30]que como te juré por Yahveh, Dios de Israel,
diciendo: Salomón tu hijo reinará después de mí, y él se sentará sobre mi
trono en mi lugar, así lo haré hoy mismo». [31]Se arrodilló Betsabé rostro en
tierra, se postró ante el rey y dijo: «Viva por siempre mi señor el rey David».

Cuando David llegó a viejo, muchos de sus hijos deseaban el poder, y parecía que las intrigas de Adonías iban a triunfar. Más la promesa divina recaía en Salomóm (2 S 7,8-16) y la reina anciana se sirvió de toda su influencia sobre David para conseguir que el reino pasara a su hijo. A él le había designado el profeta, y la intriga de Betsabé colaboró con el plan de Dios. Es cierto que sus fines no eran puramente sobrenaturales y desinteresados (1 R 1,21); Natán movía los hilos, pero ella actuó, hizo las gestiones necesarias para que la genealogía siguiera el camino derecho que vemos en el texto de Mateo.

Hemos tratado de ver la función de las mujeres mencionadas en la genealogía de Mateo; cada una de ellas tuvo una iniciativa[5], que contribuyó eficazmente para que esta gran genealogía llegara, a través de las vicisitudes de la historia, a Jesús, el Mesías.

Hay que subrayar también el hecho de que todas ellas son extranjeras. Aunque Betsabé pertenecía al pueblo de Dios, se la menciona como «la que fue mujer de Urías». Las otras son cananeas o moabitas; extranjeras, pero semitas. Pero Urías es un hitita: es el primer eslabón no semita; por él entran en la genealogía del Mesías todos los pueblos y todas las razas ajenas a la raza semita.

Tal vez se podría mencionar una mujer más, una mujer que no es nombrada, pero que puede explicar una ruptura en la genealogía.

Conocemos la primera serie de nombres —de Abrahán a David— por otra fuente, por las genealogías del libro del Génesis y de los libros de las Crónicas. La segunda fase —de David a la deportación de Babilonia— es la fase real y conocemos perfectamente todos los nombres de los reyes que están en los libros de las Crónicas y de los Reyes, recogidos por la historia. Resulta singular que Mateo omita tres de ellos. Dice: «Josafat engendró a Joram, Joram engendró a Ozías» (1,8). Sin embargo, entre Joram y Ozías hubo tres reyes, que no son mencionados. Se puede plantear la pregunta de si no fueron suprimidos precisamente porque Joram se casó con la hija del reino del norte, la odiosa Atalía. Esta reina impía trató de aniquilar a toda la descendencia real de la casa de Judá (2 Cro 22,10), para reinar ella sola en los dos imperios. Ya se sabe cómo se salvó el pequeño Joás (2 Cro 22,11ss.) y cómo la genealogía del Mesías no se interrumpió.

Pues bien, pienso que Atalía, al contrario que las mujeres mencionadas por Mateo, trató de suprimir, de detener, la genealogía del Mesías. Entonces, como se dice en el libro del Exodo, se la castigó hasta la cuarta generación. No se la nombra, por supuesto, y se suprime a los tres reyes que dependen de esta mujer, que trató de detener el plan de Dios.

---

5. Iniciativa que seguramente tenía su parte de impureza e imperfección. A nosotros no se nos ocurriría, ni siquiera por notivos muy legítimos, hacer como Tamar... Además Tamar tenía personalmente mucho que ganar y sentiría un fortísimo deseo de ser madre. En cuanto a Rajab... era la última en su entorno cananeo, marginada al borde de la muralla, sin expectativas de subir en la pirámide social; sin duda podía esperar más de los extranjeros que iban a convertirse en amos...

2 Crónicas 22,10-12

10Cuando Atalía, madre de Ocozías, vio que había muerto su hijo, se levantó
y exterminó a toda la estirpe real de la casa de Judá. 11Pero Yehosebá, hija
del rey, tomó a Joás, hijo de Ocozías, lo sacó de entre los hijos del rey a quienes estaban matando y lo puso a él y a su nodriza en el dormitorio. Yehosebá, hija del rey Joram, mujer del sacerdote Yehoyadá y hermana de Ocozías, lo ocultó de la vista de Atalía, que no pudo matarle.
12Seis años
estuvo escondido con ellos en la Casa de Dios, mientras Atalía reinaba en el país.

María

«Jacob engendró a José, el esposo de María, de la cual nació Jesús, llamado Cristo».

Ha transcurrido un milenio: después del periodo de la monarquía, la descendencia de David sufre el exilio; después tiene lugar el regreso y queda oculta. No sabemos nada de ella durante esos cinco siglos. Se va acrisolando en el silencio, en la pobreza, en la esperanza, donde se purifican los valores evangélicos.

Finalmente, cuando se cumple el tiempo, «en los días de Herodes, rey de Judea», el ángel del Señor se aparece a María. Se trataba de que ella, como las demás mujeres que hemos visto, desempeñara su función en la genealogía mesiánica: tenía que ser el último eslabón de esta larga cadena, que desde hacía muchos siglos, transmitía de un modo escondido toda la esperanza del mundo. Pues bien, María —flor de un pueblo en el que la maravillosa educación divina había hecho nacer el sentido de la virginidad— tenía el propósito de permanecer virgen, para entregarse por completo a su Dios. Ante la promesa del ángel, habría sido fácil para ella hacer como una de las citadas mujeres, y además sin recurrir a sus intrigas o a sus métodos escabrosos: simplemente tenía que ser la esposa de José. Pero María no toma ninguna iniciativa; el Espíritu que habita en ella le hace descubrir que la mejor colaboración con la obra de Dios está en el sí incondicional, aunque todas las circunstancias parezcan imposibles y contrarias. En ella la naturaleza femenina está tan perfectamente acabada, tan realizada en su suprema perfección, que ella no sabe ser más que sí. Permanece oculta, no se le ocurre ningún manejo, «no se pone manos a la obra», sino que dice: fiat.

Y el Verbo se hace carne.

Para que Dios viniera, necesitaba este asentimiento total. Sabía lo que hacía al pedírselo a una mujer; necesitaba una mujer perfectamente mujer, dispuesta a desaparecer y dejarle realizar su obra, sin tratar de ayudarle, como las otras que habían intervenido con sus mañas enojosas. Dios, que tiene poder para escribir derecho con estos renglones torcidos, se dignó utilizar incluso esas pobres iniciativas torpes e impuras en su plan de salvación. Resultaron eficaces no por su habilidad, sino a pesar de tal habilidad. Dios, que tantas veces en la Biblia había dado hijos a las estériles, ciertamente no necesitaba de estas maniobras para llevar a cabo su plan. Sólo necesitaba un sí perfectamente puro. María supo dejar que él hiciera. El Antiguo Testamento entero no es más que la historia de la larga preparación que condujo a este sí.

LA TEMPESTAD CALMADA

Vamos a leer el pasaje de la *tempestad calmada* en forma sinóptica, es decir, considerando los tres relatos (Mt 8,23-27; Mc 4,35-41; Lc 8,22-25) en una sola mirada. Conocemos muy bien este episodio que podemos escuchar cada año en las celebraciones litúrgicas. Pero, como en cada ciclo litúrgico se proclama un evangelio distinto, a menudo no caemos en la cuenta de las diferencias existentes entre los tres relatos; se nos escapa lo que una comparación puede sugerirnos acerca de las características de cada evangelio, su perspectiva, su aportación propia.

¿Por qué cuatro evangelios? ¿Por qué tres evangelios sinópticos? Porque cada uno aporta un testimonio complementario. Coinciden en un 60% de los acontecimientos que relatan, recogen las mismas palabras, pero cada uno lo hace con una perspectiva diferente, teniendo en cuenta los destinatarios a quienes se dirige, su lengua original, su mentalidad... Cuando se tiene sólo un testigo, no se está muy bien informado sobre un acontecimiento. Cuando se tienen dos testigos que repiten exactamente lo mismo, con las mismas palabras, no se está mejor informado. Mientras que cuando se tienen varios testigos distintos, y cada uno de ellos da testimonio de lo que ha visto y oído desde su punto de vista, entonces se les puede comparar y, como consecuencia, aumenta la importancia de cada testimonio (El trabajo que se propone a continuación puede aplicarse a otas muchas páginas sinópticas).

La subida a la barca

Comenzamos por el relato de la tempestad calmada que se encuentra en el capítulo 4 del evangelio de Marcos. Recordamos el comienzo de este capítulo, en el que Marcos nos muestra a Jesús enseñando al borde del lago, y a la gente que se apiña en torno a él de tal manera que va a verse empujado hacia el mar.

> Este día al atardecer, les dice:
> Pasemos a la otra orilla».
>
> Despiden a la gente y le llevan a la barca, como estaba;
> e iban otras barcas con él.

Lo que Marcos llama ostentosamente el «mar», es el pequeño lago de Galilea que mide unos doce kilómetros de ancho por veinte de largo; ¡es un mar en miniatura! Los que han ido a Palestina recuerdan la orilla norte del lago con sus tres pequeñas calas. Pueden imaginarse perfectamente a Jesús en una barca, alejándose algunos metros de la orilla para que la gente pueda verlo, como en un anfiteatro. La gente está en tierra, mirando al mar, y Jesús, como dice Marcos con su lenguaje rápido, está «sentado en el mar». Desde allí enseña, proclama todas las parábolas que contiene el evangelio de Marcos, una serie de parábolas; les enseña sin cansarse la palabra de Dios. Por la tarde está fatigado después de esta jornada, en la que se ha visto rodeado de gente; tiene sueño. Dice a sus discípulos: «Pasemos a la otra orilla». Hasta entonces estaban en la orilla de Galilea, al oeste del lago, en una región principalmente judía. La otra orilla es la región pagana. Allí no les seguirá la gente de esa manera que termina siendo agotadora. «Despiden a la gente y le llevan a la barca, como estaba; e iban otras barcas con él». Así comienza Marcos.

Notad el comienzo del versículo 36: «Despiden a la gente». Se trata de un detalle significativo. Marcos era discípulo de Pedro. También ha seguido a Pablo; pero antes fue un discípulo tan querido de Pedro, que éste le llama «mi hijo amado». Cuántas veces ha oído Marcos cómo Pedro contaba todos estos hermosos relatos, cómo exponía todos sus recuerdos de Jesús, cómo narraba todo lo que había vivido con Cristo. Y cuando Pedro contaba, ¿cómo diría? Pedro decía: «*Nosotros* partimos, *nosotros* despedimos, *nosotros* llegamos». Ahora bien, cuando el discípulo Marcos quiere recordar lo que Pedro decía en primera persona del plural, no podía hacerlo más que diciendo «ellos», en tercera persona: *ellos* parten, *ellos* despiden, *ellos* llegan. Si volvéis a leer Marcos prestando atención a este detalle, éste «ellos» en plural, que resulta a veces tan insólito en estos relatos, es la traducción del «nosotros» de Pedro.

Despiden, pues, a la gente y le llevan con ellos «como estaba»: los apóstoles toman la iniciativa. Jesús puede decir «no llevo manto», pero los discípulos le llevan «como estaba». Se escucha el tono popular y familiar de los discípulos que rodean a Jesús.

«Iban otras barcas con él». Este detalle es propio de Marcos. Si estáis estudiando a fondo el cuadro de la página 231 para tomar nota de lo que es propio de cada evangelista, habréis anotado ya *Pasemos* en el v. 35 y *como estaba* en el v. 36.

Algunas cuestiones

1. Leed atentamente el texto, paso a paso, y subrayad lo que es *propio* de cada evangelista.

2. En este relato Marcos es el eco de Pedro:
   — ¿Quién ha sido testigo ocular de la escena? ¿Mateo? ¿Pedro? ¿Lucas? ¿Qué palabras del texto lo sugieren?
   — ¿Podéis descubrir quién estaba en la misma barca que Jesús? ¿Mateo? ¿Pedro? ¿Lucas? ¿Qué os hace pensar así?
   — ¿Qué diferencias observáis en la intervención de los discípulos?
   — ¿Qué es lo más urgente para Marcos (y para Lucas que le sigue)? ¿Qué es prioritario según Mateo?
   — ¿De quién es la reflexión final en Marcos-Lucas? ¿Y en Mateo?

3. A partir de este texto, ¿podéis exponer algunas características del evangelio de Marcos?

4. ¿Recordáis alguna otra tempestad descrita por Lucas?

5. ¿Cuál es el sentido de los añadidos o palabras propias de Mateo?

Ahora, si queremos establecer la comparación, hay que enmarcar este texto en los otros evangelios.

Mateo redacta su evangelio de una forma muy pedagógica, en bloques de dichos, de discursos: el discurso inaugural, el discurso de las bienaventuranzas, pronunciado en la montaña; el discurso dirigido a los apóstoles, del capítulo 10; el discurso en parábolas, del capítulo 13, etc.[1]. Entre los discursos, Mateo incorpora los relatos. Inmediatamente después del gran discurso inagural, Mateo intercala diez milagros en los capítulos 8 y 9. «La tempestad calmada» está en medio de esta serie de diez milagros. Mateo muestra a Jesús que se ocupa de los más abandonados, de los más pobres, de los más marginados; luego, su poder sobre las fuerzas de la naturaleza (que es mayor que el poder de un taumaturgo). Después hay un intermedio, justo antes del comienzo de la «tempestad calmada»: dos personas solicitan seguir a Jesús... con condiciones. Jesús les despide con estas

1. Cf. *supra*, Introducción a la lectura de Mateo, p. 175.

palabras: «Deja que los muertos entierren a sus muertos». No se puede ir a decir adiós a los suyos, cuando está por medio la urgencia del reino.

Depués de este dicho, presenta Mateo la subida a la barca.

> Subió a la barca
> y sus discípulos le siguieron.

El Evangelio de Mateo fue escrito varios decenios después de la muerte de Cristo, en un tiempo en que se tiene ya la experiencia de la Iglesia. Mateo es como un buen cura, que trata de enseñar a los feligreses de su parroquia. Fijaos en la obertura: Jesús sube a la barca y sus discípulos le siguen. Casi como una procesión; tiene algo de solemne, de organizado, de eclesial. El sube a la barca y los dicípulos —que son sensatos— le siguen. Aparece la característica del «seguimiento», que es lo propio de los discípulos de Cristo; esta palabra, que tiene casi siempre una connotación espiritual, es aquí propia de Mateo.

Lucas, por su parte, es un convertido. Es un griego que —es probable— se encontró con Pablo en Antioquía; que le ha seguido; que ha naufragado con él; que ha descubierto que muchas cosas no habían sido escritas todavía y que se ha informado con rigor entre los testigos oculares de la primera generación. ¡Que bien! Porque gracias a esta información diligente de Lucas nos han llegado algunas de las parábolas más hermosas: el hijo pródigo y el buen samaritano; algunas de las escenas más hermosas: la pecadora en casa del fariseo; Marta y María, y muchas otras indicaciones sobre la misericordia y la ternura de Cristo, sobre las mujeres; a él debemos también el relato de los discípulos de Emaús. Todo esto es propio de Lucas. También Lucas ha redactado su evangelio escribiendo de un modo nuevo lo que se le había enseñado de la vida de Cristo y había recibido, por tanto, de segunda mano.

> Sucedió que cierto día subió a una barca con sus discípulos,
> y les dijo: «pasemos a la otra orilla del lago».
> Y se hicieron a la mar.

En el relato de la tempestad calmada la diferencia salta a la vista. Mientras que Marcos sitúa el episodio al término de una jornada de parábolas: «Este día, al atardecer», Lucas dice: «Sucedió que cierto día...». Lucas se encuentra a una distancia mucho mayor: «Subió a una barca con sus discípulos...». No se trata ni de la hermosa procesión organizada por Mateo, ni del recuerdo tan concreto de Pedro, transmitido por Marcos. Lucas, simplemente, describe; pero nos informa de todo. «Les dijo: 'Pasemos a la otra orilla del lago'. Y se hicieron a la mar». En los Hechos de los Apóstoles se comprueba que Lucas tiene una gran experiencia de las cosas del mar. Ha navegado, incluso ha naufragado, conoce el lenguaje del mar. No llama mar al lago (además, para sus lectores procedentes del paganismo la palabra mar no tendría ninguna resonancia). Utiliza también una expresión del lenguaje marítimo: «se hicieron a la mar»; aunque en el pequeño lago, en cuanto «se hicieran a la mar», estarían ya en la otra orilla.

En resumen: un recuerdo concreto en Marcos, una transposición teológica en Mateo, un relato literario en Lucas. He aquí cómo, fijándose en los detalles, las diferencias aparecen ya desde el comienzo de la lectura de estos tres relatos, que parecían tan semejantes.

La cólera del viento

Segundo párrafo. Ya han embarcado. Marcos continúa:

> En esto, se levantó una fuerte borrasca
> y las olas irrumpían en la barca
> de suerte que ya se anegaba la barca.

Los discípulos se inquietan en medio de la borrasca; son expertos y saben que corren peligro.

> El estaba en popa, durmiendo sobre un cabezal.

Marcos menciona el sueño de Jesús en el momento en que los discípulos se dan cuenta de ello. Estaba cansado; le han llevado como estaba, pero le han puesto lo mejor que han podido, en el mejor lugar, en popa, sobre el cabezal (este cabezal era generalmente una manta vieja, doblada, que podía servir para descansar en ella). Jesús, agotado por sus largas noches de oración, y por toda su actividad apóstolica —además es ya tarde (Marcos es el único que menciona este *atardecer*)—, se ha dormido.

Mateo:

> De pronto sobrevino en el mar un seísmo
> tan grande que la barca quedaba tapada por las olas;
> pero él estaba dormido.

Se comprueba que el relato es más breve y que Mateo ha modificado el recuerdo: *una borrasca* en Marcos (y también en Lucas), un *seísmo* en Mateo. Me habría gustado traducir: «un gran temblor de mar». Hubiera resultado más pintoresco. Pero he conservado la palabra seísmo (procedente del término griego *seismos*) porque es una palabra que tiene un valor teológico. El seísmo es una sacudida de los elementos ante una presencia sobrenatural. Volvemos a encontrar un seísmo en Mateo en el momento de la muerte de Jesús en la cruz: «Un seismo hizo temblar la tierra y las rocas se hendieron. Se abrieron los sepulcros, y muchos cuerpos de santos difuntos resucitaron» (27,51-52). En la resurrección: «Se produjo un gran seísmo, pues el ángel del Señor bajó del cielo, y acercándose, hizo rodar la piedra y se sentó encima de ella» (28,2). En los grandes discursos de Cristo sobre el fin del mundo aparecen de nuevo seísmos y temblores de tierra. Mateo interpreta la «borrasca» de Marcos a la luz de su experiencia pascual y postpascual. Para él la palabra seísmo tiene un significado pascual y apocalíptico.

Un gran seísmo, ¿por qué? Porque Jesús, por primera vez, se adentra en el mar. El mar, en la mentalidad judía, es la guarida de los demonios. Judea tiene una costa poco acogedora —no se conoce en toda la historia de la humanidad ni un solo judío que haya sido un capitán importante, un hombre de mar—. Para los judíos, su Dios es el Dios de la tierra, que les ha salido al encuentro en la montaña; el mar es el lugar de los anti-dioses, de los poderes enemigos de Dios, de los demonios. Ahí está su diferencia con los griegos: para éstos, pueblo del mar, las divinidades favorables están bajo las aguas, y en la espuma que aparece por todas partes en la cresta de las olas. Los griegos piensan que las divinidades favorables están en el océano; por el contrario, las divinidades malvadas son Plutón y Hefesto —Vulcano para los romanos— que rugen en el fondo de la tierra y agitan las lavas de los infiernos.

Pero según los judíos el mar se opone a Dios. ¡Y Jesús se arriesga a entrar en el mar! Sobreviene un seísmo en el mar: se agita el mar entero, removido por las fuerzas contrarias a Dios.

Además, ¿dónde llega Jesús —la secuencia es la misma en los tres evangelios— después de esta travesía del lago? Llega a la región de los gadarenos, paganos, gente impura. En primer lugar se encuentra con un endemoniado. Cuando Jesús se dispone a expulsar los demonios, le suplican que no les mande a otra parte, y Jesús les envía a los puercos, animales impuros por excelencia, que se arrojan al mar. Los demonios han vuelto a su lugar de origen: van donde están los demonios, en el fondo del mar.

En la perspectiva de Mateo, el hecho de que Jesús se adentre en el mar es una primera agresión contra el mundo de los demonios. Esto es lo que quiere decir Mateo con *seísmo*. Lo que para Marcos, copiado por Lucas, es una fuerte borrasca, lo interpreta Mateo de una forma teológica, diciéndonos: ¡atención!, se agitan todos los poderes del mar, que provocan un seísmo, porque Jesús, Dios, Hijo de Dios, se adentra en el mar, es decir, va a atacar a los demonios en su propia casa.

Mateo 8,23-27	**Marcos 4, 35-41**	**Lucas 8, 22-25**
23Subió a la barca y sus discípulos le siguieron.	35Este día, al atardecer, les dice: «Pasemos a la otra orilla». 36Despiden a la gente y le llevan en la barca, como estaba; e iban otras baracas con él.	22Sucedió que cierto día subió a una barca con sus discípulos, y les dijo: «Pasemos a la otra orilla del lago». Y se hicieron a la mar.
24De pronto sobrevino en el mar un seísmo tan grande que la barca quedaba tapada por las olas; pero él estaba dormido.	37En esto, se levantó una fuerte borrasca y las olas irrumpían en la barca de suerte que ya se anegaba la barca. 38El estaba en popa, durmiendo sobre un cabezal.	23Mientras ellos navegaban, él dormitaba. Se abatió sobre el lago una borrasca; se inundaba la barca y estaban en peligro.
25Acercándose ellos le despertaron diciendo: «¡Señor, Sálvanos, que perecemos!»	Le despiertan y le dicen: «Maestro, ¿no te importa que perezcamos?»	24Entonces, acercándose, le despertaron, diciendo: ¡Jefe, jefe, que perecemos!»
26Díceles: «¿Por qué tenéis miedo? ¡Minicreyentes!» Entonces se levantó, increpó a los vientos y al mar, y sobrevino una gran bonanza.	39El, habiéndose despertado, increpó al viento y dijo al mar: «¡Calla, enmudece!» El viento se calmó y sobrevino una gran bonanza. 40Y les dijo: «¿Por qué estáis con tanto miedo? ¿Cómo no tenéis fe?»	El, habiéndose despertado, increpó al viento y al oleaje, que amainaron, y sobrevino la bonanza. 25Entonces les dijo: «¿Dónde está vuestra fe?»
27Y aquellos hombres, maravillados, decían: «¿Qué clase de hombre es éste, que hasta los vientos y el mar le obedecen?»	41Ellos se llenaron de gran temor y se decían unos a otros: «Pues ¿quién es éste que hasta el viento y el mar le obedecen?»	Ellos, llenos de temor, se decían entre sí maravillados: «Pues, quién es éste, que impera a los vientos y al agua, y le obedecen?»

El dormía

Marcos ofrece detalles concretos, encantadores: «El estaba en popa, durmiendo sobre un cabezal». Hay una especie de ternura: a pesar del viento y de la tempesad endiablada, he aquí que él duerme, en popa, sobre el cabezal. Mateo conserva simplemente la única palabra necesaria para el relato: «El estaba dormido». Lucas conoce la historia, pero la cuenta de una forma literaria:

> Mientras ellos navegaban,

—un término más del vocabulario marítimo—

> él dormitaba.

Dormitaba. Es un término típicamente lucano. Lucas es el más delicado de los hombres. Reduce, atenúa. Y escribe: para mejorar la secuencia del relato, habla del dormitar de Jesús al principio. Mientras ellos navegan, Jesús puede dormitar tranquilamente. Marcos cuenta las cosas siguiendo el orden en que las han percibido los que estaban en la barca: en cuanto subieron a la barca, se levantó una fuerte borrasca. Los pescadores tienen dificultades para mantener el rumbo e impedir que la barca se hunda. ¿Y qué hace Jesús? El duerme. Mientras que Lucas, como buen escritor que es, pone las cosas en orden:

> Mientras ellos navegaban, él dormitaba.

Después la situación se hace dramática:

> Se abatió sobre el lago una borrasca; se inundaba la barca

—otro término técnico: se inundaba por los golpes de mar—

> y estaban en peligro

—un ejemplo más de su lenguaje culto—.

¿Quién está en la barca?

Después de haber leído estos dos primeros párrafos y haber descubierto lo que es propio de Lucas (*ellos navegan, él dormitaba, se inundaba la barca, estaban en peligro*), de Marcos (*las olas irrumpían en la barca, de suerte que ya se anegaba la barca* y *él estaba en popa, sobre un cabezal*) y de Mateo (*un gran seísmo* y *la barca quedaba tapada por las olas*), podríamos preguntarnos si disponemos de elementos suficientes para determinar quién de los tres fue testigo ocular.

De acuerdo con los detalles de sus relatos, parece que Mateo y Marcos vieron lo sucedido. Detalles tales como *tal como estaba* o *estaba en popa, sobre un cabezal* son detalles concretos que no tienen importancia en el conjunto del relato, pero indican que éste procede de alguien que estaba en la barca. El que estaba no era Marcos —pues Marcos no conoció a Jesús (o, en cualquier caso, no fue uno de los primeros discípulos)—, sino probablemente Pedro, de quien —como acabamos de ver— procede el relato de testigo ocular, transmitido por Marcos.

Un término como *gran seísmo* en el texto de Mateo no produce la impresión de que se trate de un relato de testigo ocular. De todas formas, ¿hay alguna expresión que permita pensar que él fue testigo? Sí: *tapada por las olas*. Cuando estoy *en* una barca y las olas se echan encima, me digo: se llena, hay que ponerse a achicar. Si estoy en tierra viendo lo que pasa, cuando llega la ola, me digo: ¿dónde está la barca?, está cubierta por las olas, ojalá...

Sin duda, tenemos *dos* testigos oculares: Pedro, a través de Marcos, sería el testigo ocular que estaría *en* la barca. Mientras que Mateo sería un testigo ocular que no estaba en *la* barca, sino *en tierra*, o en una de las otras barcas mencionadas por Marcos.

La convergencia de dos testigos diferentes —cualquier detective estará de acuerdo con esto— es la mejor prueba de la realidad de un acontecimiento. Dos testigos que dicen exactamente lo mismo podrían haberse puesto previamente de acuerdo. Dos testigos que afirman dos cosas totalmente distintas, anulan mutuamente sus testimonios. Pero si dos testigos cuentan cosas análogas con dos puntos de vista distintos, entonces se puede conocer mejor un acontecimiento.

Lucas ha oído hablar de esta historia y nos la cuenta muy bien, como nosotros mismos podríamos contarla, si no tuviésemos delante el evangelio...

¡Jefe, que perecemos!

Tercer párrafo. Marcos:

> Le despiertan y le dicen:
> «Maestro, ¿no te importa que perezcamos?»

Estamos ante el reflejo de lo que podía ser habitualmente la actitud de los discípulos al comienzo del ministerio de Jesús. Sin duda era su maestro, pero ellos mostraban todavía una familiaridad muy rústica; uno puede imaginárselos perfectamente sacudiendo a Jesús sin ningún respeto ni precaución: ¡eh, no te importa que perezcamos! Por una parte, Jesús es su maestro y tiene que protegerlos, cuidar de ellos. Por otra, ha dado bastantes pruebas de su poder y no debe seguir durmiendo. En suma, es el hombre de tierra adentro, el pasajero, y tiene que ayudar —esto forma parte del contrato de los pescadores— en caso de temporal o de peligro.

Si nos fijamos en el texto paralelo de Mateo, comprobamos que el episodio está descrito bajo el influjo de la experiencia litúrgica:

> Acercándose ellos le despertaron diciendo:
> «¡Señor, sálvanos, que perecemos!»

En Mateo, cuando nos encontramos «acercándose», estamos casi siempre ante un gesto equivalente a una genuflexión, es una actitud de respeto. Hay que «acercarse» lentamente a un personaje cuando se es invitado; uno se acerca al trono de un rey o de un poderoso contando los pasos. En la pequeña barca, en medio de las olas, no había tiempo para irse acercando progresivamente; pero Mateo lo describe de una forma espiritual y litúrgica. «Acercándose ellos le despertaron diciendo: '¡Señor, sálvanos, que perecemos!'» ¡Es casi el *Kyrie eleison* de la liturgia!

En este periodo del comienzo del ministerio de Jesús, los apóstoles no podían llamar a Jesús «Señor». Señor era una palabra reservada para Dios y los ápostoles no sospechaban que él fuera Dios. Se le llamó Señor sólo a partir de la resurrección. Pero en el momento en el que Mateo escribe, muchos años después de la muerte y la resurreción de Jesús, toda la Iglesia le llama Señor, y Mateo no duda en traducir así la oración de los ápostoles: «¡Señor, sálvanos, que perecemos!».

> Lucas recoge la expresión respetuosa de Mateo:
> Entonces, acercándose, le despertaron, diciendo:
> «¡Jefe, jefe, que perecemos!»

En griego jefe se dice *epistates*. Para hacer posible la comparación he traducido por jefe esta palabra, únicamente empleada por Lucas, para señalar la diferencia con el *maestro* de Marcos. El *epistates* es el que está por encima. Podemos captar perfectamente la diferencia entre el maestro (el rabbí), el Señor, y el jefe.

Minicreyentes

Cuarto párrafo. Marcos continúa:

> El, habiéndose despertado,

increpó al viento y dijo al mar:
«¡Calla, enmudece!»
El viento se calmó y sobrevino una gran bonanza.
Y les dijo: «¿Por qué estáis con tanto miedo?
¿Cómo no tenéis fe?»

El reproche. El primer dicho de Cristo está dirigido al viento y al mar. El segundo dicho es un reproche para los díscipulos que no tienen fe.

Lucas simplifica el relato, le da un carácter literario:

El, habiéndose despertado, increpó al viento y al oleaje
que amainaron, y sobrevino la bonanza.
Entonces les dijo: «¿Dónde está vuestra fe?»

Fijaos una vez más en la delicadeza de Lucas. Cristo, en Marcos, dice: «¡No tenéis fe!» Es duro. En Lucas dice: Claro que la tenéis, pero ¿dónde la habéis puesto? Se atenúa el reproche.

En Mateo nos encontramos con algo sorprendente. Les dice:

«¿Por qué tenéis miedo?
¡Minicreyentes!»

Minicreyentes es la traducción exacta de la palabra griega *oligopistoi*. El evangelista crea aquí un nuevo término griego, formado por *oligo* (poco, pequeño, mini) y *pistoi* (creyentes). Cristo dijo «minicreyentes» y no «hombres de poca fe» (cuatro palabras en lugar de una).

Fijaos en el hecho de que Mateo, al comenzar por el dicho sobre la fe, ha invertido el que fue, sin duda, el orden real: en medio de la tempestad y del terror no se pronuncian tales dichos, aunque sean sobre la fe. En Marcos, Cristo comienza pacificando los elementos, y después habla de la fe. Pero Mateo —que exhorta a su Iglesia— comienza por lo que para él es más importante: la fe; sólo después Jesús calma los elementos.

Entonces se levantó,
increpó a los vientos y al mar,
y sobrevino una gran bonanza.

Pues ¿quién es éste?

Quinto párrafo. En Marcos los discípulos «se llenaron de gran temor». Este temor, don del Espíritu Santo, es la impresión profunda que experimenta el alma al entrar en contacto con las realidades sobrenaturales.

Se decían unos a otros:
«Pues ¿quién es éste
que hasta el viento y el mar le obedecen?»

La formulación lucana es casi idéntica:

Ellos, llenos de temor, se decían entre sí maravillados:
«pues ¿quién es éste,
que impera a los vientos y al agua, y le obedecen?»

En Mateo «aquellos hombres están maravillados». Mateo dirige su evangelio a todo el universo. Cuando se les cuenta este relato, los hombres se sorprenden y tienen que plantearse la pregunta:

«¿Qué clase de hombre es éste,
que hasta los vientos y el mar le obedecen?»

El sueño de Dios

Reflexionemos sobre el sentido de este relato de la tempestad calmada. Nos cuenta un *milagro*, algo expresamente subrayado por Mateo, ya que —lo hemos dicho al comienzo— lo enmarca en la serie de los diez milagros que siguen al discurso de las bienaventuranzas. Así como Moisés dio la ley e hizo diez milagros en Egipto, Jesús, que para Mateo es el nuevo Moisés, da una ley nueva (la de las bienaventuranzas) y hace diez grandes milagros. Este milagro de la tempestad calmada es, en primer lugar, un signo para suscitar nuestra fe, para confirmar nuestra fe: Dios lo puede todo, es el creador del cielo y de la tierra y puede hacerlo todo por aquellos a los que ama. Pero, al mismo tiempo, este milagro de la tempestad calmada es para nosotros una *lección* sobre lo que tiene que ser la verdadera fe.

Hemos visto que, inmediatamente antes del relato, dos personas querían seguir a Jesús. La tempestad calmada ofrece algunas indicaciones sobre el seguimiento de Cristo: si quieres seguir a Cristo, tienes que pasar por la tempestad. Seguir a Cristo no es tan fácil como seguir los pasos de un rabbí cualquiera. Se trata de seguir a Cristo en la tempestad; el sueño de Cristo es para nosotros un «tipo» de la prueba por la que ha de pasar la fe del discípulo.

En el capítulo 4, Marcos presenta la sección de las parábolas: primero la parábola del sembrador, después la de la semilla que crece por sí sola (esta parábola es propia de Marcos). Marcos nos da a entender que es como el que ha sembrado el grano; después, duerma él o esté despierto, el grano crece por sí solo; la tierra hace germinar el grano y brota la espiga. El sembrador tiene confianza. El Señor pide a los apóstoles que siembren la palabra. Ellos han de tener confianza en Dios, que hace brotar la semilla. Es el «tipo» que nos ofrece Jesús: durante toda la jornada ha sembrado con fatiga la palabra entre la gente; después, por la tarde, cansado, quiere cruzar el lago y, agotado por el cansancio, se duerme. Tiene confianza en el Padre: la palabra sembrada brota por sí sola, por su propia fuerza; *automate* dice el texto griego, que que no quiere decir «automáticamente», sino «por sí sola». El apóstol ha de tener confianza en la fuerza de la palabra: no se puede hacer que un árbol crezca a la fuerza. Cristo tiene confianza en Dios, que hará brotar toda la semilla que él ha sembrado.

Podemos fijarnos en otro detalle a propósito del sueño de Cristo. Jesús duerme. Pero en torno a él hay dos fenómenos que provocan una gran turbación. Por una parte, la agitación de las fuerzas de la naturaleza: en este pequeño lago una borrasca —aunque no sea fuerte— puede levantar olas de seis metros de altura, que hacen peligrar realmente las barcas de pesca. Y, por otra parte, el terror de los discípulos. ¿Qué sucede entonces? La paz de Cristo resplandece sobre las fuerzas de la naturaleza y sobre los discípulos, y sobreviene una gran bonanza.

Recordemos la bienaventuranza de los pacíficos: a veces se traduce por «pacificador» o por «artífice de la paz», el que pone paz entre los que están enemistados. Pero el pacífico no es un gran «pacificador», ni un juez de paz, es aquel de quien emana la paz, el que vive con la paz recibida de lo alto de tal manera que en torno a él se establece la paz. Es una de las grandes bienaventuranzas del cristiano. El cristiano tiene suficiente confianza en el Padre, que nos ama, como para vivir siempre, cualquiera que sea la agitación de los elementos o incluso la turbación de la sensibilidad, en esa paz profunda de la que emana una paz que se irradia. A Jesús no le afecta el desorden de las fuerzas maléficas, él está en paz, es su paz lo que él comunica y la que triunfa.

Cuando Jesús reprocha a los apóstoles —con dureza en Marcos: «¡No tenéis fe!»; más amable en Lucas: «¿Dónde está vuestra fe?»; más eclesiástico en Mateo: «¡Minicreyentes!», ¡tenéis fe, pero no suficiente!— por no tener fe, ¿qué entiende por fe? En ese momento es todavía imposible que los apóstoles tengan fe en Jesús como Dios o Hijo de Dios. Formados en un monoteísmo intransigente multisecular, los discípulos recitan todos los días las palabras: «Escucha, Israel, Yahveh nuestro Dios, es el único Dios, el único Señor». Por eso la única pregunta que pueden hacerse al final del relato es: «Pues, ¿quién es éste?» Esta pregunta se les planteará cada vez con una mayor insistencia. De momento se encuentran en el dilema entre la evidencia de una fuerza divina y la imposibilidad de pensar que Jesús es Dios. La revelación vendrá poco a poco, a medida que se abran al misterio que Dios ha venido a expresarnos enviándonos a su hijo: el misterio de la Trinidad. Ahora nosotros creemos que Dios es el único Dios, pero que es Padre, Hijo y Espíritu. En aquel momento los discípulos ni siquiera podían pensar algo parecido. Cuando Jesús les dice «no tenéis fe», quiere decir que no tienen fe en Dios. Ellos, que recitaban los salmos, tenían que haber reconocido la omnipotencia de Dios. Recordemos, por ejemplo, el salmo del buen pastor:

> El Señor es mi pastor, nada me falta[2].

Es la afirmación del que cree en Dios, incluso cuando se encuentra en medio de la tempestad:

> Aunque pase por valle tenebroso,
> ningún mal temeré, porque tú vas conmigo[3].

El que cree, nunca debe sentirse aterrorizado:

> Voz del Señor sobre las aguas;
> el Dios de gloria truena,
> es Yahveh sobre las muchas aguas.
> Voz de Yahveh con fuerza, voz de Yahveh con majestad.
> Yahveh bendice a su pueblo con la paz[4].

Muchos salmos hablan de esta confianza que puede ponerse en Dios, que es más fuerte que todo lo demás:

> Dios es para nosotros refugio y fortaleza,
> un socorro en la angustia siempre a punto.
> Por eso no tememos si se altera la tierra[5]

He aquí el seísmo de Mateo:

> Si los montes se conmueven en el fondo de los mares,
> aunque sus aguas bramen y borboten,
> y los montes retiemblen a su ímpetu.
> «¡Basta ya!; sabed que yo soy Dios,
> excelso sobre las naciones, sobre la tierra excelso»[6].

---

2. Sal 23,1.
3. Sal 23,4.
4. Sal 29,3-4.11b.
5. Sal 46,2-3a.
6. Sal 46,3b-4a.11.

Dios domina en todas partes, sobre todos los poderes:

> Tú que acallas el estruendo de los mares,
> el estruendo de sus olas[7].

—Lucas se ha acordado de esta expresión—

> Están los pueblos en bullicio, llenos de terror,
> pero tú, Dios, bendices la tierra y la haces rebosar,
> de riquezas la colmas... tú preparas los trigales[8].

Recordad el salmo que describe a los que se sienten mareados cuando están en plena tempestad:

> Hacia Yahveh gritaron en su apuro,
> y él los sacó de sus angustias[9].

Los apóstoles tenían que saber de memoria todos estos salmos; por eso les dice Jesús: «¿Cómo, no tenéis fe?». Se trata de la fe en Dios, de la certeza del creyente que sabe que Dios lo ama y se ocupa de él.

> Los que a la mar se hicieron en sus naves,
> llevando su negocio por las muchas aguas,
> vieron las obras de Yahveh,
> sus maravillas en el piélago.
> Dijo, y suscitó un viento de borrasca,
> que entumeció las olas;
> subiendo hasta los cielos, bajando al abismo,
> bajo el peso del mar su alma se hundía;
> dando vuelcos, vacilando como un ebrio,
> tragada estaba toda su pericia.
> Y hacia Yahveh gritaron en su apuro,
> y él los sacó de sus angustias;
> a silencio redujo la borrasca,
> y las olas callaron.
> Se alegraron de verlas amansarse,
> y él los llevó hasta el puerto deseado.
> ¡Den gracias a Yahveh por su amor,
> por sus prodigios con los hijos de Adán![10].

7. Sal 65,8.
8. Sal 65,8b.10.
9. Sal 107,28.
10. Sal 107,23-31.

Está claro que se trata de la fe en Dios. Los místicos nos hablan del sueño de Dios. En la oración o en el trabajo apostólico hay momentos en que se tiene la impresión de que Dios se esconde, de que Dios calla, de que Dios desaparece en el silencio, de que Dios duerme.

> ¡Despierta ya! ¿Por qué duermes Señor?[11]

grita otro salmo. El relato de la tempestad calmada nos muestra precisamente que aunque duerma, aunque parezca que duerme, está presente. Su paz es su fuerza. A lo largo de los siglos la barca de Pedro (en la que insiste Mateo; además para él no hay más que la barca; no hay otras barcas alrededor), la barca de la Iglesia, ha conocido muchas tempestades, muchas tormentas, muchos seísmos y muchas borrascas. Pero el Señor está con ella. Tenemos que orar con fe, sabemos que él está en la barca. Si no responde, es porque está probando nuestra fe. Sin duda habréis notado que, en Mateo, Jesús dice a sus discípulos: «¿Cómo? ¿No tenéis fe?», precisamente en el momento en el que acaban de orar. Si yo veo a uno que ora diciendo: «¡Señor, sálvame!», pienso «tiene fe». Pero es precisamente en ese momento cuando el Señor les dice: «¡Minicreyentes! ¿por qué tenéis miedo?» La oración es un indicio de la fe. Pero tener miedo es una falta de fe, una minifé. Nuestra oración ha de consistir en esa confianza que le pide llegar hasta su paz:

> Ningún mal temeré, porque tú vas conmigo[12].

Seguros de su presencia, incluso cuando no se manifiesta, no tratamos de despertarle: la verdadera fe consiste en recurrir a la omnipotencia de Dios en la paz de su presencia/ausencia. De no ser así, dice Mateo, somos minicreyentes.

Cuatro evangelios

Esta comparación entre los textos sinópticos es útil para confirmar nuestra fe en el evangelio. Cada cierto tiempo se pone en duda el valor de los evangelio como *testimonio*. Se interpretan sus diferencias, sus divergencias, sus contradicciones ocasionales, como una falta de rigor. En suma, estaríamos ante un testimonio poco seguro. Todo lo contrario: los relatos de la tempestad calmada, nos ofrecen una fotografía

11. Sal 44,24a.
12. Sal 23,4.

tridimensional de un mismo acontecimiento, cuyas diferencias y convergencia nos garantizan la realidad del acontecimiento. No habría sido posible inventarse tres narradores que, teniendo cada uno una perspectiva diferente, coincidiesen de un modo tan completo en el fondo. Esto confirma nuestra fe en la veracidad y autenticidad del testimonio del evangelio.

De esta manera captamos de un modo natural las intenciones propias de cada uno de los relatos. Marcos nos ofrece un «flash» de lo que podía ser la vida concreta de Jesús: necesita descansar como cualquier otro hombre; se retira de la gente que lo asfixia; se duerme.

Lucas describe el acontecimiento borrando lo que era específico de los judíos; su texto es accesible a los paganos. En el evangelio de Lucas el acontecimiento de la tempestad calmada está precedido por un hecho que sólo él nos cuenta: la familia de Jesús viene a buscarlo, trata de impedir que se vaya. Sin embargo, él se aleja de su familia para irse a vivir una existencia misionera, que le lleva al otro lado del lago, a la región pagana: exigencia misionera de Lucas, completamente orientado hacia los paganos.

Mateo, ya en la Iglesia, proclama el acontecimiento a todo el mundo cristiano, deseando que todos lo entiendan. Se trata ya de la predicación de la Iglesia hasta el final de los tiempos. Nos invita a ser discípulos, pero nos previene: si quieres ser discípulo, hay que pasar por la tempesad. La tempestad, el peligro y el desasosiego de los apóstoles en la barca evocan otra tempestad: la que experimentarán en la tarde del viernes santo, cuando Jesús duerma otro sueño completamente distinto del que no podrán despertarle. Pero es precisamente su fe y nuestra fe la que nos dice que Jesús se ha despertado del sueño de la muerte, de modo que este texto de la tempestad calmada asume una dimensión pascual: soberanía absoluta de Jesús, Dios, que impera al viento y al mar, que domina sobre todos los acontecimientos, sobre todos los enemigos. Como dice san Pablo, el último enemigo vencido será la muerte.

LA ORACION DE CRISTO

Entre los rasgos característicos del evangelio de Lucas hay dos que conviene subrayar y estudiar detenidamente por sus apremiantes implicaciones actuales.

El evangelio de Lucas es el evangelio que presenta mayores exigencias en relación con la pobreza: multiplica las advertencias sobre el peligro del dinero y sobre su buen uso.

Es también el evangelio de la oración. En primer lugar, de la oración del mismo Jesús. Sólo Lucas nos muestra a Jesús orando en el momento de su bautismo, en el desierto, antes de elegir a los Doce, antes de enseñar el Padre nuestro, en el momento de la confesión de Pedro, de la transfiguración... Nos informa también de que Jesús oró por Pedro. En suma, Lucas nos muestra que la oración acompaña todos los actos importantes de la vida de Cristo[1].

El bautismo

Mateo[2] nos cuenta que el pueblo escuchaba la predicación de Juan.

> Entonces aparece Jesús, que viene de Galilea al Jordán
> donde Juan, para ser bautizado por él.
> Pero Juan trataba de impedírselo, diciendo:
> «Soy yo el que necesita ser bautizado por ti,
> ¿y tú vienes a mí?»

—es un eco de la controversia entre los discípulos de Jesús y los discípulos de Juan Bautista, que decían que Juan había bautizado a

---

1. Este capítulo trata sólo de la oración de Jesús, no de la oración en general (cf., sin embargo, *infra*, el recuadro *La oración de los cristianos*, p. 258).

2. Mt 3,13-17.

Jesús, que Juan era el maestro y que, por tanto, Juan estaba por encima de Jesús—

> Jesús le respondió:
> «Déjame ahora, pues conviene que así cumplamos toda justicia».
> Entonces le dejó.
> Bautizado Jesús, salió luego del agua.

Después Mateo describe la escena trinitaria: los cielos se abren, el *Espíritu* viene sobre Jesús y se escucha «una voz, de los cielos».

Marcos[3] presenta una escena totalmente análoga (excepto en un detalle: no contiene la controversia).

Juan, por su parte, anuncia al que viene:

> «Yo os he bautizado con agua,
> pero él os bautizará con Espíritu Santo».
> Y sucedió que por aquellos días vino Jesús
> desde Nazaret de Galilea,
> y fue bautizado por Juan en el Jordán.
> En cuanto salió del agua vio que los cielos se rasgaban...

y continúa el relato del bautismo.

Comprobemos ahora qué diferente es el texto de Lucas[4]. Después de haber mostrado cómo Juan bautizaba a la gente y después de habernos informado de que Herodes mandó encerrar a Juan en la cárcel, Lucas dice:

> Sucedió que cuando todo el pueblo estaba bautizándose,
> bautizado también Jesús y puesto en oración...

Así nos presenta a Jesús a la cabeza de todo el pueblo mesiánico, que acaba de experimentar la renovación del bautismo de Juan. ¿Qué hace Jesús? Se pone a orar. Parece que la manifestación trinitaria que sigue —análoga a la de los otros evangelios— es una respuesta a la oración de Jesús:

> Se abrió el cielo,
> y bajó sobre él el Espíritu Santo.

Lucas es el único que menciona que Jesús ora antes de su bautismo, en el momento de su bautismo, y que la teofanía que sigue (el descenso del Espíritu Santo y la voz del Padre) es una respuesta a una experiencia espiritual profunda de oración.

---

3. Mc 1,9-11.
4. Lc 3,21-22.

Curación de un leproso

Entre los primeros milagros que relata Lucas está el de la curación de un leproso[5]. El lo cuenta con vivacidad, de una forma muy semejante a la de Marcos[6]. Pero desconoce las realidades del campo palestinense: se muestra torpe al poner ejemplos de la vida agrícola o campesina; es siempre menos preciso que los otros evangelistas en lo que respecta a la experiencia del campo.

Lucas sitúa este milagro en una ciudad:

> Y sucedió que, estando en una ciudad,
> se presentó un hombre cubierto de lepra que, al ver a Jesús,
> se echó rostro en tierra y le rogó diciendo:
> «Señor, si quieres, puedes limpiarme».
> El extendió la mano, le tocó y dijo:
> «Quiero, queda limpio».
> Y al instante le desapareció la lepra.
> Y él le ordenó que no se lo dijera a nadie. Y añadió:
> «Vete, muéstrate al sacerdote y haz la ofrenda
> por tu purificación como prescribió Moisés
> para que les sirva de testimonio.»
> Su fama se extendía cada vez más y una numerosa multitud
> afluía para oírle y ser curados de sus enfermedades.
> Pero él se retiraba a los lugares solitarios, donde oraba.

Las multitudes acudían a él, pero él se retira al desierto para orar.

El relato marcano resulta muy pintoresco. Jesús dice al leproso:

> «No digas nada a nadie».

Pero él no pudo callarse: ¡Cómo iba a permanecer callado después de un milagro tan grande como el de su curación!

> Pero él, así que se fue, se puso a pregonar con entusiasmo
> y a divulgar la noticia, de modo que ya no podía Jesús
> presentarse en público en ninguna ciudad...

Por eso se queda en las afueras, «en lugares solitarios». Y la gente acude a él de todas partes.

Fijaos en la diferencia con respecto a Lucas, donde las multitudes vienen hacia Jesús... pero él se retira al desierto para orar.

---

5. Lc 5,12-16.
6. Mc 1,40-45.

La elección de los Doce

En Mateo[7],

> Y llamando a sus doce discípulos,
> les dio poder sobre los espíritus inmundos para expulsarlos,
> y para curar toda enfermedad y toda dolencia.

Mateo da los nombres de los doce apóstoles y después recoge el envío y el «discurso de misión»(10,5-42).

Pero en Lucas[8] la elección de los doce se presenta de la siguiente manera:

> Sucedió que por aquellos días se fue él al monte a orar,
> y se pasó la noche en la oración de Dios...

antes de este acto extraordinariamente importante de su ministerio, antes de llamar a los Doce. Y después de esta noche en oración,

> Cuando se hizo de día, llamó a sus discípulos,
> y eligió doce de entre ellos,
> a los que llamó también apóstoles.

Con lo cual, en el trasfondo de esta intensa oración, la elección de los apóstoles adquiere un colorido distinto al de Mateo.

La confesión de Pedro

Nos encontramos hacia la mitad del evangelio. Los discípulos comienzan a descubrir, a darse cuenta de que Jesús de Nazaret, el taumaturgo extraordinario, podría ser el Mesías esperado. ¿Cómo va a realizar su función? Algunos siguen pensado que el Mesías será quien expulse a los romanos, quien se ponga al frente del pueblo. En cualquier caso los apóstoles, los discípulos, han llegado a tener la certeza de que Jesús es el Mesías.

Mateo[9] dice:

> Llegado Jesús a la región de Cesarea de Filipo...

---

7. Mt 10,1-4.
8. Lc 6,12-16.
9. Mt 16,13-16.

(es decir, al norte, en el extremo norte, en región pagana, lejos de las multitudes mesiánicas y de las críticas de los fariseos).

Hizo esta pregunta a sus discípulos:
«¿Quién dicen los hombres que es el Hijo del hombre?»

En la respuesta de los discípulos se escuchan los rumores populares, creencias vanas en una vuelta a la vida o en una reencarnación:

«Unos, que Juan el Bautista; otros, que Elías,
otros, que Jeremías o uno de los profetas».
Díceles él: «Y vosotros, ¿quién decís que soy yo?»
Simón Pedro contestó:
«Tú eres el Mesías, el Hijo de Dios vivo».

El texto de Marcos[10] comienza de la misma manera y concluye con una confesión de Pedro más breve: «Tú eres el Mesías»[11], seguida de la imposición del secreto mesiánico.

Pero fijaos en el comienzo del texto de Lucas[12]:

Y sucedió que mientras él estaba orando a solas,
se hallaban con él los discípulos...

En el trasfondo de esta profunda oración en soledad, Jesús plantea su pregunta y los discípulos dan su importante respuesta; es el momento en que Jesús va a comenzar a revelarles el verdadero sentido de su misión: la pasión, la muerte, la resurrección.

La transfiguración

Apenas ha comenzado a revelar a los discípulos que él tiene que sufrir y morir, cuando les lleva consigo a una montaña alta.

Lo que Mateo[13] nos cuenta es bastante parecido a lo que relata Marcos. Mateo sencillamente ordena el texto de Marcos.

Seis días después, toma Jesús consigo
a Pedro, a Santiago y a su hermano Juan,
y los lleva aparte, a un monte alto.

---

10. Mc 8,27-30.
11. Esta afirmación constituye el centro del evangelio de Marcos, entre el primer anuncio (1,1) y la declaración pública por la que Jesús es juzgado reo de muerte (14,61-62).
12. Lc 9,18-21.
13. Mt 17,1-9.

Estábamos en Cesarea de Filipo, situada en el extremo norte de Palestina. El primer monte que se ve desde el lago de Galilea, que llena el horizonte los días claros, es el monte Hermón. Es muy probable que este «monte alto» no sea el Tabor, un monte arcilloso en el centro de Galilea, sino la formidable cima del monte Hermón[14].

Mateo continúa:

> Y se transfiguró delante de ellos:
> su rostro se puso brillante como el sol,
> y sus vestidos se volvieron blancos como la luz.

Marcos añade —se trata de una manifestación más de su estilo popular y concreto—: «Muy blancos, tanto que ningún batanero en la tierra sería capaz de blanquearlos de ese modo».

> En esto, se les aparecieron Moisés y Elías
> que conversaban con él.
> Tomando Pedro la palabra, dijo a Jesús:
> «Señor, bueno es estarnos aquí».

—Menos mal que estamos aquí, si no estuviéramos, ¿qué harías tú?—.

> «Si quieres, haré aquí tres tiendas, una para ti,
> otra para Moisés y otra para Elías».

En este momento Marcos añade con aspereza: «No sabía lo que decía» (como Mateo considera que esta indicación está fuera de lugar, sencillamente la suprime).

> Todavía estaba hablando
> cuando una nube luminosa los cubrió,

—la nube es el signo de la presencia de Dios—

> y de la nube salía una voz que decía:
> «Este es mi Hijo amado,
> en quien me complazco, escuchadle».
> Al oír esto, los discípulos cayeron rostro en tierra,
> llenos de miedo.
> Mas Jesús, acercándose a ellos, los tocó

---

14. Veinticuatro metros de acantilado de piedra dorada dominan las fuentes del Jordán. Es como una parábola geográfica de la Iglesia: este monte donde Jesús va a revelarse en la transfiguración está junto a la fuente; allí brota la fuente del Jordán, que es el lugar del bautismo.

—un gesto cercano para darles ánimo, para apaciguarlos después de la extraordinaria experiencia espiritual que acaban de vivir—

> Y dijo: «Levantaos, no tengáis miedo».
> Ellos alzaron sus ojos y ya no vieron a nadie
> más que a Jesús solo.
> Y cuando bajaban del monte, Jesús les ordenó:
> «No contéis a nadie la visión hasta que el Hijo del hombre
> haya resucitado de entre los muertos».

Este era el relato de la transfiguración según Mateo. Leamos ahora el texto paralelo de Lucas[15].

> Sucedió que unos ochos días después de estas palabras...

—Mateo dice «seis días» después; Lucas «unos ocho días»: en las fuentes que éste consulta consta: «ocho días»; pero como Marcos y Mateo dicen «seis días» y no quiere contradecirles, por eso escribe: «unos...», «más o menos» ocho días; Lucas es siempre muy delicado—,

> ... tomó consigo a Pedro, Juan, y Santiago...

—fijaos que Juan, que ocupaba el cuarto lugar en el momento de la llamada (Pedro y Andrés, Santiago y Juan), pasa al tercer lugar (en Mateo: Pedro, Santiago y Juan) e incluso al segundo (en Lucas), el lugar que ocupará en la Iglesia primitiva, en los Hechos de los Apóstoles—

> ... y subió al monte a orar.

Estamos en la atmósfera que Lucas ha ido creando: Jesús, que antes había buscado los lugares solitarios para orar, sube ahora al monte y lleva consigo a tres discípulos, a los íntimos, para orar.

En el relato de Mateo se tiene la impresión de que Jesús sabe lo que va a hacer, de que va a suceder algo extrordinario, de que escoge a esos tres discípulos para prepararlos, para que, cuando tenga lugar la pasión, la humillación y la muerte, ellos crean que él es verdaderamente el Hijo de Dios.

Lucas, por su parte, presenta a Jesús orando, viviendo una experiencia mística tan intensa que acontece la transfiguración.

---

15. Lc 9,28-36.

Sucedió que, mientras oraba,
el aspecto de su rostro se mudó.

Lucas no quiere hablar de metamorfosis, palabra que podría recordar los relatos de la mitología griega; dice: «se mudó». Se trata, por otra parte, de una experiencia que nosotros podemos tener: cuando vemos que alguien ora profundamente, el aspecto de su rostro cambia. Cuando se establece el contacto interior con el Dios de toda belleza, esta presencia se irradia y algo se transparenta en el rostro.

Lucas, en lugar de presentar simplemente —como en un cuadro viviente— a Jesús con Moisés y Elías junto a él, evoca una conversación, un diálogo:

He aquí que conversaban con él dos hombres,
que eran Moisés y Elías,
los cuales aparecían en gloria,
y hablaban de su partida,
que iba a cumplir en Jerusalén.

Jesús acaba de anunciar a sus discípulos su pasión y su muerte y se ha encontrado con la espesura de la incomprensión de sus corazones cerrados y sus espíritus obtusos. Marcos lo expresa con mucha claridad: después del primer anuncio, Pedro reprende a Jesús; después del segundo, tiene lugar una discusión acerca de quién es el mayor; después del tercero, Santiago y Juan dicen: «Maestro, queremos nos concedas lo que te pidamos. Concédenos que nos sentemos en tu gloria, uno a tu derecha y otro a tu izquierda». ¡Ni siquiera han entendido el anuncio de pasión y muerte que Jesús acaba de pronunciar!

Jesús no puede evitar esta visión continua de la pasión y de la muerte y se enfrenta además a un rechazo total de los suyos. Desde hacía dos mil años Dios estaba preparando a su pueblo y éste se prepara para rechazar a su Dios. ¡Y de qué forma! Jesús trata de hablar acerca de ello a los íntimos, a Pedro, Santiago y Juan, trata de prepararles, pero la incompresión es total; hasta en Getsemaní, caen de sueño...

En el corazón de esta intensa oración en el monte, Moisés y Elías están junto a Jesús. Ellos respresentan la ley y los profetas del Antiguo Testamento. Están presentes para declarar auténtica la misión de Jesús. Jesús puede hablar con ellos de su «éxodo», porque ellos han entrado en el designio del Padre. Es la única vez en la vida de Jesús, a lo largo de su misión, de lo que se conoce como su «vida pública», que él encuentra con quién hablar, con quién dialogar, sabiéndose comprendido.

Durante este tiempo, durante ese momento único de confianza, de transparencia en el designio divino, los discípulos que le acompañan «están cargados de sueño». Sin embargo,

> ... permanecían despiertos y vieron su gloria,
> y a los dos hombres que estaban con él.
> Y sucedió que, al separarse ellos de él,
> dijo Pedro a Jesús:
> «Maestro, bueno es estarnos aquí...»

—Ahora Lucas sigue a Marcos y Mateo—. Después llega el texto extraordinario, cuando la voz dice:

> «Este es mi Hijo, mi Elegido;
> escuchadle».

Lucas añade:

> Cuando la voz hubo sonado, se encontró Jesús solo.

Por un instante ha estado en su mundo, por un instante ha podido dialogar, entar en la comunicación espiritual que constituye el centro de su vida: entrar en el designio del Padre. Todavía sus discípulos no han sido capaces de «sintonizar» nunca; comprenderán más adelante. Quienes se enfrentan ante una grave dificultad, quienes se encuentran sufriendo física o moralmente, saben qué difícil es encontrar alguien con quien poder hablar «con el corazón en las manos», en un clima de verdadera compresión mutua.

> Cuando la voz hubo sonado, se encontró Jesús solo.

Se tiene la impresión de que él está ya al borde de la agonía; por un instante se ha retirado el peso de la soledad; ahora cae de nuevo para mantenerse hasta el final de su vida terrena.

> Ellos callaron y, por aquellos días,
> no dijeron a nadie nada de lo que habían visto.

En su bautismo Jesús ora, y parece que la manifestación que acompaña al bautismo proviene de su oración, se enmarca en ella; lo mismo vale para la transfiguración. Jesús ora y el conjunto del acontecimiento se enmarca en su oración.

El Padre nuestro

El «orden»[16] que adopta Lucas para su evangelio no es el mismo que el de Mateo; este último agrupa los materiales de la tradición en grandes bloques, sus discursos están admirablemente organizados. Presenta la instrucción sobre la limosna, la oración y el ayuno, y en medio de la enseñanza sobre la oración —que, a su vez, se encuentra en el centro del sermón de la montaña— el *Padre nuestro*[17]. Por tanto, Mateo nos lo transmite enmarcado, incluido, en un discurso, como una instrucción.

El orden de Lucas, por el contrario, es pedagógico: presenta las palabras de Cristo en un contexto que facilita su comprensión. Lucas transmite la oración del *Padre nuestro*[18] en el capítulo 11, organizado por él como una sección sobre la oración: muestra a Jesús orando, después presenta la oración de los cristianos y ofrece una enseñanza y una parábola sobre la oración.

> Y sucedió que, estando él orando en cierto lugar,
> cuando terminó, le dijo uno de sus discípulos:
> «Señor, enséñanos a orar,
> como enseñó Juan a sus discípulos».

Los discípulos ven a Cristo rezar: está tan abstraído en su oración que no se atreven a interrumpirle. Esperan a que haya «terminado». Sin duda su oración ha sido larga: va a entregar la que será la oración de los cristianos en adelante. Lucas no nos da una instrucción sobre las leyes del reino, en cuyo centro se encontraría la oración, sino que nos muestra a Jesús orando y a los discípulos orando, siguiendo su ejemplo, sus huellas. Se destaca el contexto vital de la oración. Mejor dicho, es la oración de Cristo la que provoca la petición de los discípulos y es su misma oración lo que él comunica a sus discípulos:

> Abba, Padre... Padre nuestro.

La fe de Pedro

Veamos otro texto, más importante porque es único en el conjunto de los evangelios: aquel en que Cristo dice a Pedro que ha orado por su fe.

---

16. Lc 1,3.
17. Mt 6,7-15.
18. Lc 11,1-4.

Se suele presentar a Mateo como el evangelista de la Iglesia jerárquica, organizada, como aquel que destaca la función de Pedro continuamente. Pedro, a quien Jesús dice: «Tú eres Pedro y sobre esta piedra edificaré mi Iglesia»; Pedro, invitado a caminar con Jesús sobre las aguas; Pedro, a quien Jesús envía a pescar el pez en el lago para pagar el estáter «por mí y por ti...»; es decir, Pedro puesto aparte entre los discípulos.

Pero también los demás evangelistas afirman la preeminencia de Pedro, aunque sea sirviéndose de otros medios. En el evangelio de Marcos, Pedro es el apóstol citado en primer y último lugar: Pedro es el primero de los llamados y, al final del evangelio, el joven de la aparición dice a las mujeres: «Id a decir a sus discípulos y a Pedro». De esta manera, Pedro enmarca todo el evangelio de Marcos.

En Lucas, Jesús habla de Pedro en una ocasión de un modo muy especial. Se trata del terrible momento en que Jesús anuncia a Simón que le va a traicionar. En Mateo[19], después de la cena, Jesús y los Doce, que han terminado de cantar los himnos, salen hacia el monte de los Olivos.

> Entonces les dice Jesús:
> «Todos vosotros vais a escandalizaros de mí esta noche».
> Pedro intervino y le dijo:
> «Aunque todos se escandalicen de ti,
> yo nunca me escandalizaré»

—Generosidad, espontaneidad de Pedro, unida a una cierta autosuficiencia—. Jesús continúa:

> «Yo te aseguro: esta misma noche, antes que el gallo cante,
> me habrás negado tres veces».

Y Pedro continúa con la misma seguridad:

> «Aunque tenga que morir contigo, yo no te negaré».
> Y lo mismo dijeron también todos los discípulos.

En Lucas[20], el episodio tiene lugar durante la cena, concretamente en el discurso posterior a la escena en que Jesús anuncia a los discípulos que se sentarán en tronos en su reino porque son «los que han perseverado con él en sus pruebas». Después de este anuncio magnífico sobre el lugar reservado a los apóstoles, Jesús prosigue:

---

19. Mt 26,30-35.
20. Lc 22,31-34.

> «¡Simón, Simón!
> Mira que Satanás ha solicitado
> el poder cribaros como trigo...»

«Cribaros como trigo»: esta expresión adquiere toda su importancia al recordar que no se encuentra la palabra «cribar» en ninguna otra ocasión en la Biblia. Respecto al «grano de trigo», el mismo Jesús ha dicho que él es el grano de trigo que muere para dar fruto. Los apóstoles son como el trigo, pero ellos van a ser sólo «cribados», es decir, sacudidos cuidadosamente hasta que todo el trigo malo caiga. Solo Jesús morirá; Jesús es el grano de trigo que muere. Los apóstoles son el trigo sacudido en la criba.

> «Mira que Satanás ha solicitado el poder cribaros como trigo;
> pero yo he rogado por ti, para que tu fe no desfallezca.
> Y tú, cuando hayas vuelto, confirma a tus hermanos».

Tal vez tengamos aquí la afirmación más clara del primado de Pedro; más que el famoso texto de Mateo donde Jesús dice que él edificará su Iglesia sobre esta «piedra», pues inmediatamente después la piedra se vuelve «piedra de tropiezo». En Lucas es la oración de Jesús por Pedro la que asegura la fe de Pedro:

> «Yo he rogado por ti,
> para que tu fe no desfallezca».

Si la fe de Pedro no va a desfallecer, no va a ser por su propia fuerza, ni por su generosidad, ni por su seguridad, sino gracias a la oración del Maestro por él. Experimentará caídas, pero volverá a levantarse.

> «Y tú, cuando hayas vuelto, confirma a tus hermanos».

La afirmación explícita de la oración de Jesús por Pedro es lo que puede dar confianza a la Iglesia a pesar de los avatares de su historia. La Iglesia ha tenido unos veinte papas que han sido realmente escandalosos, indignos de su cargo, pero la oración de Cristo por Pedro hace que la fe no desfallezca en su Iglesia.

Getsemaní

La última alusión de Lucas a la oración de Jesús tiene lugar en la agonía del monte de los Olivos. En este texto nos acercamos a la oración de Cristo de una forma muy distinta a la de los otros sinópticos.

Mateo dice[21]:

Entonces va Jesús con ellos
a una propiedad llamada Getsemaní,
y dice a los discípulos:
«Sentaos aquí, mientras voy allá a orar».
Y tomando consigo a Pedro y a los dos hijos del Zebedeo,
comenzó a sentir tristeza y angustia.
Entonces les dice:
«Mi alma está triste hasta el punto de morir;
quedaos aquí y velad conmigo».
Y adelantándose un poco,
cayó rostro en tierra

—la actitud de la oración de súplica entre los judíos—

y suplicaba así:
«Padre mío, si es posible, que pase de mí esta copa,
pero no sea como yo quiero, sino como quieras tú».

Se trata de la misma oración que él ha enseñado: «Hágase tu voluntad» (que no se encuentra en la versión del Padre nuestro en Lucas).

Viene entonces donde los discípulos
y los encuentra dormidos.
Y dice a Pedro:
«¿Conque no habéis podido velar una hora conmigo?
Velad y orad para que no caigáis en tentación».

Sigue después la segunda oración, después vuelve y los encuentra de nuevo dormidos; se va nuevamente y ora por tercera vez repitiendo las mismas palabras. Mateo —y Marcos también— parece un espectador que observa desde fuera la acción de Jesús que va y viene por tres veces.

Comparemos el relato de Lucas[22]:

Salió (Jesús) y, como de costumbre,
fue al monte de los Olivos,
y los discípulos le siguieron.
Llegado al lugar les dijo:
«Pedid que no caigáis en tentación».
Y se apartó de ellos como un tiro de piedra,
y puesto de rodillas

---

21. Mt 26,36-46.
22. Lc 22,39-46.

—gesto noble, en lugar del realismo de Marcos: «Caía en tierra»; la actitud no parece semita (el judío ora de pie o postrado) y la expresión parece más bien latina—

> oraba diciendo:
> «Padre, si quieres, aparta de mí esta copa;
> pero no se haga mi voluntad, sino la tuya».

Y, a continuación, lo que es un dato exclusivo de Lucas entre los evangelios:

> Entonces, se le apareció un ángel
> venido del cielo que le confortaba.

—de igual modo que en la transfiguración estaban junto a él Moisés y Elías—

> Y sumido en agonía,

—«agonía» es una palabra griega que significa «lucha»—

> insistía más en la oración.
> Su sudor se hizo como gotas espesas de sangre
> que caían en tierra.
> Levantándose de la oración...

Después de esta experiencia de intensidad extrema de la oración, confortado, apaciguado por ella, podrá dominar serenamente la situación: como consecuencia de la oración Jesús está totalmente de acuerdo con la voluntad del Padre. Lucas muestra cómo Jesús, a lo largo de la pasión, no se ocupa más que de aquellos que se le acercan: cura al hombre a quien han herido en la oreja, habla a las hijas de Jerusalén que le siguen, ora por sus verdugos (Lucas es el único que recoge el siguiente dicho: «Padre, perdónales, porque no saben lo que hacen») y acoge la petición del buen ladrón.

Lucas concluye así:

> ... vino dónde sus discípulos
> y los encontró adormecidos por la tristeza...

—una manifestación más de la delicadeza de Lucas; los otros dicen: «dormidos», mientras que él dice solamente «adormecidos por la tristeza»; están muy tristes; están tan tristes que se han adormecido—

> ... y les dijo: «¿Cómo es que estáis dormidos?

Levantaos y orad para que no caigáis en tentación»

Disponiendo el texto de una manera adecuada resulta:

40b«Pedid que no caigáis en tentación»
41bél oraba
44binsistía más en la oración
45alevantándose de la oración
46d«Pedid que no caigáis en tentación»

Se observa que «insistía más en la oración» constituye el centro del relato y da sentido a la exhortación que lo enmarca. Precisamente en este momento Jesús nos ha entregado su instrucción más importante sobre la oración.

La oración de Cristo

Mt	Mc	Lc	
3,16	1,10	**3,21**	(En el bautismo) Bautizado también Jesús y puesto en oración...(Lc)
–	**1,35**	4,42	(En Cafarnaúm) De madrugada, cuando todavía estaba muy oscuro, se levantó, salió y fue a un lugar solitario y allí se puso a hacer oración...(Mc)
8,4	1,45	**5,16**	(Entre dos curaciones) Se retiraba a los lugares solitarios, donde oraba...(Lc)
–	3,13	**6,12**	(Elección de los Doce) Se fue él al monte a orar, y se pasó la noche en la oración de Dios...(Lc)
14,23	**6,46**	–	(Caminando sobre las aguas) Subió al monte a solas para orar...(Mt-Mc)
16,13	8,27	**9,18**	(Confesión de Pedro) Mientras él estaba orando a solas...(Lc)
17,1	9,2	**9,28**	(Transfiguración) Subió al monte a orar... (Lc)
17,2	9,2	**9,29**	(Transfiguración) Mientras oraba...(Lc)
–	–	11,1	(Antes del Padre nuestro) Estando él orando en cierto lugar... (Lc)
19,13	10,13	18,15	Le fueron presentados unos niños para que les impusiera las manos y orase... (Mt)

–	–	**22,32**	(La fe de Pedro) «Yo he rogado por ti, para que tu fe no desfallezca...» (Lc)
26,36-44	**14,32-39**	**22,40-46**	(En Getsemaní) «Sentaos aquí, mientras voy allá a orar...» Puesto de rodillas, oraba diciendo (Mt-Mc-Lc)
–	–	**23,46**	(En la cruz) «Padre, en tus manos pongo mi espítitu» (Lc)

Las referencias se ofrecen siguiendo el orden de Lucas.
En **negrilla** están las menciones explícitas de la oración. En redonda están los textos paralelos, que no mencionan la oración. Un guión significa que no existe un texto paralelo.

La oración de los cristianos

Mt	Mc	Lc	
6,5-6	–	–	«Cuando oréis... cuando vayas a orar, entra en tu aposento...» (Mt)
5,44	–	**6,28**	«Orad por los que os calumnian...» (Mt-Lc)
17,20	9,29	–	(Un demonio) «Esta clase con nada puede ser arrojada sino con la oración» (Mc)
18,19-20	–	**10,2**	«Rogad, pues al Dueño de la mies que envíe obreros a su mies...» (Mt-Lc)
6,7-8	–	–	«Y al orar, no charléis mucho...» (Mt)
–	–	**11,1**	«Señor, enséñanos a orar...» (Lc)
6,9-13	–	**11,2-4**	El Padre nuestro (Mt-Lc)
–	–	**11,5-8**	Parábola de los tres panes (Lc)
7,7–11	–	**11,9-13**	«Pedid y se os dará...» (Mt-Lc) «... dará el Espíritu Santo...» (Lc)
–	–	**18,1-8**	Parábola del fariseo y el publicano (Lc)
21,22	11,24	–	«Todo cuanto pidáis con fe en la oración...» (Mt-Mc)
6,14	11,25	–	«Cuando os pongáis de pie para orar...» (Mc)
–	–	**21,36**	«Estad en vela, pues, orando en todo tiempo...» (Lc)

En **negrilla** están los textos de Lucas (propios o comunes) en los que aparece su insistencia en la oración. En *cursiva* están los textos paralelos, pero que no mencionan la oración. No se trata de una lista exhaustiva de la palabra oración (no figura, por ejemplo, el texto donde se dice «casa de oración»).

EL DINERO

Lucas es el evangelista que más subraya la necesidad de renunciar al dinero, a las riquezas; y el que considera el buen uso del dinero como una de las exigencias principales de la vida cristiana.

Vamos a estudiar dos textos propios de este evangelio: Lc 12,13-21 y el capítulo 16 sobre el peligro de la codicia y el buen uso del dinero.

Un rico insensato

> Uno de la gente le dijo:
> «Maestro, di a mi hermano
> que reparta la herencia conmigo»

—como Jesús exige que se sea justo y que se atienda al hermano, es normal que se acuda a él si hay un hermano que pretende desposeer al otro heredero—

> El le respondió:
> «¡Hombre! ¿Quién me ha constituido
> juez o repartidor entre vosotros?»
> Y les dijo:
> «Mirad y guardaos de toda codicia,
> porque, aun en la abundancia,
> la vida de uno no está asegurada por sus bienes».

Inmediatamente después les dice una parábola:

> Los campos de cierto hombre rico dieron mucho fruto;
> y pensaba entre sí, diciendo:
> «¿Qué haré, pues no tengo donde reunir mi cosecha?»

—¡una cosecha magnífica!—

Y dijo:
«Voy a hacer esto:
Voy a demoler mis graneros, y edificaré otros más grandes
y reuniré allí todo mi trigo y mis bienes,
y diré a mi alma:
Alma, tienes muchos bienes en reserva para muchos años. Descansa, come, bebe, banquetea».

El rico dispone ya por adelantado de un gran capital seguro; ahora quiere disfrutar de la vida.

Pero Dios le dijo:
«¡Necio! esta misma noche te reclamarán el alma;
las cosas que preparaste, ¿para quién serán?»
Así es el que atesora riquezas para sí
y no se enriquece en orden a Dios.

Este texto nos ofrece un determinado juicio sobre la avaricia, sobre la codicia, o sobre la necesidad de acumular —en cualquiera de sus manifestaciones—. Si este pobre rico se hubiese dicho como Zaqueo («Daré, Señor, la mitad de mis bienes a los pobres») o hubiese pensado: «Tengo la seguridad de que Dios me ayudará si yo llegara a estar necesitado; lo que no me cabe hoy en mi granero, voy a distribuirlo entre los pobres»; de esta manera se habría *enriquecido* en orden a Dios.

El verbo griego que traducimos por *atesorar riquezas* incluye el matiz de avaricia, de acumulación (es exactamente lo que hace nuestra civilización capitalista; pero ésta no existía entre los antiguos; entonces se guardaba todo en arcas, en graneros, y se gastaba enseguida; el dinero no era entonces una «materia prima», no era fuente de ganancias). Por su parte, el otro verbo griego, traducido por *enriquecerse*, tiene el matiz de un uso generoso de las riquezas.

El administrador sagaz

Al comienzo del capítulo 16 se encuentra esta parábola, a menudo tan mal comprendida que se la considera escandalosa; es la parábola del administrador sagaz (también llamada del administrador infiel: 16,1-8).

Decía también a sus discípulos:
Era un hombre rico...

—¡vaya!, ¿será el mismo de otras veces?—

… que tenía un administrador
a quien acusaron ante él de malbaratar su hacienda;
le llamó y le dijo:
«¿Qué oigo decir de ti?
Dame cuenta de tu administración,
porque ya no podrás seguir administrando».
Se dijo a sí mismo el administrador:
«¿Qué haré…?»

—exactamente como en el capítulo 12—

«… pues mi señor me quita la administración?
Cavar no puedo..»

Cavar es trabajar la tierra; incluso para nosotros, en nuestro lenguaje tan alejado de las civilizaciones agrícolas, sigue siendo el prototipo de un trabajo duro. Por lo demás, cuando un habitante de la ciudad se pone a cavar, se cansa enseguida, rápidamente se harta.

«… mendigar, me da vergüenza..»

¿Qué podrá hacer este pobre hombre si no tiene fuerzas para trabajar físicamente y le da vergüenza mendigar?

«Ya sé lo que voy a hacer,
para que cuando sea removido de la administración
me reciban en sus casa».
Y convocando uno por uno a los deudores de su señor,
dijo al primero:
«¿Cuanto debes a mi señor»
Respondió: «Cien medidas de aceite».
El le dijo:
«Toma tu recibo, siéntate enseguida y escribe cincuenta».
Después dijo a otro:
«Tú, ¿cuánto debes»
Contestó: «Cien cargas de trig».
Dícele: «Toma tu recibo y escribe ochenta».
El señor alabó al administrador injusto
porque había obrado astutamente,
pues los hijos de este mundo son más astutos
con los de su generación que los hijos de la luz.

Este «administrador sagaz» supo hacer lo que el rico del capítulo 12 no supo hacer: el rico que tenía tantos bienes sólo tenía que compartirlos, no tenía más que hacer regalos; si hubiera dado limosna a los demás con todos los bienes que le sobraban, habría tenido amigos en las moradas eternas.

Para comprender bien la parábola, hay que saber que el administrador se parecía a nuestros pequeños comerciantes que adquieren la mercancía a un determinado precio, y la venden un poco más cara para ganarse la vida. El administrador no era un asalariado, vivía de esa ganancia. Era su «interés». Llevaba los negocios de su señor como actualmente los banqueros, la gente que se ocupa de nuestros negocios, que se encarga de gestionarlos. Si todo va bien, se enriquecen al mismo tiempo que nosotros. Tal vez había puesto un interés demasiado alto: si de cien medidas cogía el cincuenta por ciento, ¡era demasiado!. Había motivos para denunciarlo, pero al fin y al cabo no había hecho más que coger su interés... Ahora renuncia a su interés, reduce el total de la deuda de forma que

> ... cuando sea removido de la administración
> me reciban en sus casas.

Supo hacerse amigos con el dinero; el Señor nos dice simplemente que nos hagamos amigos con nuestro dinero: es muy sencillo, basta con pagar para tener a la gente contenta, basta con dar un poco de dinero —un poco, mucho, todo lo que se pueda— para enriquecerse inmediatamente en el cielo.

La conclusión de la parábola se dispone en una serie de paralelismos; cada uno de ellos ilumina al predecente. Se abre con la expresión «yo os digo», que anuncia siempre una instrucción importante, y tendría que llamarnos la atención: si su amo ha aprobado al administrador injusto por haber actuado de un modo sagaz es porque los rateros saben ser astutos entre ellos, mientras que los hijos de la luz no saben serlo, no saben hacerse amigos, no saben usar bien de sus bienes, no saben enriquecerse en orden a Dios.

> Yo os digo:
> Haceos amigos con el dinero injusto,
> para que, cuando llegue a faltar,
> os reciban en las moradas eternas (16,9).

Mamon era una divinidad pagana. La palabra aramea designaba precisamente al dios del dinero. ¿Os habéis hecho amigos? Pues bien, tendréis en el cielo a todos los pobres que os acogerán.

Si no habéis comprendido, si necesitáis que os «pongan los puntos sobre las íes», escuchad las siguientes estrofas:

> El que es fiel en lo mínimo,
> lo es también en lo mucho;
> y el que es injusto en lo mínimo,

también lo es en lo mucho (16,10).

¿En lo mínimo, en lo mínimo? ¿Qué significa esto? ¡Seguro que el rico no diría que el dinero es algo mínimo! Jesús repite, pronuncia con otras palabras el paralelismo que nos ilumina:

Si, pues, no fuisteis fieles en el dinero injusto,
¿quién os confiará lo verdadero? (16,11).

¿No habéis comprendido todavía? Jesús continúa:

Y si no fuisteis fieles con lo ajeno,
¿quién os dará lo vuestro? (16,12).

Ahora se comprende que lo *mínimo* es el dinero, el *mamon* injusto; el administrador consigue que lo acojan aquellos a quienes ha favorecido. El cristiano que sabe utilizar el dinero, será acogido en las moradas eternas por los pobres a quienes ayude.

El que es fiel en lo mínimo es el justo, el generoso, que usa del dinero con desprendimiento, de un modo espléndido, tanto si tiene mucho como si tiene poco...

Si sois como el rico que acumula, no podréis poseer *el bien verdadero*, es decir, el bien connatural al hombre, los bienes espirituales: ¿cómo va Dios a confiar mucho a quien no supo ser fiel «en cuatro cuartos»?

Si con lo ajeno —el dinero es siempre ajeno al hombre, su vida no está asegurada por sus bienes, no depende de ellos— *no fuisteis fieles, lo vuestro* —los bienes espirituales—, *¿quién os lo dará?*

El admirable paralelismo entre estas cuatro estrofas nos ayuda a comprender la parábola. El hombre debe usar el dinero como algo exterior a él, extraño, con el mismo desapego, la misma facilidad, la misma desenvoltura que el administrador. Vosotros, cristianos, usad bien vuestro dinero, vuestro *mamon*, sabed ser astutos, sabed haceros amigos, no tengáis miedo de dilapilarlo. Lo que os pertenece, lo que es vuestro, lo que vale realmente mucho, lo que constituye el bien verdadero, es el bien espiritual, que sólo Dios puede otorgar.

Parece que este texto sugiere que Dios da el bien verdadero en la misma medida —es como una prueba— en que se sepa usar bien los bienes materiales. En la medida en que seáis como un administrador infiel con vuestros propios bienes, Dios os colmará de bienes espirituales, los que no se atesoran en los graneros terrenos, sino en las moradas eternas. El *mamon* injusto acaba siempre desapareciendo: «Esta misma noche te reclamarán el alma»: si en lugar de poner tu confianza en el dinero, lo hubieras usado como Dios quiere, te encontrarías en las moradas eternas.

Conclusión:

> Ningún criado puede servir a dos señores,
> porque aborrecerá a uno y amará al otro;
> o bien se entregará a uno y despreciará al otro.
> No podéis servir a Dios y al dinero (16,13).

Se trata de textos que tienen una fuerza extraordinaria, una intensidad inusitada; pero parece que todavía no han sido totalmente asimilados en la Iglesia.

Lázaro y el rico

Jesús prosigue, insiste, con otra parábola: Lázaro y el rico (16,19-31). A menudo decimos el rico *malo*, pero nos equivocamos; en ningún sitio se dice que este rico sea un «rico malo», simplemente es un rico y no ha visto al pobre que estaba a su lado, no se ha dado cuenta de que el pobre estaba ahí. La parábola es muy conocida: después de su muerte, en la otra vida, el pobre está en el seno de Abrahán y el rico en medio de los tormentos. El rico pide a Abrahán que se advierta a sus hermanos:

> Si alguno de entre los muertos va donde ellos,
> se convertirán.

El rico está muy seguro de que si sus hermanos ven a un muerto resucitado, si el pobre Lázaro, al que no habían visto hasta entonces, les advierte de lo que les espera, se convertirán. Las palabras de Cristo con las que concluye la parábola dan una nueva dimensión a la advertencia sobre el peligro de las riquezas: éstas pueden provocar una ceguera del entendimiento tan grande que

> tampoco se convencerán
> aunque un muerto resucite.

¡Peligro!

> «Pues, de igual manera, cualquiera de vosotros
> que no renuncie a todos sus bienes,

no puede ser discípulo mío» (Lc 14,33).

Hay diferentes formas de renunciar, de compartir. Mas para Lucas poseer constituye siempre un peligro. Sin duda esta insistencia lucana puede hacernos reflexionar; es propia del tercer evangelio, no tiene paralelos en los otros; el oyó decir estas cosas a los discípulos, las ha recogido con interés y nos las transmite como «palabras evangélicas».

DICHOSOS LOS INUTILES

De igual modo vosotros,
cuando hayáis hecho todo lo que os he mandado,
decid:
«Somos siervos inútiles;
hemos hecho lo que debíamos hacer»
(Lc 17,10)

¿Qué música y danzas son ésas que vienen de la casa del Padre? (Lc 15,25). Se está celebrando un banquete. ¿Quiénes son los invitados? ¿Sus amigos, sus parientes y sus vecinos ricos? (Lc 14,12). Nada de eso. Jesús había dicho a un notable fariseo, que le había invitado a comer: «Cuando des un banquete, invita a los pobres, a los lisiados, a los cojos, a los ciegos» (Lc 14,13). El no es como los maestros que dicen y no hacen (Mt 23,3). Lo que enseña, él mismo lo pone en práctica, cuando invita a participar en su banquete.

Lucas 15,24-32

Y comenzaron la fiesta.
Su hijo mayor estaba en el campo y,
al volver, cuando se acercó a la casa,
oyó la música y las danzas;
y llamando a uno de los criados,
le preguntó qué era aquello.
El le dijo: «Ha vuelto tu hermano
y tu padre ha matado el novillo cebado,
porque le ha recobrado sano».
El se irritó y no quería entrar.
Salió su padre, y le suplicaba.
Pero él replicó a su padre:
«Hace tantos años que te sirvo,
y jamás dejé de cumplir una orden tuya,
pero nunca me has dado un cabrito
para tener una fiesta con mis amigos;

y ¡ahora que ha venido ese hijo tuyo,
que ha devorado tu hacienda con prostitutas,
has matado para él el novillo cebado!»
Pero él dijo:
«Hijo, tú siempre estás conmigo
y todo lo mío es tuyo;
pero convenía celebrar una fiesta y alegrarse,
porque este hermano tuyo estaba muerto,
y ha vuelto a la vida;
estaba perdido, y ha sido hallado».

Los comensales del banquete

Mirad, en el lugar de honor está el perdido, el pródigo, el que ha vivido tan mal. Tuvo mucho dinero, pero lo ha dilapidado de tal manera que se ha hecho más pobre que los pobres. ¡Esta no sería una razón suficiente para merecer el ser contado entre los pobres del reino[1]!. Pero tiene otra mucho mejor: se ha puesto en último lugar. Ha pronunciado las palabras del centurión pagano: «Yo no soy digno...» (Lc 15,21 y Mt 8,8); por eso el Padre le ha cogido de la mano —«Sube más arriba» (Lc 14,10)— y le ha llevado hasta el primer puesto.

Junto a Cristo, en su trono (Ap 3,21), veo también a Laodicea. Ella sabe que por ser peor que el agua tibia, no merecía más que ser vomitada (Ap 3,16), pero su miseria ha conmovido al Señor, que le concede todos sus dones, este lugar elegido y su intimidad. Y puede decir con el salmista:

> Exulte yo y en tu amor me regocije,
> porque tú has visto mi miseria (Sal 31,8).

Alrededor, en la muchedumbre que se apretuja, no veo más que pobres e inútiles. Por no tener vestidos buenos no habrían podido entrar en semejante fiesta, pero les ha bastado lavar su ropa en la sangre del Cordero para que se convierta en traje de bodas: son inmaculados.

Los mercenarios

¿No hay siervos útiles entre ellos? ¿No están los buenos obreros de la viña, que han trabajado desde el amanecer y han soportado el agobio del calor?

---

1. Este es el sentido del añadido de Mateo: «*de espíritu*». No se trata de los que no tienen dinero, sino de aquellos cuyo corazón es libre (Mt 5,3).

El hijo mayor

¿Estará el hijo mayor, que ha trabajado en el campo todos los días, desde su juventud? ¿Lo veis? Estoy buscándolo en vano. Nunca jamás aparecerá entre los publicanos. Y mucho menos cerca de las prostitutas. Ni al lado del pródigo. ¿Cómo iba a estar él, el fiel, el leal, el observante, el que «no ha dejado jamás de cumplir una orden», entre gente de esta clase?

Al banquete sólo se puede entrar por la puerta de la misericordia. Como el pródigo, hay que reconocer: «Yo no soy digno». Pero el hijo mayor ha llevado siempre una vida digna. Como Laodicea, hay que pronunciar la confesión liberadora dictada por el Hijo: «Yo soy miserable, despreaciable, ciego...». Pero esto es imposible para el mayor: se considera impecable.

¿Cómo va a ser posible encontrar un defecto detrás de esta coraza de impecabilidad? El Padre lo ha intentado en vano.

¿Por qué le habláis de volver? ¡Nunca se ha ido! ¿Por qué intentáis que se acerque al Padre? Nunca se separó de él. No se da cuenta de que está infinitamente más lejos del Padre que su hermano menor. Este se acordaba de él con ternura. Recordaba perfectamente cómo su Padre trataba a sus siervos, cómo acogía a los vagabundos y mendigos; a pesar de la distancia, intuía como respondería el corazón del Padre. Lo conocía mucho mejor que el hijo mayor, que físicamente no le había dejado, pero no había llegado nunca a conocerlo de esta manera. El pródigo estaba separado sólo por sus calaveradas y por unos cuantos kilómetros; el mayor está separado por un abismo de incomprensión y de desconocimiento total.

Fijaos en esta ocurrencia, que parece un ejemplo de humor negro: «Una familia es un grupo de seres unidos sólo por el azar, que se desconocen y se juzgan severamente». Y, sin embargo, es cierto que si faltan el amor y la apertura del corazón, el desconocimiento y la severidad son mayores hacia los «próximos» que hacia los demás; mirad cómo desconoce el hijo mayor al Padre y qué mal lo juzga. Su reacción ante el banquete por el regreso de su hermano, manifiesta con toda claridad que nunca había conocido el amor del Padre y su misterio. Este alma que se cierra a la intimidad, que rechaza la relación de confianza total, aflige el corazón de su Padre mucho más que todas las faltas del pródigo.

«Nunca he dejado de cumplir una orden»

Y lo peor es que no es consciente de ello. No se da cuenta de su profunda miseria, pues está protegido por un caparazón de observancia, que resulta imposible traspasar. No sería capaz de admitir que no está en la cumbre de la perfección: «Nunca he dejado de cumplir una orden». Y, sin embargo, le falta lo esencial: no conoce el corazón del Padre. Su corazón seco, cerrado, no ha sabido nunca qué es el amor. Ni un solo día ha faltado en la mesa familiar, pero iba a ella a buscar su ración como un mercenario.

Sin duda que tiene cualidades, y no es poco que haya adquirido buenos hábitos, como levantarse por la mañana para ir a trabajar a la viña; en caso de que se convirtiera, probablemente le sería más fácil que al otro practicar de un modo regular las virtudes; pero es el ser más difícil de convertir, porque se apoya en sus virtudes y en sus méritos. Esta conciencia de su propio valor le impide percibir el sentido de la gratuidad. Por eso su situación es peor que la de los pródigos: es incapaz de volver de un modo espontáneo; nunca tuvo hambre. También resulta imposible hacerle reconocer su propia miseria, como a Laodicea: no sería capaz de aceptarlo. En estas condiciones incluso la revelación del amor sería ineficaz, porque sólo puede acogerla un corazón abierto. Cuando Jesús vino a instaurar el reino del amor, tuvo que comenzar enseñando la pobreza; Laodicea se dejó atraer por los dones de Dios únicamente después de haber reconocido humildemente su indigencia: el terreno estaba preparado. En el caso del hijo mayor, por el contrario, la miseria se defiende con tanta autosuficiencia que el alma obcecada se hace inaccesible.

El Padre suplicante

No obstante, el Padre hace un último esfuerzo; trata de hacerle reacionar con las mismas palabras y los mismos gestos que han sido tan eficaces en el caso de Laodicea:

> El Padre le suplicaba (Lc 15,28).

En virtud de un cambio de papeles, es el Padre quien suplica —de igual modo que en el caso de Laodicea, el Testigo fiel se había puesto en el lugar del que solicitaba—:

> Mira que estoy a la puerta y llamo (Ap 3,20).

El argumento más importante, tanto en un caso como en otro, el que debe conmover el corazón, es el de la intimidad:

> Tú siempre estás conmigo (Lc 15,31).

Las mismas palabras con las que se insiste al final a Laodicea:

Yo con él y él conmigo (Ap 3,20).

Esta intimidad da derecho a participar de todos los bienes del Padre:

Todo lo mío es tuyo (Lc 15,31).

Los tesoros de Dios están abiertos, sin ofrecer nada a cambio:

Te aconsejo que me compres oro... vestidos blancos... y un colirio... (Ap 3,18).

Pero el hijo mayor tiene mentalidad de funcionario y no es capaz de aceptar una relación de confianza total y libre. Ha podido ver, sin conmoverse, cómo el Padre le suplicaba. Hasta su grito de ternura le deja indiferente: «¡Tú siempre estás conmigo!»

«Tú siempre estás conmigo»

¡Claro que sí! Iniciar una amistad, descubrir una posibilidad de amor, es más raro y más difícil después de unos años de convivencia indiferente y aburrida, que en la frescura de un primer encuentro, o en las lágrimas de un retorno inesperado. El Padre quería que él tomara conciencia del valor excepcional de esta intimidad, de esta proximidad, que materialmente, nunca se ha roto. «Tú siempre estás conmigo». El hijo mayor nunca tuvo esta experiencia, ni descubrió aquello que fue suficiente, varios siglos antes de Cristo, para apaciguar y saciar el alma, llena de fe y llena de amor, de un viejo salmista:

Yo siempre estoy contigo (Sal 73,23).

El sabe perfectamente que nunca ha dejado a su Padre y se gloría de ello; lo considera un mérito, que se ha de tener en cuenta. Cuando el Padre trata de revelarle todo lo que en el estar con él hay de único e irreemplazable, se encoge de hombros. Estar con Cristo es «ciertamente con mucho lo mejor» (Flp 1,3), como dice san Pablo, acumulando los superlativos, sin preocuparse demasiado de la gramática, porque la realidad inefable desborda lo que pueda expresar una lengua humana. «Tú siempre estás conmigo»: éste es el gozo de la bienaventuranza ya comenzada, es la recompensa suprema, todavía oscura, pero real.

«Todo lo mío es tuyo»

Este alma mercenaria deseaba en secreto otra recompensa. Mirad qué reivindicación presenta aquel día. ¿Cuál es? ¡Un cabrito! «Pero, hijo mío, todo lo mío es tuyo. En la casa del Padre se compra sin dinero, sin dar nada a cambio. ¿Quieres oro puro, todo lo que te quepa en las manos; quieres la mejor ropa, parecida a la de tu hermano, o los vestidos blancos con que se viste Laodicea; quieres el colirio precioso que necesitas, porque tus ojos está enfermos? Tómalo, todo lo mío es tuyo. Y también el cabrito que querías, ¿por qué no me lo habías pedido? Trae a tus amigos y entra al banquete. Es un banquete de carnes exquisitas; comed y bebed, alaegraos, queridos...»

El menea la cabeza. No. No quiere. Esto no es justo. El quería su nómina, donde constaran sus meses de servicio, y sus horas extraordinarias, y donde se detallara todo el trabajo que había realizado. Así se habría puesto de manifiesto la gran distancia que hay entre él y su libertino hermano. ¡Cuidado! Este es un cálculo equivocado: la tarifa oficial es un denario por día, del que hay que deducir legalmente los impuestos y la seguridad social; mientras que si no se aplica tarifa, no tienes más que poner la mano para recibir todo el oro que quieras. ¡Pon la mano! Pero él se avergonzaría de mendigar. ¿Quién os pensáis que es? El no es un mendigo. Ha realizado un trabajo; todo trabajo merece su salario.

«¿Qué tienes que no lo hayas recibido?»

¡Desdichado! No ha comprendido nada, absolutamente nada. En primer lugar, ¿cómo es posible que no sepa que el Padre le ha dado la vida, y le ofrece en todo momento la posibilidad de trabajar...? No está obligado a pagarle ningún salario, porque todo viene de él y todo le pertenece.

Y además, ¿cómo no se ha dado cuenta de que su pobre trabajo no aportaba nada al Padre? El Padre no se lo asignaba más que por bondad, por condescendencia, para asociarlo, de una forma casi insignificante, a su cosecha, a su vendimia, a una obra inmensa que este alma opaca ni siquiera puede sospechar. El Padre ha querido darle la alegría de que haga algo por él; aunque sea algo muy pequeño, no importa; lo hacía para ofrecer a su hijo una ocasión de alegrar el corazón de su Padre, de llevarle un haz pobre y pequeño, tan pequeño que no cuenta casi nada en la obra extraordinaria que sólo el Padre conoce. Por insignificante que sea la gavilla, él acoge con una calurosa aprobación al obrero que la lleva —«Bien, siervo bueno y fiel» (Mt

25,23)—, pues representa una jornada completa de trabajo duro, metiendo una y otra vez la hoz bajo un sol abrasador.

¿Quieres saber de qué medio dispone el Padre cuando necesita un resultado verdaderamente eficaz, un rendimiento productivo? Tiene reservadas unas hoces muy diferentes:

Luego salió del santuario otro ángel gritando con fuerte voz al que estaba sentado en la nube: «Mete tu hoz y siega, porque ha llegado la hora de segar; la mies de la tierra está madura». Y el que estaba sentado en la nube metió su hoz en la tierra y quedó segada la tierra (Ap 14,15-16).

En un abrir y cerrar de ojos. Toda la tierra. ¡Esto es trabajar! ¿Dónde está la gavilla por la que reclamabas el salario con tanta insistencia? ¿Por qué la escondes ahora?

Y la vendimia... ¿qué dirías si presenciases la vendimia de Dios?

Otro ángel salió entonces del santuario que hay en el cielo; tenía también una hoz afilada. Y salió del altar otro ángel, el que tiene poder sobre el fuego, y gritó con fuerte voz al que tenía la hoz afilada: «Mete tu hoz afilada y vendimia los racimos de la viña de la tierra, porque están en sazón sus uvas». El Angel metió su hoz en la tierra y vendimió la viña de la tierra, y lo echó todo en el gran lagar del furor de Dios (Ap 14, 17-19).

Un solo obrero agrícola no puede competir con la rapidez de las poderosas máquinas agrícolas modernas. Pero las máquinas más perfectas no tendrán jamás ni punto de comparación con este trabajo fulminante de los ángeles...

¿Has comprendido ahora hasta qué punto tu servicio es inútil? Incluso cuando has hecho todo lo que debías, hasta la última iota, sin dejar de cumplir nunca una orden, por supuesto. ¿Entiendes por qué el trabajo de los obreros de la hora undécima vale tanto como el tuyo? El denario del que tanto te has quejado era pura misericordia, tanto para los primeros como para los últimos.

Todo es don

Por eso no vemos «siervos útiles» en la sala del banquete. Si se encuentran en ella los obreros buenos —da igual que sean los primeros o los últimos—, nunca están allí como «siervos útiles». No hay proporción alguna entre el trabajo que se pueda realizar y el gozo del banquete, la alegría de estar con él. El Padre no invita a los que creen que pueden dar algo a cambio (Lc 14,12). Pues su misericordia es infinitamente gratuita, y la vida eterna es puro don de Dios (Rm 6,23).

Los siervos buenos y fieles

Cuando Dios da a sus hijos la posibilidad de llevarle un haz, pequeño, según sus pequeñas fuerzas, pero relativamente apretado; cuando les permite trabajar con provecho en su campo; cuando concede a sus santos la posibilidad de realizar una obra útil como servicio para él, es, sin duda, porque esta obra le agrada, porque entra en su designio providencial, porque ocupa el lugar previsto y se inscribe en un momento favorable en la historia de la salvación. Sin duda. Pero tal vez lo haga sobre todo para darles la posibilidad de mostrar su generosidad, de aportar el testimonio de amor que Dios busca por encima de todo.

Puede suceder que una renuncia sea una ocasión para manifestar un amor mayor, una ocasión para preferir a Dios por encima de todo lo que se pueda hacer por él. Tal vez por eso sucede con frecuencia —la vida de los santos lo confirma—, que cuando Dios quiere llevar a un alma a una mayor intimidad con él, el sacrificio que le pide es precisamente el de renunciar a la obra misma que había comenzado para él. A sus ojos es mucho más importante introducir cada vez más un alma en el misterio de la pobreza, que todos los trabajos que ella pudiera realizar. La libertad perfecta de sus santos en relación con cualquier tarea es un homenaje que tiene para él un valor infinitamente mayor que la realización de una obra llevada a término.

«Ya no os llamo siervos, sino amigos»

Si Dios quiere completar la obra, ¿no tiene a su diposición doce legiones de ángeles? Dios lo haría todo —todo lo que hacemos por él— mejor solo, sin nosotros. No necesita de nosotros, de nada, ni de nadie.

Y sin embargo, sí. Todo sucede como si Dios necesitara una sola cosa; lo único que Dios no haría sin nosotros, es nuestro sí. El sí del amor. Dios lo espera de nosotros con la misma impaciencia y esperanza del novio pendiente del sí de su amada. Cuando estamos realmente entregados en cuerpo y alma a una causa, a la obra útil que hacemos por él, cuando ponemos en ello el corazón entero, en ese momento a veces él permite una prueba desgarradora. La obra se ve entonces rechazada, aniquilada, puesta en manos de otros y el corazón queda roto.

Mas del vaso roto sube un perfume penetrante y la casa del Padre se llena de la fragancia de este nardo.

¡Bueno, bueno —podrá decir alguno—, esto es demasiado duro! ¿Tengo que entender que metes en el mismo saco las obras de los santos y los ungüentos que utilizan las prostitutas para pecar? Lo que cuenta para Dios es la apertura del corazón y la donación total. El símbolo está en que se rompa el vaso donde cada uno ha puesto lo más valioso que tiene: la prostituta, su bálsamo exquisito; el santo, su obra más útil... Así una y otro vienen a ofrecer en sacrificio de agradable olor, a los pies del Señor, en una libación de lágrimas, su tesoro más querido, y su corazón con su tesoro: ¡Bienaventurados los pobres!

La puerta estrecha

El mismo Francisco de Asís, antes de ser asociado con su propio cuerpo al misterio de la crucifixión, conoció este desgarramiento. Vio cómo, bajo la dirección de Elías de Cortona, su orden evolucionaba en el sentido contrario a lo que él había imaginado de un modo tan simple. Gritó de dolor: «¿Quiénes son los que se han atrevido a separarme de mis hermanos?» Ya había gozado de la dulzura de los desposorios con su dama pobreza. Pero no conocía la dureza de su abrazo, el sabor a muerte que tendrían las bodas. Pero era necesario llegar al extremo despojo para introducir al Pobrecillo hasta lo más profundo del misterio de la pobreza. Y se retiró al Averno, donde le esperaba el Crucificado.

Esta es un experiencia que aparece en el origen de muchas familias religiosas. Se podrían poner muchos ejemplos.

Jeanne Antide Thouret, la fundadora de las Hijas de la Caridad de Besançon, fue a difundir su obra en Italia. Cuando volvió, sus hijas no quisieron recibirla. Llamó a la puerta: «¡Abridme, soy vuestra madre!» La puerta siguió cerrada.

Nada más fundar las Hermanitas de los Pobres, por una intriga, se le quita a Jeanne Jugan el honor de la fundación. Se comenzó a difundir una nueva versión de la historia en la que ella ya no contaba para nada. Ella dejó que le arrancaran la maternidad y simplemente guardó silencio.

La fundadora del Cenáculo fue suplantada, después de treinta años, por una postulante que se otorgó el título de «priora-fundadora». Y vivió completamente oculta durante veinticuatro años, como único testigo de los orígenes, sin que nadie conociera exactamente su función.

Marie Thérèse de Soubiran La Louvière, la madre de las religiosas de María Auxiliadora, fue expulsada de su joven fundación, que estaba en plena expansión, por una intrigante que ocupó su lugar. Hasta sus propias hijas podían considerarla infiel y exclaustrada. Un paquete de cartas, descubierto por azar después de su muerte, les descubrió la verdad.

Hay una especie de constante en la vida de los santos. Dios se preocupa de su santidad mucho más que de su obra; se sirve de su obra para santificarlos; no le importa ponerla en peligro, incluso sacrificarla, si esto puede conducir a su elegido a una pobreza más perfecta, a la experiencia insustituible del servidor inútil.

«Entra en el gozo de tu Señor»

Incluso para quienes no han conocido estas formas violentas de expropiación, la bienaventuranza comienza necesariamente con la primera bienaventuranza, la santidad les sumerge en una pobreza cada vez más despojada.

Bienaventurados los pobres. Si esto es cierto para los tibios y los pródigos, es todavía más cierto para los santos. Cuanto más se adentran en la amistad divina, mejor saben, con una evidencia oscura, infinitamente sabrosa, que todo es gracia, que no podemos dar nada a Dios, que de él sólo podemos recibir. ¿Quién puede presumir de haber enriquecido a Dios?

Una vez que Dios les avisa, su obra no cuenta ya nada; sueltan rápidamente la gavilla que iban a atar, para correr, totalmente pobres y desnudos, hacia sus brazos.

Fijaos en santo Tomás, el «buey mudo», con qué regularidad, con qué fidelidad, había trabajado en el campo del Señor. Había puesto humildemente su genio extraordinario y su magnífica capacidad de trabajo al servicio de la verdad divina; había construido un sistema teológico que iba a mantenerse durante siglos. Faltaban sólo unos meses para concluir la Suma Teológica...

Pero Dios le avisa. Tomás ya no aprecia el buen grano que ha acumulado, todo le parece sólo paja. Su fiel secretario, Reginaldo, le presiona para que acabe. Tiempo perdido. Los tratados que faltaban, faltarán para siempre. El no va a escribirlos; ¡le parecen un poco de paja! Y entra en el gozo de su Señor.

Juan de la Cruz había reformado una gran orden religiosa, había sufrido y penado más que nadie, por servir a Dios. Dejaba una obra en la que iban a alimentarse los contemplativos de todos los tiempos. En su lecho de muerte, alguno con buena intención le recordaba todo el trabajo que había hecho... El se encogió de hombros, diciendo que sólo esperaba en la misericordia. Es la experiencia definitiva de desnudez, la pobreza perfecta frente a Dios.

Teresita del Niño Jesús renovó toda la espiritualidad de su tiempo. Conocía la importancia de su mensaje, ciertamente tuvo la intuición de que iba a tener un gran influjo. Después de haber vivido con tal fidelidad que tenía conciencia de «no haber negado nunca nada al buen Dios», ella le decía: «Compareceré ante vos con las manos vacías».

«¡Ay de vosotros, los ricos!»

¿Eres tú, hijo mayor, áspero y cascarrabias, el que viene a reclamar un salario y una nómina por tu pobre trabajo? Mira a los santos, deja tu gavilla, y acepta simplemente la misericordia. Repite las palabras que el Señor enseña a Laodicea, de la que estás más cerca que de estos ejemplos demasiado elevados: «Soy pobre, desgraciado, digno de compasión, ciego y desnudo». Entonces te pertenecerán todas las riquezas, descubrirás el amor del Padre y entrarás en el gozo del banquete.

No. Está claro que no puede. ¡Cómo va a aceptar que lo traten como a este desgraciado, él, que ha sido siempre íntegro, que ha pagado hasta el diezmo de la menta y el comino! El, que posee tantas virtudes preciosas: su fidelidad, su obediencia, su regularidad, su puntualidad y tantos años de trabajo...

Las posee. Lleva cuenta de ellas. Se siente colmado con su riqueza ¡Ay de vosotros, los ricos!

El peso de las riquezas materiales retuvo al joven al que Jesús amó. Pero el apego a los bienes espirituales es más paralizador y más difícil de romper todavía, porque tienen un valor real mayor y nos afectan más de cerca...

La parábola concluye, quedando él en silencio. Se va muy triste.

No entró en la sala del banquete[2].

---

2. En realidad, el silencio es la respuesta a las palabras del Padre; unas palabras que atravesarían un peñasco. Nadie conocerá nunca el final del relato: la posibilidad

«Haz entrar a los pobres»

> Entonces, airado el dueño de la casa, dijo a su siervo:
> «Sal enseguida a las plazas y calles de la ciudad,
> y haz entrar aquí a los pobres y lisiados,
> y ciegos y cojos» (Lc 14,21).

Ellos se encontrarán a gusto con los tibios, los pródigos, las prostitutas, los inútiles.

---

de la conversión del hijo mayor sigue abierta.

Al suponer una conclusión del relato no me aparto de la intención de la parábola. Con este tejido libre de textos he pretendido caracterizar una actitud; para ello cargo sobre el hijo mayor los pecados del fariseo que despreciaba al publicano, las murmuraciones de los obreros del amanecer, la ausencia de los invitados que no acuden, la partida del joven rico…

Por supuesto, no queremos hacer un juicio temerario sobre él, y le concedemos personalmente el beneficio de la duda que autoriza la reserva del evangelio.

LAS BIENAVENTURANZAS, CAMINO HACIA LA BIENAVENTURANZA

1. Bienaventurados los pobres de espíritu,
   porque de ellos es el reino de los cielos.
2. Bienaventurados los mansos,
   porque ellos poseerán en herencia la tierra.
3. Bienaventurados los que lloran,
   porque ellos serán consolados.
4. Bienaventurados los que tienen hambre y sed de la justicia,
   porque ellos serán saciados.
5. Bienaventurados los misericordiosos,
   porque ellos alcanzaránn misericordia.
6. Bienaventurados los limpios de corazón,
   porque ellos verán a Dios.
7. Bienaventurados los que trabajan por la paz,
   porque ellos serán llamados hijos de Dios.
8. Bienaventurados los perseguidos por causa de la justicia,
   porque de ellos es el reino de los cielos[1] (Mt 5,3-10).

Mercado o huerto

Al proclamar las bienaventuranzas, Cristo entregó de una vez lo esencial de su mensaje; reveló las actitudes de la vida cristiana.

Inmediatamente se plantea una pregunta: ¿Cuál es la naturaleza de la relación que se establece entre los dos términos presentes en cada una de las bienaventuranzas y en todas ellas consideradas conjunta-

1. Seguimos el texto de Mateo, de acuerdo con los manuscritos más comunes. Conservamos el orden de las ocho bienaventuranzas según la Vulgata. Muchos comentadores las reducen a siete: o bien (especialmente los antiguos) separando la octava y añadiéndola a los versículos siguientes, o bien (los modernos) suprimiendo la segunda, que es menos segura según la crítica textual y podría ser una cita de un salmo que forma un paralelismo con la primera. Como estos detalles tienen poca importancia para nuestro objetivo, mantenemos el orden y los números tradicionales.

mente? ¿Es una relación de oposición, de contraste? ¿O lo es de continuidad, de armonía?

Pensad en estas dos maneras de conseguir los frutos: hay quien trabaja para reunir una cierta cantidad de dinero; al llegar el día, va al mercado y compra los frutos. Hay quien ha recibido un huerto en herencia: en primavera, admira las flores; después ve cómo se van haciendo los frutos, observa cómo maduran por completo y finalmente los recoge. En el primer caso, estamos en el ámbito de la justicia; el hombre tiene que hacer un sacrificio para poder adquirir; además, el dinero y el fruto son dos cosas completamente heterogéneas. En el segundo caso nos encontramos en el ámbito de la esperanza y de la gratuidad; el hombre saborea el fruto de ese árbol sin tener que pagarlo; el fruto es ya suyo antes de que lo recoja; hay un proceso natural y homogéneo entre el árbol, la flor, el fruto verde y el fruto maduro.

¿En cuál de estas dos canastas habría que poner los frutos de las bienaventuranzas? ¿Comprados en el mercado o madurados en el huerto? ¿En la parte del mérito, del sacrificio y de los elementos heterogéneos? ¿O en la parte da la gratuidad y de la maduración progresiva?

A medida que meditamos estas palabras esenciales de Cristo y que tratamos de configurar nuestra vida con ellas, descubrimos cada vez mejor hasta qué punto el estilo de vida que nos proponen, las cualidades en las que insisten, son homogéneas con la Bienaventuranza: el Señor nos las ha enseñado para que nos familiaricemos con su reino.

En primer lugar, podría llamar la atención la contraposición entre la situación aludida y el fruto prometido; y se debe reconocer que parece que algunos ponen el acento en la antítesis[2]: pobreza y posesión, lágrimas y consuelo, hambre y saciedad, persecuciones en la tierra y reino de los cielos.

La octava bienaventuranza

La última, la bienaventuranza de los perseguidos, queda explicada en la perícopa que sigue y que enumera los sufrimientos, las humillaciones y las pruebas que aguardan a los fieles desde que comienzan a seguir a Cristo[3] y a configurar su vida de acuerdo con las bienaventuranzas. Jesús les predice con cierto detalle lo que les espera, a fin

2. La antítesis aparece sobre todo en el evangelio de Lucas, en el que las oposiciones son más tajantes, y las malaventuras que siguen están dispuestas como contraposición a las bienaventuranzas.

3. «Por mi causa», dice él (Mt 5,11).

de que estén preparados para vivir en la situación normalmente incómoda de los cristianos sobre la tierra: desde Pentecostés hasta el final de los tiempos serán víctima de la lucha formidable, descrita en el Apocalipsis, de los poderes del mal que se ensañan contra la Iglesia.

Es evidente la oposición entre la condición terrena y la del reino definitivo; constituye el eje del texto. Además el Señor insiste en ello al apronunciar la palabra «recompensa»: «Alegraos y regocijaos, porque vuestra *recompensa* será grande en los cielos» (Mt 5,12). Las persecuciones son una prenda, son como la garantía de la recompensa futura. No hay duda: es cierto que la octava bienaventuranza insiste en la antítesis entre la situación presente y la del más allá.

Diríamos que se trata de un fruto que se compra y que, a veces, se paga muy caro.

La quinta, sexta y séptima bienaventuranzas

¿Y las otras siete? Hay que analizarlas para comprobar si el centro del mensaje está también en la oposición entre la prueba y la recompensa.

Forman dos grupos bastante distintos: las cuatro primeras, como caras de una misma joya, revelan diferentes aspectos del misterio de la pobreza; las tres siguientes, propias de Mateo, tienen un carácter, un tono, muy distinto; es posible que manifiesten una reflexión cristiana más avanzada: tal vez no se dirijan en modo alguno a las mismas personas, o pueden referirse a otras situaciones.

En cualquier caso está claro que, en esta segunda serie, no aparece ninguna oposición entre el camino y la meta; al contrario, cada una de ellas nos indica una senda simple que conduce directamente al término; una senda que, en cierto sentido, es ya el término:

los misericordiosos... alcanzan misericordia,
los limpios de corazón... ven a Dios,
los que trabajan lor la paz... son llamados hijos de Dios.

Estas bienaventuranzas —la quinta, la sexta y la séptima— quedan ya establecidas en el corazón del reino. Sólo hace falta que sus frutos maduren en la tierra prometida.

Las cuatro primeras

¿Y qué decir del primer grupo, que se resume en la bienaventuranza de la pobreza? ¿Está su intención más profunda, en la medida en que podemos discernirla, en la antítesis entre la condición presente y la dicha futura?

¿Hay qué situarlas al lado de la octava bienaventuranza, como si la pobreza, las lágrimas, el hambre y la sed se encontraran, más o menos, al mismo nivel que la persecución? ¿Serían pruebas más interiores o más íntimas, o sufrimientos libremente elegidos, correspondientes a la prueba exterior y pública, impuesta desde fuera, la de la persecución?

¿O hay que colocar este primer grupo en estrecha relación con el segundo, y leer todas las bienaventranzas, excepto la última, en la perspectiva de la continuidad, de un camino hacia el reino ya comenzado —ya presente en medio de nosotros—, de un acostumbrarse progresivamente a la Bienaventuranza?

La pregunta es importante, porque la estructura de la vida cristiana se ve modificada, y recibe una tonalidad, un valor, y un sabor diferentes cuando se produce un cambio de acento —aunque sea pequeño— en estos principios que regulan toda la existencia del cristiano.

Es cierto que lo primero que llama la atención es la antítesis: los pobres... poseerán, los afligidos... serán consolados, los hambrientos... saciados; y uno tendría la tentación de interpretarlas así: sed pobres para poseer un día, mansos para recibir una herencia, pasad hambre para ser saciados...

La pobreza y sus diferentes manifestaciones podrían parecer un impedimento para la entrada en el reino; serían como un seto levantado en torno a él, que permitiría acceder sólo a los que fueran capaces de franquear el obstáculo; o incluso una especie de precio que pagar, un peaje.

Como si el Señor exigiera que se pagara el gozo con un sufrimiento, la posesión con una privación... una especie de «mercado» (¡tan contrario al modo de actuar de Dios!).

Una mentalidad de ahorrador

Cuando uno se coloca en esta perspectiva, puede suceder que se entre resueltamente en la ascesis de la pobreza, que se acepten la aflicción, el hambre y la sed; pero con la intención de recibir un día como contrapartida la riqueza, el consuelo, la saciedad y el reino. No sería justo decir que éste es el caso de las almas mercenarias; pues es bueno, está bien, desear el reino, y seguramente es mejor entrar en este camino mirando la meta que rechazarlo. Pero en el fondo, sin darse cuenta, acaso quede todavía en esta concepción de la pobreza mucho de avaricia: se está dispuesto a privarse, pero para poseer; se ayuna para estimular el apetito y disfrutar más del banquete.

Esta mentalidad de ahorrador, del que espera poseer en el futuro, no hace justicia a las bienaventuranzas: el semón de la montaña nos propone como modelos las flores del campo y los pájaros del cielo...

Si Cristo insiste sobre el desapego de los bienes materiales, no es porque el despojo tenga un valor por sí mismo. Sino porque la riqueza, o la preocupación por ella (incluso legítima: el ahorro) puede endurecernos el corazón de un modo más peligroso que los placeres carnales: la mujer «perdida» sólo tiene que romper un frasco de perfume par ser «encontrada»; el rico tiene que dar todo lo que tiene (Lc 18,22). Ella inventó el gesto por la espontaneidad de su corazón; sin embargo, aquel que se encontró con la mirada amorosa de Jesús (Mc 10,21) no puede decidirse, está poseído por sus muchas riquezas...

Este aspecto de la renuncia existe realmente, porque es indispensable para comenzar, y son muchos los «dichos» del evangelio que insisten en él con vigor (especialmente en Lucas, con un carácter ascético).

Pero eso no es más que el comienzo. Si uno queda hipnotizado en este aspecto de la privación, se tiende a pensar que cuanto más duro, austero, compungido, sea uno, más derecho tendrá a una recompensa mejor. Al encontrarse con esta mentalidad, el pobre poeta, lleno de espanto, grita:

> Queréis que sean demasiado puros, aquellos a quienes hacéis felices,
> y cuando llegan a la dicha, resulta que han sufrido demasiado por ello.

Más allá de esta perspectiva de antítesis y de ascesis, hay un sentido más profundo de estas cuatro primeras bienaventuranzas, un sentido que las empareja con el grupo siguiente: fructificación y maduración hacia el paraíso, en lugar de la prueba y del sacrificio.

Bienaventurados...

¿Dónde podemos encontrar mejor el significado global de las bienaventuranzas? Tal vez se encuentre en esa palabra que Jesús repite con tanta insistencia:

> Bienaventurados...

Nos ha creado para nuestra dicha, en un jardín de delicias. Se ha complacido haciéndonos bien (Jr 32,41). Y cuando hemos abandonado la casa paterna, y hemos preferido experimentar el mal y la desgracia, ha venido para abrirnos de nuevo la morada y para incorporarnos nuevamente al banquete y al reino:

> ¡Entra en el gozo de tu Señor!

A esto nos invita: ¡Bienaventurados!, ¡sed, pues, bienaventurados!, aprended a serlo... Las primeras palabras de su mensaje las dedica a revelarnos las reglas de la dicha que habíamos perdido. Hay que redescubrirlas progresivamente, para acostumbrarse, para adaptarse a la bienaventuranza; hay que ser capaces de experimentar la alegría, esta alegría infinita que él nos ofrece, la alegría propia del Hijo en el seno del Padre:

> Para que tengan en sí mismos mi alegría colmada (Jn 17,13)

Bienaventurados los pobres

El insiste primero sobre la condición primordial de la alegría, lo que la hace posible y la alimenta. Y, con una palabra, trastorna las concepciones universalmente compartidas, tanto las de dos mil años antes de él como las de dos mil años después, tanto las del tiempo de Abrahán como las de la sociedad capitalista; la humanidad en su conjunto está de acuerdo, al menos, en esto: la riqueza es un bien primordial y una condición para la dicha.

Sin embargo, Cristo proclama que la pobreza es el primer valor, indispensable para la dicha y el reino.

La pobreza material no es más que el comienzo, una forma de desbrozar el camino. Es el lindero de un camino que se sumerge en el infinito. En un cierto sentido, se podría considerar el progreso espiritual de un alma como su avance en el misterio de la pobreza.

¿Por qué?

Porque todo es don.

Todo es don

¿Qué tienes que no lo hayas recibido? (1 Co 4,7). Hemos recibido el ser y la vida, nuestra alma y nuestro cuerpo, nuestros dones naturales y todas las riquezas con que nos encontramos al nacer. Hasta entonces no corremos el peligro de poner trabas a la liberalidad de Dios.

La Gracia y todas las gracias que llenan nuestros días, la luz y el gozo, los sufrimientos y las noches, nuestro progreso en el orden espiritual y el bien que puede hacerse por medio nuestro, todas nuestras obras, y... Para ello Dios necesita una paciencia infinita con nosotros.

Dios es amor y es don: éste es el nombre propio de una persona divina. El quiere dar infinitamente: «Todo lo mío es tuyo» (Lc 15,31). Dar y darse: sólo desea colmar a sus creaturas por entero.

¡Bienaventurados los pobres! Cuanto más pobre es un alma, más vacía se encuentra, y más profunda es su súplica. Los bienes de Dios pueden llenar sin obstáculo este alma abierta, con tal de que ella sepa permanecer pobre ante la maravillosa abundancia de las riquezas que afluyen: pobre de la pobreza de su ser, de la pobreza ontológica de las criaturas; pobre de bienes espirituales, en la humildad de su condición pecadora; pobre como el niño pequeño que no posee nada y todo lo espera del Padre...

Pero a menudo nosotros mismos levantamos el obstáculo: Dios da y nosotros queremos retener de un modo avaro; tan pronto como nos colma con una de sus larguezas, nos aprovechamos para vanagloriarnos, o para alimentar nuestro orgullo y nuestra autosuficiencia. Cada uno de estos gestos egoístas nos bloquea, nos frena en nuestro progreso y nos impide recibir más. Dios, que quería colmarnos cada vez más, se encuentra detenido por sus propios dones, con los que hemos construido un muro entre él y nosotros. ¡Tendría motivos para desanimarse, si no fuera Dios!

Sin embargo, él no se deja descorazonar, y utiliza una estrategia infinitamente paciente. Se esconde para hacerse desear, deja de conceder sus dones para que percibamos nuestro vacío y nuestra impotencia; incluso deja que el alma vaya, sirviéndose de la heredad que ha recibido de él, hasta una región lejana, porque en esa tierra de hambre y angustia, se acordará de la bondad del Padre...

Hambre y sed de la justicia

Sólo hay una cosa que crea un obstáculo que parece insuperable para el mismo Dios. Es la autosuficiencia, la sensación de plenitud —¡ay de vosotros, los ricos! (Lc 6,24)—, la actitud del que quiere hacerse a sí mismo, llevar a cabo su perfección, acumular sus méritos, poseer todas las virtudes... En un corazón así no queda lugar para el deseo. No se siente ese vacío que puede provocar una súplica. No carece de nada, no hay ninguna fisura por donde pueda pasar la gracia;

no existe ningún medio para colmar un alma cerrada en la posesión celosa de sus bienes espirituales.

Es el peor de los peligros, el *peligro de los justos* (el de los fariseos...).

Por eso Cristo se tomó la molestia de precisarnos la forma auténtica de la pobreza, en una bienaventuranza que revela la ambivalencia fundamental de la palabra justo; esta palabra que puede representar la cumbre en el orden de los valores y que, en esta perspectiva, es uno de los términos más nobles que se puede aplicar a una persona («era un justo»); y que, por otra parte, representa también el límite donde tropieza la santidad, el peligro que la acecha, la finitud que la rodea y le impide acceder a la infinitud del amor y al reino sin fronteras...

El monje austero que, desde hace mucho tiempo, se esfuerza por cumplir de un modo cada vez más impecable la regla, que ha alcanzado un alto grado de rigor y de observancia, que pone toda su empeño en no omitir nunca una inclinación de cabeza..., ¡sentiría como una bofetada, si un día de gracia excepcional se le concede descubrir la cuarta bienaventuranza!:

> Bienaventurados los que tienen hambre y sed de la justicia...

De pronto se da cuenta de que en realidad no tiene hambre y sed, porque creía que pertenecía al grupo de los justos... Todo comienza a vacilar. Para él la «justicia» va a cambiar de sentido. «Si vuestra justicia no es mayor que la de los escribas y fariseos...» (Mt 5,20). Los fariseos son insuperables en su propia práctica, porque su justicia es minuciosa y puntillosa. Pero hay una justicia que la supera, una justicia de otro orden. Una justicia que es un don. Hay que aprender a recibirla; y primeramente a mendigarla.

Al mismo tiempo, descubre el valor de la oración de súplica, para reconocer que todo viene de Dios, y para avivar en su alma este hambre y esta sed, que pueden conducir por sí solas a la saciedad; que, en un cierto sentido, *son* la misma saciedad; porque esta misteriosa justicia del reino se da gratuitamente, se concede a medida del hambre y de la sed; y el hambre y la sed se tienen en la medida en que el alma es consciente de que no posee la justicia.

Un descubrimiento espiritual

De pronto su vida entera le parece algo hueco, como una apariencia vacía, lo exterior de la copa y el plato...

Para el pagano no hay esperanza. El cristiano, en este momento de descubrimiento espiritual, puede poner toda su esperanza en Dios y comprender por fin que la pobreza no es sólo una condición puesta arbitrariamente, un impedimento que vencer, un obstáculo que superar, un sacrificio que se nos pide para entrar en el reino, sino que es mucho más que todo eso.

Es un acostumbrarse, un familiarizarse, una forma de «afinarse» (en el sentido musical de la palabra) con el gozo que se nos promete.

El regreso y el gran desconcierto del que había acumulado —con mucho trabajo— una gran suma para adquirir estos frutos... cuando se da cuenta de que son los frutos del huerto paterno y que todo su dinero es completamente inútil porque basta con poner la mano...

Bienaventurados los pobres, porque todos los bienes sin excepción son dones, y las cosas que se pueden comprar no merecen que se sufra por ellas.

Este descubrimiento se irá haciendo más profundo en el alma que sepa estar atenta: si somos fieles, alcanza progresivamente sectores de nuestra vida que no habíamos sospechado; nos vacía cada vez más de lo que poseemos, de lo que hemos adquirido, de nuestra comodidad y de nuestra seguridad, hasta que nos familiarizamos con la gratuidad y transparencia absolutas, propias de la bienaventuranza.

A semejanza de Dios

El misterio de la pobreza tiene otra dimensión que procede de nuestra semejanza con Dios.

Nos ha creado para participar de la comunión con él, para vivir por siempre en su intimidad. El Verbo ha venido para revelarnos el secreto más profundo de la Trinidad: la dicha, el corazón de la bienaventuranza —por así decirlo— de estas tres personas es el intercambio, la comunicación eterna.

El gozo pleno de Dios consiste en darse. Sólo él se posee totalmente, de modo que puede darse por completo. En el marco de esta donación total brota la distinción de las personas en Dios; cada una de ellas es sólo *relación* hacia las otras dos.

Se nos invita a participar de este intercambio admirable, del gozo perfecto del amor, que lleva al que ama al corazón mismo de la persona amada, por una atracción recíproca. Se nos invita al banquete, a «entrar en el gozo del Señor», participando de esta amistad infinitamente generosa en el seno de Dios.

Nosotros no podríamos alcanzar una plenitud así entregándonos a nosotros mismos, sólo Dios es capaz de ello. Una creatura no puede disponer de todo su ser; éste es un privilegio del ser absoluto; sólo las personas divinas pueden ser relación. Pero al menos, aunque no podamos introducirnos por entero en el don, adentrémonos en él cuanto nos sea posible.

Podemos intentar, en cada gesto de nuestra vida, en cada ocasión, darnos, dejarnos desposeer, para vaciarnos de nosotros mismos, para sumergirnos infinitamente en el misterio de la pobreza. Cada vez que Dios nos avisa, cada vez que nuestro prójimo nos pide nuestro manto, cada vez que nuestros ojos se abren ante una exigencia inadvertida, descubramos con mayor profundidad (tal vez dolorosamente, da lo mismo), descubramos con mayor profundidad en nuestra vida la primera bienaventranza.

Poco a poco nuestra alma se hará límpida; seremos transparentes al reino y a sus valores: el corazón puro verá a Dios; la paz emana de los hijos de Dios; la dulzura, la misericordia, bañan el alma liberada de toda posesión. Por fin es pobre, abierta de un modo suficientemente profundo como para poner todo su gozo en el otro, para ser capaz, en la medida que es posible a una creatura, de entrar en el misterio de la generosidad desbordante que constituye la vida de la familia divina.

Está familiarizada con la Bienaventuranza. El reino de los pobres está al mismo nivel que el reino eterno.

LOS DISCIPULOS DE EMAUS

El relato conocido tradicionalmente como «los discípulos de Emaús» (Lc 24,13-35) es admirado por todos, tanto por la calidad literaria y la perfección del estilo, como por su penetración psicológica, su emoción profunda, y también por la riqueza de su enseñanza. ¿De dónde viene esta seducción? Estudiemos de cerca este texto para conocer algo de su secreto y aproximarnos un poco más a su mensaje y a su intención.

El primer fenómeno que llamó mi atención en los «discípulos de Emaús» fue el hecho de que, ya en la disposición del texto, en el tejido de las palabras[1], se descubre en este relato una organización

---

1. La forma en que las palabras son portadoras de significación es múltiple:

— Las palabras son significativas, en primer lugar, por su valor *semántico* global, el que da la definición de un diccionario. Cada palabra tiene uno —o varios— sentidos, en los que están de acuerdo los que emplean la misma lengua, y son generalmente aplicables cualquiera que sea el contexto en el que se encuentra la palabra.

— Las palabras tienen también un significado según su *función* en la frase, que indica su papel lógico, y que se expresa normalmente en su morfología: formación del plural, casos, cambios en la forma.

— Las palabras son significativas además por su *sonoridad*, su música, evocada por la simple armonía de sus sonidos, por su riqueza verbal.

— Y también por el *número* de sílabas, que puede ser par o impar; por su género, masculino o femenino; su terminación en vocal o en consonante: el oído es capaz de captar esta armonía.

— Las palabras son portadoras de significado también por los *armónicos* que pueden sugerir: se trata del fenómeno de la intertextualidad, especialmente importante en una obra tan amplia como la Biblia, en la que cada palabra (o texto) es una alusión a otras muchas palabras (o textos); y cada término sugiere, de una vez, todas las ocasiones en que se utiliza tal como las ofrece, por ejemplo, una concordancia.

— Las palabras significan también, sencillamente, por el *lugar que ocupan*: ya hace tiempo que se ha subrayado el valor de una *inclusión*, es decir, una misma palabra que aparece al principio y al final de un texto, enmarcando así una sección determinada, cuyo sentido pone de relieve y puede modificar.

— No hay sólo este tipo de inclusiones simples, delimitadas por la repetición de una palabra, sino que aparecen también inclusiones mayores, juegos de inclusiones

que parece completamente excepcional: una distribución simétrica de las palabras, una estructura extraordinariamente densa y llena de sentido.

El texto

Lucas estructura el capítulo 24 en la forma de un tríptico armonioso. La primera parte, *las mujeres en el sepulcro*, cuenta con textos paralelos en los otros evangelios. La tercera parte conserva alguna pequeña semejanza con Mateo y Juan: es la *última aparición* de Cristo a los discípulos. Entre las dos se encuentra la tabla central del tríptico, los *discípulos de Emaús*, propia de Lucas.

Las mujeres han regresado del sepulcro y han anunciado fielmente la buena noticia que se les había encomendado.

> 11Pero todas estas palabras les parecían como desatinos,
> y no les creían.

Sin embargo, estos «cuentos», estas «palabras delirantes» (estos términos traducen el vocablo griego *leros*) inquietan un poco a los apóstoles y tienen, al menos, un primer efecto: hacen que los hombres se decidan a moverse.

> 12Pedro se levantó y corrió al sepulcro.
> Se inclinó, pero sólo vio las vendas
> y se volvió a su casa, asombrado por lo sucedido.
> 13Aquel mismo día iban dos de ellos...

Hay una insistencia, un tanto subrayada: se trata del día único, del mismo día de la resurrección, que pronto será el «día del Señor».

> ... a un pueblo llamado Emaús,
> que distaba sesenta estadios de Jerusalén.
> 14Y conversaban entre sí
> sobre todo lo que había pasado.
> 15Y sucedió que mientras ellos conversaban y discutían...

Kai egeneto («sucedió que»): esta expresión, muy frecuente en griego, y que a menudo equivale a un simple signo de puntuación,

---

encajadas una en otra: las mismas palabras se distribuyen simétricamente en un texto, su disposición —a un lado y a otro— revela cuál es su centro, y de esta manera ponen de relieve el núcleo del relato, su sentido fundamental.

tiene en este capítulo una función de referencia: cada vez que aparece señala un momento importante: en el versículo 4, los ángeles; aquí, en el versículo 15, Jesús; en el versículo 30, la fracción del pan; en el versículo 51, la ascensión.

> ... el mismo Jesús se acercó y siguió con ellos.
> 16Pero sus ojos estaban retenidos para que no le conocieran.

Una expresión delicada de Lucas, que se esfuerza siempre por disculpar; si sus ojos «estaban retenidos», realmente ellos no tenían la culpa.

> 17El les dijo:
> «¿De qué polemizáis entre vosotros
> mientras vais andando?»

Después de «conversar», «discutir», he aquí un tercer verbo (*antiballo*), mucho más fuerte; se le emplea para indicar la acción de «lanzar las flechas». Este peregrino llega en el momento en que la polémica está verdaderamente animada.

> Ellos se pararon con aire entristecido.
> 18Uno de ellos llamado Cleofás le respondió...

Lucas —ya lo hemos comprobado en otras ocasiones— tiene la precaución de citar sus fuentes: ¿procede esta historia de Cleofás?

> «¿Eres tú el único residente en Jerusalén
> que no sabe las cosas que estos días han pasado en ella?»
> 19El les dijo: «¿Qué cosas?»
> Ellos le dijeron:
> «Lo de Jesús el Nazareno,
> que fue un profeta poderoso
> en obras y palabras
> delante de Dios y de todo el pueblo;
> 20cómo nuestros sumos sacerdotes y magistrados
> le condenaron a muerte y le crucificaron.
> 21Nosotros esperábamos que sería él
> el que iba a librar a Israel;
> pero, con todas estas cosas, llevamos ya tres días
> desde que esto pasó.

Sin embargo, ha habido una novedad:

> 22El caso es que algunas mujeres de las nuestras...

Cleofás resume aquí —con la perspectiva de los varones— lo que el lector ya sabe por el relato precedente —con la perspectiva de las mujeres—.

> … nos han sobresaltado,
> porque fueron de madrugada al sepulcro,
> 23y, al no hallar su cuerpo,
> vinieron diciendo que hasta habían visto
> una aparición de ángeles
> que decían que él vivía.
> 24fueron también algunos de los nuestros al sepulcro
> y lo hallaron tal como las mujeres habían dicho,
> pero a él no le vieron».

Entonces Jesús toma la palabra:

> 25El les dijo:
> «¡Oh insensatos y tardos de corazón
> para creer todo lo que dijeron los profetas!
> 26¿No era necesario que el Cristo padeciera eso
> y entrara así en su gloria?»
> 27Y, empezando por Moisés…

Es notable que en ese texto aparezca el *Cristo glorioso* entre *los profetas* y *Moisés*. Este detalle recuerda la escena de la transfiguración, puesto que en la transfiguración, contada por los tres sinópticos, Lucas es el único que habla de gloria (9,32).

> … y continuando por todos los profetas,
> les explicó lo que había sobre él
> en todas las Escrituras.

Diermeneusen: es Cristo mismo quien «hace la hermenéutica», aplica a su propia persona —en este momento único del día de la resurrección— todo lo que se refierere a él en las Escrituras. Es un hombre profeta —Cleofás acaba de decirlo—. Y como profeta, comenta la Escritura, la interpreta, da sentido al acontecimiento.

> 28Al acercarse al pueblo a donde iban,
> él hizo ademán de seguir adelante.
> 29Pero ellos le forzaron diciéndole:
> «Quédate con nosotros,
> porque atardece y el día ya ha declinado».
> Y entró a quedarse con ellos.
> 30Y sucedió que…

Este *kai egeneto* («sucedió que») nos indica que va a ocurrir algo que reclama toda nuestra atención.

> ... cuando se puso a la mesa con ellos,
> tomó el pan, pronunció la bendición,
> lo partió y se lo iba dando.
> 31Entonces se les abrieron los ojos y le reconocieron,
> pero el desapareció de su lado.

La palabra *aphantos* es rara, aparece sólo en esta ocasión en todo el Nuevo Testamento; literalmente significa «no manifestado», «sin apariencia».

> 32Se dijeron uno a otro:
> «¿No estaba ardiendo nuestro corazón dentro de nosotros
> cuando nos hablaba en el camino
> y nos explicaba las Escrituras?»
> 33Y, levantándose al momento,
> se volvieron a Jerusalén
> y encontraron reunidos a los Once
> y a los que estaban con ellos,
> 34que decían:
> «¡Es verdad! ¡El Señor ha resucitado
> y se ha aparecido a Simón!»
> 35Ellos, por su parte, contaron
> lo que había pasado en el camino
> y cómo le habían conocido
> al partir el pan.

A continuación se relata la aparición de Jesús a los discípulos; es la tercera tabla del tríptico.

¿El centro del texto?

Ante una página tan rica, el lector se plantea inmediatamente la misma cuestión presente desde la época de los santos padres: ¿Cuál es el centro del texto, su importancia fundamental, lo esencial de la doctrina que transmite? ¿Es una enseñanza sobre la eucaristía? ¿Sobre la presencia invisible de Cristo? En esta escena de Emaús, ¿son la fracción del pan, y el reconocimiento de Jesús precisamente en ese momento, el centro del texto, como muchos han creído? ¿O es más bien una afirmación de la resurrección, un testimonio de los que han visto a Cristo resucitado? ¿Es sobre todo una catequesis? ¿O una lección moral sobre la hospitalidad, como repetía san Gregorio? Otros han puesto el acento en la expresión «ellos no le vieron» y, por tanto, en la oscuridad de la fe.

¿Cuál es, pues, el núcleo fundamental del texto? En lugar de dedicarnos a consideraciones y deducciones que correrían el peligro de ser construcciones sin fundamento o de reflejar preferencias subjetivas, ¿no es mejor analizar la estructura misma del pasaje para descubrir todos los indicios que pueden revelarnos su composición, su organización, y su intención? De esta forma, descubriendo las correspondencias internas, aparece una serie impresionante de inclusiones que enmarcan con gran precisión el centro y ponen de relieve las palabras esenciales.

La gran inclusión

A. Ellas *anunciaron*
B. pero *Pedro* se levantó y corrió al sepulcro
C. sólo *vio* las vendas
D. Dos de ellos iban desde JERUSALEN
E. y conversaban ENTRE SI...
F. EL MISMO JESUS se acercó...
G. pero SUS OJOS estaban retenidos para que no le CONOCIERAN
H. ellos *se pararon*
I. diálogo
J. LO QUE HABIA SOBRE JESUS
K. Oh insensatos... tardos... para creer LOS PROFETAS
L. ¿NO ERA NECESARIO QUE EL CRISTO PADECIERA ESO Y ENTRARA ASI EN SU GLORIA?
K'. Y, empezando por Moisés... y por todos LOS PROFETAS
J'. les explicó lo que había sobre él
I'. diálogo
H'. y *entró a quedarse con ellos*
G'. SUS OJOS se abrieron y le RECONOCIERON
F'. PERO EL DESAPARECIO DE SU LADO
E'. Se dijeron UNO A OTRO
D'. Se volvieron a JERUSALEN
C'. *se ha aparecido*
B'. a *Simón*
A'. ellos *contaron* lo que había pasado en el camino

Leamos de nuevo el texto, tomando nota de las palabras-clave, tal como aparecen en el gráfico de la estructura.

Las mujeres, al regresar:

A. Ellas *anunciaron* (v. 11)

Con esta palabra concluye el relato sobre las mujeres, pero se la puede subrayar aquí, considerándola como el primer elemento de la gran inclusión, el primer miembro de una inclusión que enmarcará todas las demás.

B. pero *Pedro* se levantó y corrió al sepulcro (v. 12)

Nos importa poco el origen exacto de este versículo[2]. Lo importante es que un escriba —aunque no sea el primer redactor—, y después una tradición manuscrita considerable, estimó conveniente, oportuno, útil, la mención de Pedro en este lugar concreto.

C. sólo *vio* las vendas

Ve algo; sólo las vendas. Vuelve a su casa muy asombrado, «no era para menos». Pero no se plantea más preguntas. En este momento a Pedro no se le concede todavía pasar del asombro a la fe. La revelación se les ha dado ya a las mujeres, pero no a él. Antes del amanecer, movidas por el impulso de su amor, se han dirigido con prisa al sepulcro. Los hombres se han escondido en casa, atemorizados, consternados, postrados. Se muestran incrédulos ante el anuncio de las mujeres. Permanecen atrapados en las sombras. Sin embargo, el interrogante planteado por la tumba vacía comienza a provocar en ellos una extrañeza, una inquietud...

D. Dos de ellos iban desde JERUSALEN (v. 13)

Se van de Jerusalén, se alejan de la ciudad que para ellos es lugar de salvación y faro del mundo. Dejar Jerusalén, en aquellas circunstancias, era dar la espalda a la luz, hundirse en la noche y en la desesperación.

E. y conversaban ENTRE SI... (v. 14)

«Entre sí», una palabra tan trivial que muchas traducciones no dudan en suprimirla, pues les parece redundante e inútil: si conversan, es evidente que lo hacen entre sí. Sin embargo, aquí se puede comprobar una aplicación del principio de las correspondencias: una palabra cualquiera puede asumir un significado importante, sólo por el

---

2. Este versículo falta en muchos manuscritos importantes. Los exegetas están divididos. Por lo que respecta a nuestro objetivo, es suficiente con que este versículo sea el testigo de una tradición venerable, aunque no pertenezca al texto original de Lucas.

lugar que ocupa en un texto y por las correspondencias que establece con otras.

F. EL MISMO JESUS se acercó... (v. 15)

¿Es Jesús mismo? Pero todavía nos encontramos en la fase oscura...

G. pero SUS OJOS estaban retenidos para que no le CONOCIERAN (v. 16)

Fijaos que está a su lado. Camina a su paso, asume —por así decirlo— su medio de locomoción. El comienza el diálogo. Hace la pregunta: «¿De qué discutís...?»

H. ellos *se pararon* (v. 17)

Ellos se paran: el choque del reencuentro. Dejan de polemizar en una discusión sin salida. Se paran, pero siguen «codo con codo», en el camino, no pasan al «cara a cara». Ni reconocen a su compañero de camino.

I. diálogo (v. 18)

Después de este momento de suspenso, se inicia un diálogo. Cleofás pregunta: «¿Eres tú el único residente en Jerusalén
que no sabe las cosas que estos días han pasado en ella?»

El hace la pregunta. Este diálogo es una transición acertada para hacernos pasar del relato al discurso, de la narración a la enseñanza. A continuación vamos a escuchar como Cleofás nos cuenta:

J. LO QUE HABIA SOBRE JESUS (v. 19)

De nuevo, encontramos una expresión que parece insignificante (*las cosas sobre él*), pero que asume su sentido en razón del lugar que ocupa: introduce una sección, que es sólo discurso (v. 19-25). La acción queda en suspenso por esta enseñanza que interrumpe el relato: un resumen didáctico de todo lo que ha pasado hasta entonces, una recapitulación de la vida de Cristo que concluye con la aventura que aquella mañana tuvieron las mujeres. Y cuando finalmente han dicho lo que saben «sobre Jesús», éste toma la palabra. En primer lugar para expresar un reproche, que es la conclusión de toda esta fase negativa:

K. ¡Oh insensatos... tardos... para creer LOS PROFETAS (v. 25)

Y a continuación, el dicho esperado, anunciado por todo lo precedente, la clave definitiva de esta historia hasta entonces oscura.

L. ¿NO ERA NECESARIO QUE EL CRISTO PADECIERA ESO Y ENTRARA ASI EN SU GLORIA? (v. 26)

Es el corazón del texto, que da sentido a todo lo demás. Se ha tocado fondo, se ha expresado lo esencial. A partir de entonces, las palabras se ven iluminadas progresivamente; las mismas palabras que hemos ido anotando van a reaparecer en una perfecta simetría, pero ahora con un valor positivo, pues ya se conoce la clave; la misma disposición de las palabras se adapta al proceso lógico del autor genial de este texto:

K'. Y, empezando por Moisés... y por todos LOS PROFETAS

Consultando el gráfico se comprueba que la revelación del v.26 se enmarca precisamente entre estas dos menciones tan características de los profetas.

La frase continúa: «les explicó[3]... *en toda la Escritura...*».

J'. les explicó lo que había sobre él (v. 27)

Una expresión formada por «palabras-comodín» (literalmente *las cosas sobre él*), pero que asume una importancia extraordinaria por su correspondencia exacta con el v. 19: *las cosas sobre Jesús*. Las mismas cosas que habían contado *sobre Jesús*, son las que él interpreta; les comenta *las cosas sobre él, lo referente a él*.

Después continúa la narración: mientras él habla y explica, se acercan al pueblo a donde iban. La lección bíblica ha concluido, la catequesis ha terminado. El hace ademán de marchar. De nuevo nos encontramos un

I'. diálogo (v. 28-29)

3. Tal vez aquí podría descubrirse otra simetría más, entre Jesús, declarado *profeta* (en el v. 19, entre J y K), y esta expresión *él les explicó* (del v. 27, entre K' y J'): interpretar la Escritura era función del profeta. La relación tal vez contribuya a la armonía del conjunto, pero es demasiado vaga para que la incorporemos a las correspondencias precisas de las inclusiones.

El primer diálogo tuvo la función de introducir la enseñanza, éste señala el final de la misma.

Así como el primero había comenzado en el momento de detenerse, en el momento del encuentro; este segundo diálogo precede a otro tipo de «parada».

H'. y entró a quedarse con ellos

No hay en esta ocasión un paralelismo verbal exacto: las palabras son diferentes. Y sin embargo, queda sugerida una cierta simetría: al acercarse Cristo, ellos se quedaron parados. Entonces no habían presentido nada, e incluso se habían esforzado por enseñarle todo lo que sabían sobre Jesús de Nazaret... Ahora es el momento en que acaba de explicarles todo lo referido a él en la Escritura. Ellos se lo han pedido, él acepta pararse con ellos. No es la misma palabra, pero la correspondencia parece probable.

Entra con ellos. En esta ocasión van a pasar del «codo con codo» al «cara a cara». Es la primera condición para que el reconocimiento sea posible. (¿Cuántas veces en la vida de familia, de comunidad, de equipo, no se llega al conocimiento recíproco porque se vive siempre «codo con codo», sin dedicar tiempo al «cara cara»?).

Finalmente, después de la fracción del pan,

G'. SUS OJOS se abrieron y le RECONOCIERON (v. 31)

Los que tenían ojos y no podían ver (v. 16), tienen ahora sus ojos abiertos. «Estaban retenidos para reconocerle» y ahora le han reconocido.

F'. PERO EL DESAPARECIO DE SU LADO

Fue Jesús quien se había acercado (v. 15), le han reconocido con facilidad porque es él mismo; después se vuelve tal como es realmente: sin apariencia, invisible.

E'. Se dijeron UNO A OTRO (v. 32)

Se comprueba ahora hasta qué punto una indicación tan trivial como entre sí tiene su significado. Son precisamente estas dos expresiones, idénticas en el v. 14 y en el v. 32, las que encuadran, inmediatamente antes y después, la presencia visible de Jesús, subrayando que antes y después están solos, «entre sí».

D'. Se volvieron a JERUSALEN (v. 33)

«El rizo está rizado»: han vuelto al punto de partida, a Jerusalén, la ciudad madre. «Encontraron reunidos a los Once y a los que estaban con ellos, que decían: '¡Es verdad! El Señor ha resucitado'».

C'. se ha aparecido

B'. a Simón

En la tumba, Simón Pedro había visto... las vendas (v. 12). Ahora, el Señor mismo se ha mostrado, se ha aparecido a Simón (v. 34).

Importancia de Pedro: el resto del relato se enmarca en las menciones simétricas de Simón y de Pedro. Este detalle no carece de importancia.

Y, por fin, hay que dejar que los discípulos hablen:

A'. ellos *contaron* lo que había pasado en el camino (v. 35)

Su testimonio es recibido; esta fase positiva concluye con el gozo, mientras que en el otro extremo de la inclusión, la fase negativa había comenzado con el fracaso, el gozo de las mujeres les había parecido un desatino.

Rostro apagado y corazón ardiente

Después de haber puesto de relieve todas estas correspondencias, habría que detenerse un momento para contemplar el gráfico de la estructura, para admirar la belleza extraordinaria de la disposición de este texto, el equilibrio del conjunto, el rigor de la construcción, la armonía literaria.

Más importante todavía es hacer constar que este gráfico de las palabras corresponde exactamente al proceso lógico del pensamiento: en la primera parte todo es oscuro, se podría simbolizar en el «rostro apagado» de los discípulos. En esta parte todo es negativo y concluye en un fracaso:

A. Las mujeres *anuncian*... pero no se les cree.
B. *Pedro* es mencionado... pero su función no es brillante.
C. El *ve*... pero sólo las vendas.
D. Van de camino... pero para salir de *Jerusalén*.
E. Estan *entre sí*... pero están completamente solos y discuten.
F. *Jesús* se acerca... pero no le conocen.

G. Tienen *ojos*... pero no ven.

H. Se *paran*... pero tienen un rostro apagado.

I. Se entabla *un diálogo*... pero es únicamente para decirle que es el único que no sabe nada.

J. Enuncian lo que se refiere a *Jesús*... pero sin comprenderlo; todo su discurso concluye en «no le vieron».

K. Cuando Jesús habla... lo hace para reprochar: no han creído a *los profetas*.

L. En el centro se ofrece la gran revelación del misterio de Cristo.

A partir de entonces, en la segunda parte, todo es luz, vida y alegría. Se podría simbolizar con el «corazón ardiente» de los discípulos. Se repiten las mismas palabras, pero ahora cargadas de significación positiva:

K'. Enseguida vuelve a hablar de *los profetas*... para interpretarlos: ahora las alusiones se vuelven claras para ellos. Se les abren las Escrituras.

J'. Entonces comprenden por fin *lo que había sobre él*... todo lo que habían dicho antes, en medio de la desesperanza, adquiere su sentido a la luz de la interpretación de Jesús.

I'. Se reanuda *el diálogo*: son ellos quienes insisten. Su tono suplicante y caluroso sugiere que están ya a punto de conocer la identidad de su huésped.

H'. *Se queda con ellos*: va a pasar de la comunicación verbal a la comida.

G'. Entonces *sus ojos* se abren; le *reconocen*.

F'. Y *él* desaparece...: cuando le reconocen, cuando están seguros de la resurrección, les deja esta presencia en la fe, de la que vivimos siempre, hasta el final de los tiempos, alimentada por la eucaristía.

E'. Se encuentran de nuevo *entre sí*, pero esta vez su corazón arde.

D'. Vuelven a *Jerusalén*. Regresan a la ciudad de la que los apóstoles no deberán salir *esperando hasta que sean revestidos de poder desde lo alto* (v. 49).

C'. El Señor resucitado *se ha aparecido*...

B'. ... a *Simón*. Ahora su función es fundamental: el evangelista no nos cuenta esta aparición, pero nos ofrece algo mejor, al mostrarnos, mediante la adhesión entusiasta de los discípulos, la fuerza primordial del testimonio de Simón Pedro.

A'. Y ellos *cuentan*... Por fin los dos pueden hablar y se escucha su testimonio.

La primera parte se sumerge en la oscuridad; en la segunda resplandece la luz.

Valor de las inclusiones

Habría que comprobar, mirando el conjunto, cómo cada una de las inclusiones, tomada por separado, tiene su sentido. La palabra (o expresión) que forma la correspondencia da su propio matiz a la parte del texto enmarcada por ella, y podría servir de título; tales palabras tienen realmente una significación importante.

K-K'. La revelación esencial del v. 26 (L) está enmarcada por la alusión a *los profetas*: Cristo ha venido, ha realizado su misión y ha cumplido lo que habían anunciado *los profetas*; de esta manera se caracteriza su función mesiánica, como enviado del Padre para realizar su designio.

J-J'. *Lo referido a Jesús*; esta expresión ofrece precisamente un título a la inclusión, que contiene lo que debe saberse sobre Jesús. Incluye tanto el discurso de Cleofás como la revelación y la luz que trae el mismo Resucitado.

I-I'. Los dos diálogos acompañan la enseñanza del modo más perfecto posible; una pregunta normal, centrada en la preocupación de los interlocutores, sirve para entrar en materia: ¿de qué habláis?

Y, después de esta enseñanza que ha hecho arder su corazón, son ellos quienes insisten, quienes desean de tal forma la presencia del Maestro... La catequesis ha cumplido perfectamente su objetivo.

H-H'. Naturalmente, *se queda con ellos*; el primer encuentro en el camino había provocado sólo un pequeño interrogante, ahora se inicia el «convivium». Entra para *quedarse con ellos*, según una de las palabras preferidas por san Juan... Precisamente la inclusión siguiente subraya este aspecto:

FG-G'F'. *Jesús* está junto a ellos. Las dos menciones: *Jesús mismo*, por una parte; *él*, por otra, delimitan con exactitud el tiempo de su aparición; al mismo tiempo esto nos instruye sobre el misterio de su presencia: presencia visible (FG), pero no reconocida, no identificada, como lo fue en la comunidad prepascual. Sería como una parábola del conjunto del evangelio: «Vino a los suyos y los suyos no le reconocieron». Y presencia invisible (F'), a partir de la era nueva inagurada por el misterio pascual; presencia oscura, que reclama una adhesión en el amor, alimentada por los sacramentos, presencia misteriosa que caracteriza la experiencia de la fe. Será la vivencia de los creyentes hasta el final: «Dichosos los que no han visto y han creído» (Jn 20,29).

E-E'. *Entre sí.* Esta palabra enmarca, antes y después, todo el tiempo en que él permanece visible. Hay una oposición: cuando están entre sí sin él, sólo pueden polemizar. Y cuando se encuentran entre sí después, su corazón arde porque él está allí, invisible y presente.

D-D'. *Jerusalén.* La inclusión indica la importancia de Jerusalén, que para Lucas encarna la vocación de Israel. Todo su evangelio está dispuesto en torno a Jerusalén: comienza en Jerusalén, en el templo, con la aparición a Zacarías; y termina con la escena en que los apóstoles «estaban siempre en el templo bendiciendo a Dios», en Jerusalén[4]. Los discípulos de Emaús recorren este mismo camino, de Jerusalén a Jerusalén. De modo que este texto es como un microcosmos de todo el evangelio de Lucas.

BC-C'B'. *Simón Pedro*: con el nombre situado así en el texto, todo el relato queda caracterizado por esta presencia. Ya lo indiqué previamente, pero merece la pena detenerse, pues, al prestar a la colocación de las palabras la atención que merece, se descubre la importancia del valor espiritual contenido en ellas. En efecto, normalmente se dice que el evangelista que más destaca la figura de Pedro es Mateo. Es cierto que tiene materiales propios, especialmente los tres relatos, en los que otorga un lugar destacado al primero de los apóstoles: la declaración decisiva de Cesarea (Mt 16,13-19): «Tú eres Pedro...» (seguida inmediatamente por el dicho: «Satanás, eres escándalo para mí»); la marcha sobre las aguas (Mt 14,29), donde sólo Pedro es llamado por Cristo a seguirle (aunque se hunde y acto seguido es calificado como «hombre de una fe mínima»); y el pago del impuesto, cuyo importe es sacado de la boca del pez: «pagarás por mí y por ti» (Mt 17,24-27). En total, pues, tres episodios referidos a Pedro, y que no figuran en los otros evangelios. Se encuentran en el corazón del evangelio de Mateo, alrededor de la sección del pan, y ponen de relieve la figura de Pedro.

Pero el evangelio de Lucas está construido de una forma muy distinta, en la perspectiva de la Iglesia que peregrina, que camina a lo largo de los siglos: de ahí la importancia de la senda, del camino, del viaje, en Lucas. El insiste en el tiempo de la Iglesia, que se prolonga hasta el final de los siglos. Precisamente él es el único entre los cuatro evangelistas que compuso otro libro como continuación de su evan-

4. Igualmente, Roma es el centro del mundo pagano: para Lucas concentra todo el paganismo. Así como el Evangelio va de Jerusalén a Jerusalén, los Hechos muestran la Palabra que va de Jerusalén a Roma, y concluyen una vez que se ha llegado a Roma.

gelio: los Hechos de los Apóstoles; su evangelio desemboca en el tiempo de la Iglesia, en una historia que continúa. Esta perspectiva desplaza el centro de gravedad del evangelio hacia el final. Y es justamente al final cuando Lucas, —también él— menciona por tres veces a Pedro, en tres textos propios. El primero de ellos es el dicho de Cristo en el momento de la pasión: «Yo he orado por ti, para que tu fe no desfallezca. Y tú, cuando hayas vuelto, confirma a tus hermanos» (22,32). Y ya en el primer día de la semana encontramos una concreción de este dicho: cuando Pedro ha «vuelto», cuando ha vuelto a la fe, cuando ha visto a Cristo resucitado, confirma a sus hermanos y todos creen gracias a su testimonio.

Junto a estas palabras de Cristo, transmitidas sólo por Lucas, este evangelista tiene estas dos menciones que enmarcan nuestro relato. Si se las aísla, parecería que tienen poca importancia, pero la adquieren por el lugar que ocupan, por la inclusión que forman y que subraya con fuerza la función de Pedro.

Si consideramos los hechos, tal como aparecen relatados, vemos que los discípulos vuelven a Jerusalén para llevar su mensaje a los Once. Este dato tiene una intención «eclesial». Pero en la perspectiva de la estructura del relato, la doble mención de Simón Pedro hace que toda la perícopa, todas las demás inclusiones, se integren dentro de esta correspondencia Pedro-Simón. Tal vez este fenómeno revele un progreso de la reflexión teológica sobre la función de Pedro. Cualquiera que sea la experiencia que los discípulos pudieran tener, y la aparición de la que fueron destinatarios, la revelación que se les encomienda está regida, enmarcada, por estos dos nombres (Pedro y Simón), cuya presencia domina todo el relato; no tanto en los actores tal como se nos presentan, ni en los hechos tal como se desarrollan, sino en las palabras tal como están escritas, algunas de las cuales son puestas de relieve de un modo innegable.

A-A'. En último lugar, la mayor inclusión, la más englobante. Si incorporamos la conclusión del episodio precedente, todo el relato se sitúa entre dos testimonios: *ellas anuncian... ellos cuentan...* También el testimonio constituirá la conclusión de la última aparición del capítulo, la declaración solemne de Cristo a los Once y a los discípulos: «Vosotros sois testigos». Con estas palabras el evangelio desemboca en los Hechos, en los que se expone el testimonio de tales testigos. De esta forma se destaca la importancia fundamental del testimonio. Gracias a éste un hecho se convierte en acontecimiento. Es la acción de la palabra viva sobre la materia de los hechos lo que les da su carácter de acontecimiento. El Nuevo Testamento como tal es un testimonio. El relato de los discípulos de Emaús se incluye en este testimonio, y tiene un eco infinito en la larga vida de la Iglesia en el espacio y en el tiempo.

De esta manera la admirable estructura del texto ha puesto de relieve su núcleo, lo esencial de su enseñanza, subrayada por medio de todas sus indicaciones convergentes. «¿No era necesario que el Cristo padeciera eso y entrara así en su gloria?» (v.26): la expresión *era necesario* («tenía que») es una de las características más destacadas de la teología de Lucas.

Si bien esta revelación capital —enmarcada por las correspondencias precisas de las palabras que sirven de referencia ocupa el centro del relato, no agota —ni mucho menos— su riqueza. Las inclusiones pueden ampliarse o entrecruzarse con otros sistemas. La narración puede acortarse para dejar espacio a los «bocadillos» —este término se emplea, al hablar de los «cómics», para referirse a los diálogos, al espacio que ocupan las palabras—; la catequesis sobre el camino, la fracción del pan... Hay enseñanzas muy importantes intercaladas en el relato, que les comunica su vida y su emoción, mientras que estos «bocadillos» le dan una inagotable riqueza teológica.

LEYENDO ALGUNAS PAGINAS

En el curso de mi trabajo de traducción del evangelio[1], han aparecido algunos temas que pueden aportar una luz nueva, o poner de relieve algún detalle de un texto, explorado en todos los sentidos desde hace 2000 años. Mi intención es proponer a todos los que no se cansan de escrutar el evangelio, que lean conmigo algunas páginas.

Hay uno más pequeño, que es mayor que Juan
(Mt 11,11; Lc 7,28)

En varias ocasiones aparece en el evangelio el problema de los discípulos de Juan; el Bautista había hecho muchos discípulos, entre los cuales estaban los primeros apóstoles y el mismo Jesús. Algunos habían permanecido como «discípulos de Juan» (Lc 5,33); no habían encontrado o no habían seguido a Jesús; algunos de ellos se escandalizaban al ver que éste tomaba la delantera: «Aquel de quien diste testimonio, mira, está bautizando y todos se van a él» (Jn 3,26).

Pero aunque los discípulos tratan de provocar una rivalidad entre sus maestros, Juan ha afirmado siempre con energía, en la plenitud de la fe y del amor, que él era sólo «el amigo del esposo», «el enviado delante de él» (Jn 3,28-29). En varias ocasiones insiste en la superioridad del bautismo de Jesús: «Yo os bautizo en agua... pero él os bautizará en Espíritu Santo y fuego... El que viene detrás de mí es más fuerte que yo» (Mt 3,11). La discusión que Mateo recoge antes del bautismo de Jesús subraya la humildad de Juan y, al mismo tiempo, la preeminencia de Jesús y la conciencia que ellos tienen de sus puestos respectivos (Mt 3,14-15).

---

1. *Les Evangiles traduits par soeur Jeanne d'Arc*, 4 vols. griego-francés, Les Belles Lettres/Desclée de Brouwer. 4 vols. sólo en francés; 1 vol. de bolsillo, Desclée de Brouwer.

Jesús, por otra parte, reconoce que su misión comienza cuando es bautizado por Juan (Mt 21,25). Y afirma en varias ocasiones la importancia fundamental de Juan: en Mt 21,32 la fe en Juan es presentada como prueba de la buena fe. En otra circunstancia elogia de un modo extraordinario al Bautista. Este, desde la cárcel, le plantea una pregunta que revela la profundidad de la prueba de la fe y de la esperanza... Después de que los enviados se marchan, Jesús declara:

> Entre los nacidos de mujer no hay ninguno mayor que Juan (Lc 7,28bc; Mt 11,11bc).

Con ello sitúa a Juan de un modo absoluto en el primer puesto de toda la humanidad. Sin embargo, se preocupa de restablecer el orden real de la «grandeza»; por eso, inmediatamente después del elogio de Juan, continúa:

> Sin embargo hay uno menor, en el reino de los cielos,
> que es mayor que él (Mt 11,11de; Lc 7,28de).
> En griego: *ὁ δὲ μικρότερος ... μείζων αὐτοῦ ἐστιν*.

Μικρότερος («el menor entre dos») es un comparativo entre dos términos: Juan y Jesús. Jesús ha sido discípulo de Juan, bautizado por él. Es más joven que él, viene después de él, pero es incomparablemente mayor. Lo expresa con toda claridad:

> «El más pequeño de los dos» en el reino de Dios es mayor que él.

Nuestra lengua se encuentra aquí ante una dificultad: no tiene la posibilidad de distinguir formalmente entre *el más pequeño entre dos* y *el más pequeño de todos*, mientras que en griego se pueden contraponer *μικρότερος* y *ἐλάχιστος*[2]. Tal vez por ello se ha interpretado a menudo este texto como si Jesús afirmara que «el más pequeño en el reino es mayor que Juan Bautista», lo cual plantea algunos problemas teológicos... Se suelen resolver diciendo que Juan se quedó en el umbral del reino; que entre él, por una parte, y Jesús y sus discípulos, por otra, hay una ruptura y una novedad radicales...

Es evidente que el nuevo orden es incomparablemente superior al antiguo. Pero afirmar que «el menor» de los cristianos es mayor que Juan Bautista parece desproporcionado, contradictorio con lo precedente: «Entre los nacidos de mujer...»

---

2. *Elachistos* lo emplea, por ejemplo, Mt 2,6: «la más pequeña entre los principales clanes de Judá»; cf. también 5,19.

Además, si se interpreta así esta frase, se rompe la lógica con lo siguiente. Es una ley casi constante en el evangelio: cuando se habla de Juan, es en relación con Jesús y para afirmar la supremacía de éste. Juan se definió a sí mismo siempre en referencia al «más grande que él», «más fuerte», «el que viene después de mí y pasa delante de mí»; Juan es sólo testigo de su luz, etc. Tanto si se trata del prólogo joánico como de los relatos de la infancia de Lucas, este paralelismo y la diferencia que subraya, aparecen de un modo evidente.

Al mismo tiempo, en el curso del evangelio, cuando en una ocasión se habla de los discípulos de Juan que ayunan, Jesús interviene refiriéndose a los invitados a la boda, que disfrutan al lado del esposo (Lc 5,33-34). Un episodio posterior al texto que nos ocupa, la parábola de los chiquillos en la plaza, establece un paralelismo entre Juan y el Hijo del Hombre (Lc 7,32-34).

Y en el texto más importante sobre Juan (Lc 7,24-30), después del gran elogio que Cristo le dirige, ¡se van a suprimir precisamente las palabras que hacen posible el paralelismo, las palabras sobre Jesús, el más pequeño de los dos, que es mayor que él! Sería como deformar esta estructura de pensamiento que es, como hemos visto, una constante en el evangelio, donde se trata a la vez de exaltar la función única del precursor y de salir al paso de las pretensiones o de los errores de sus discípulos. Para evitar toda confusión, podríamos traducir diciendo:

> Sin embargo hay uno más pequeño en el reino de Dios
> que es mayor que él.

Esta interpretación jesuana, mucho más satisfactoria y más coherente, se encuentra en los santos padres: Juan Crisóstomo, Hilario, Teofastro. ¿Cómo ha podido desaparecer casi completamente, en la exégesis moderna[3], sin que sea tenida en cuenta ni siquiera como hipótesis?

Los lingüistas responden diciendo que el griego koiné tiende a suprimir la diferencia entre comparativo y superlativo, así como entre allos y eteros. Es cierto[4], pero ésta no es una razón suficiente para traducirlos sistemáticamente de la misma manera cuando el contexto exige otro sentido.

---

3. Hay algunas excepciones: Cullmann, Bouyer, Delebecque.

4. Especialmente cuando hay un gran número de formas que pueden servir como comparativo o superlativo de *mikros*. Pablo llegará incluso a inventar el vocablo *elachistoteros* (Ef 3,8) que es prueba de la debilitación del sentido de estas formas en el griego *koiné*.

Por lo demás se puede comprobar que esta forma de poner de relieve a Jesús frente a sus predecesores es común en el evangelio:
Moisés nos prescribió...
Ahora bien, yo os digo... (Mt 19,7)
Nuestro padre es Abrahán...
Antes de que Abrahán existiera, yo soy (Jn 8,58)
La sabiduría de Salomón...
y aquí hay algo más que Salomón (Lc 11,31)
La predicación de Jonás...
y aquí hay algo más que Jonás (Lc 11,32)
Igualmente:
Juan Bautista es un superprofeta....
Sin embargo hay uno más pequeño que es mayor que él.

Jesús en lugar de Dios (Lc 8,39)

> El hombre de quien habían salido los demonios,
> le pedía estar con él;
> pero le despidió, diciendo:
> «Vuelve a tu casa
> y cuenta todo lo que ha hecho contigo *Dios*».
> Y fue por toda la ciudad
> proclamando todo lo que había hecho con él *Jesús*.

Este texto se sitúa al final del accidentado episodio de los demonios y de los cerdos.

Mateo desconoce el final del relato: su narración concluye con el fracaso de este primer intento de misión en tierra pagana. Marcos, por su parte, presenta la conversión del ex-endemoniado y ofrece fundamentalmente el mismo contenido que Lucas. Su relato concluye con la expresión, común en casos parecidos, de extrañeza o de asombro (Mc 5,20).

Lucas cuenta el mismo acontecimiento, pero, con un arte excepcional, le da una conclusión que, con medios estilísticos muy simples, sugiere una dimensión teológica única en aquel tiempo y en aquel lugar.

> Jesús dice al hombre del que habían salido los demonios:
> «Vuelve a tu casa
> y cuenta todo lo que ha hecho contigo Dios» (Lc 8,39).

En el mundo judío de entonces se tenía miedo a cualquier pretensión mesiánica, por sus peligrosas consecuencias políticas y su poder revolucionario, mientras que entre los paganos no había un riesgo semejante. Por eso Jesús, que manda con tanta frecuencia guardar silencio, aquí, por el contrario, quiere que se celebren las maravillas de Dios:

> «Cuenta todo lo que ha hecho contigo Dios».

Una lección de catequesis: entre los paganos hay que anunciar primero al verdadero Dios y las maravillas de su misericordia. El curado, el hombre del que han salido tantos demonios será, en medio de los suyos, la prueba viviente de las maravillas de Dios.

Puede suceder que no se tenga en cuenta su vocación: pedía a Jesús «estar con él». Este hombre había descubierto el gozo maravilloso de «estar con él». Sus compatriotas lo han encontrado «sentado, vestido y en su sano juicio, a los pies de Jesús» (8,35). Es el lugar donde se volverá a encontrar sólo María de Betania. El rogaba así a Jesús, no soñaba más que con continuar gozando de esta maravillosa presencia, escuchando esta palabra única. «Jamás un hombre ha hablado como habla ese hombre» (Jn 7,46).

Jesús lo ha escogido para que sea misionero. El ha recibido, como en un relámpago, la buena noticia. Se le ha entregado para que la difunda en el mundo. Jesús lo envía y le dice:

> «Vuelve a tu casa
> y cuenta todo lo que ha hecho contigo Dios».

Es el primer enviado al mundo pagano. Antes que Pedro y Cornelio, antes que Felipe y el eunuco, aparece aquí el endemoniado geraseno al que Jesús envía, el primero, hacia el mundo innombrable de los paganos. Y este hombre se convierte en apóstol de tal manera que no se contenta con *contar* —como le había dicho Jesús (*διηγοῦ*)—, sino que proclama (*κηρύσσων*): verbo reservado para designar la proclamación apostólica). Amplía el número de destinatarios; Jesús lo ha enviado a su *casa*: su familia, sus parientes, sus allegados, que estarían contentos al verle de nuevo, ya curado. Pero no se contenta con llegar a un entorno tan restringido; él proclama *por toda la ciudad*. ¡Qué extensión del campo apostólico, qué ejemplo para todos los jóvenes misioneros que, en torno a Lucas, seguían las huellas de Pablo!.

> ¿Y qué proclama?
> Y fue por toda la ciudad
> proclamando todo lo que había hecho con él Jesús.

Con su estilo extraordinario, Lucas sitúa a *Jesús* en el lugar de *Dios*. De una forma paradójica, el paralelismo sugiere la divinidad de Jesús de un modo discreto y, al mismo tiempo, evidente.

Se recoge la fórmula del hemistiquio precedente y se sustituye a Dios por Jesús; el pasaje queda «transfigurado» y se convierte en la primera proclamación del evangelio en el mundo pagano.

Es una suerte para la traducción que la sintaxis de nuestra lengua (que, en principio, exige la secuencia sujeto-verbo-complemento) permita reproducir en esta ocasión el orden de Lucas que, por la misma disposición de las palabras, vincula la belleza del texto y la profundidad de la enseñanza que transmite.

Algunos comentadores se han preguntado por qué Lucas, que insiste tanto en la alabanza y el asombro, omitió aquí la expresión habitual que se encuentra, por ejemplo, en el texto paralelo de Marcos. Parece que la razón es clara: después de este final que hace resonar el nombre de Jesús, puesto en el lugar de Dios, cualquier añadido lo hubiera debilitado.

La responsabilidad de los judíos (Lc 23,23-25)

En el Nuevo Testamento hay pocas palabras tan frecuentes como el pronombre o adjetivo *autos*. Aparece en algunos relatos casi en cada línea, usado como adjetivo, en la función de genitivo posesivo. Y sin embargo, Lucas ha sabido emplearlo de forma que le da un significado, una insistencia excepcional.

Vamos a comprobarlo en el final del proceso de Jesús. Por tercera vez Pilato trata de soltar a Jesús (Lc 23,16.20.22); por cuarta vez, le declara inocente (Lc 23,4.14.15.22). Parece que el juicio va a concluir con un sobreseimiento.

Pero a continuación figuran los tres versículos que modifican de un modo decisivo el curso del relato: v. 23.24.25; en ellos se muestra la insistencia y la exigencia de los judíos:

> Pero ellos insistían pidiendo a grandes voces
> que fuera crucificado,
> y sus gritos eran cada vez más fuertes (*aì φωναὶ αὐτῶν*)
> Pilato sentenció
> que se cumpliera su demanda (*τὸ α'ἴτημα αὐτῶν*).
> Soltó, pues, al que habían pedido,
> el que estaba en la cárcel por motín y asesinato,
> y a Jesús se lo entregó a su voluntad (*τῷ θελήματι αὐτῶν*).

Nuestra lengua no puede traducir el término *αὐτῶν*, con el que concluye cada uno de estos versículos, que designa a los judíos y remacha la acusación de culpables que cae sobre ellos:

> ... son cada vez más fuertes las voces *de ellos*,
> ... Pilato sentencia que se cumpla la demanda *de ellos*,
> ... entrega a Jesús a la voluntad *de ellos*.

Una vez más, en Lucas, la simple disposición estilística es rica en fuerza dramática y en valor teológico.

No había un lugar para ellos...
(Lc 2,7)

El relato del nacimiento de Jesús que se proclama en la misa de navidad es uno de los más conocidos de todo el evangelio: José sube de Galilea a Belén para ser censado junto con María, su desposada.

> Y sucedió que, mientras ellos estaban allí,
> se le cumplieron los días del alumbramiento,
> y dio a luz a su hijo primogénito,
> le envolvió en pañales y le acostó en un pesebre.

Al llegar aquí es donde las traducciones son distintas. La mayoría de ellas traducen: «porque no había sitio para ellos en el alojamiento»; y éste suele ser un tema muy común del sermón y de la homilía: la Palabra ha venido a los suyos y, ya desde el momento de su nacimiento, los suyos no la reciben; la luz viene a las tinieblas y las tinieblas no la reciben, etc.

Gramaticalmente, la traducción es posible: «no había sitio para ellos». Pero requiere ciertas observaciones.

En primer lugar, en oriente, en aquel tiempo, cada nacimiento era celebrado con alegría. La fecundidad es una bendición que trae la dicha; acoger a una madre joven que va a dar a luz atrae el favor de Dios; el rechazo no encajaría ni con la mentalidad del entorno ni con lo que el evangelio subraya acerca de la acogida solícita a los pobres. Por otra parte, en el trasfondo de esta interpretación negativa, se podrían descubrir algunas de nuestras concepciones modernas, que no corresponden en modo alguno a las realidades de Palestina: por ejemplo, al escuchar la palabra «posada», nos imaginamos una especie de hotel con habitaciones numeradas; cuando todas están ocupadas, realmente ya no queda sitio.

El *κατάλυμα* es exactamente «el lugar donde se desata», «donde se desunce», donde uno puede encontrar abrigo. Lo cual evoca más bien un refugio, una especie de albergue para caravanas, o simplemente una gran sala[5]: es el apeadero donde, al final de la jornada de camino, se juntan todos para pasar la noche, después de descargar el equipaje, los animales junto con las personas. En un lugar así siempre hay sitio. Pero realmente no es el más adecuado para dar a luz.

Parece, pues, que José y María, al ver esta gran sala, llena, ruidosa, habrían buscado asilo en otra parte:

> «porque no había un lugar (adecuado) para ellos en la sala».

Hay otra palabra en el texto que tal vez constituya una dificultad para que nuestra imaginación moderna pueda reconstruir con acierto la situación; es la palabra *pesebre*: nos imaginamos que al lado de la posada estarían las cuadras, los establos; jamás se nos ocurriría pensar que allí iba a nacer un niño. Sin embargo, esta separación es reciente en la historia de la humanidad: el joven Jean-Baptiste Vianney, aunque pertenecía a una familia acomodada, dormía en el establo. Y en las zonas rurales de nuestro país, todavía a principios de este siglo, ésa era una práctica habitual.

En tiempos de Jesús, muchas casas de Palestina eran una gruta, o una cueva natural, completada con una construcción modesta que impedía la entrada, formando una o dos habitaciones pequeñas, que daban cobijo a hombres y animales, al menos cuando la estación no les permitía pasar la noche fuera. Semejante es precisamente la planta de una pequeña casa que se muestra a los peregrinos, con el nombre de «casa de la Virgen», en Nazaret.

A un refugio de este tipo, muy próximo a la sala, sería donde se dirigieron (tal vez —el evangelio no lo dice— conducidos por el hospedero). Allí nació Jesús. Acostado en el pesebre[6], la cuna de los pobres, en una casa pobre, entre los pobres, y —si interpretamos el texto de esta manera, podemos sacar esta conclusión— acogido por los pobres.

Los anuncios de la pasión en Marcos

Desde que en el siglo II Papías lo afirmó, hasta hace muy poco, los (pocos) comentadores del segundo evangelio han admitido que Marcos escribe «sin orden».

---

5. Una sala de este tipo, pero en el piso superior, fue la que escogió Jesús para celebrar la última pascua con sus discípulos: Lc 22,11; Mc 14,14 (si a estos dos textos añadimos Lc 2,7 tenemos las tres únicas ocasiones en que figura *katalyma* en los evangelios).

6. Hay que destacar la perfecta sobriedad del texto, que no habla ni de una gruta, ni de paja, ni de un asno, ni de un buey.

Sin embargo, se encuentran en él construcciones sorprendentes que no aparecen en ningún otro evangelio. Por ejemplo, la forma en que dispone los anuncios de la pasión, que tienen sus paralelos exactos en los otros evangelios. Pero sólo Marcos sitúa después de cada uno de ellos una escena que pone de relieve de un modo extraordinario la soledad de Jesús y la imcomprensión de sus discípulos.

El primero (8,31) sigue inmediatamente a la declaración de Pedro: «Tú eres el Mesías» y abre la segunda parte del evangelio, totalmente orientada hacia la pasión. Inmediatamente Pedro comienza a reprenderle y a actuar como Satanás. En Mateo el relato es semejante; Lucas omite por completo este episodio penoso.

Después del segundo anuncio (9,30-31), «ellos no entendían lo que les decía»; y entienden tan poco, que se ponen a discutir para saber quién es el mayor. En Mateo lo entienden tan bien «que se entristecen mucho» (17,23); después este evangelista introduce un episodio completamente diferente (el tributo del templo), y cuando recoge la discusión, lo hace de una manera muy edificante: los discípulos preguntan a Jesús quién es el mayor en el reino de los cielos. En Lucas «no entendían lo que les decía»; pero se les excusa, porque el asunto «les estaba velado de modo que no lo comprendían» (Lc 9,45); la escena siguiente no trata ni de una discusión ni de una disputa, sino simplemente de una reflexión «entre ellos».

El tercer anuncio (Mc 10,32-34) viene seguido inmediatamente por la petición ambiciosa de los hijos del Zebedeo, que quieren estar a su lado, sentados en su gloria... Ni siquiera han entendido lo que Jesús acaba de anunciar.

Lucas omite pura y llanamente el episodio, ¡respeta tanto a las columnas de la Iglesia! Mateo lo menciona, pero lo atenúa atribuyendo a la madre la ambición de los hijos; de esta manera los apóstoles pueden quedar más o menos disculpados y el efecto del contraste se aminora: la mujer se acerca, viene de otra parte; por tanto no ha podido escuchar el anuncio, se postra, se respetan las formas.

En resumen: sólo Marcos nos presenta esta disposición dramática de los anuncios de la pasión que provocan cada vez una actitud más contrapuesta: mesianismo terreno, ambición, disputas por los primeros puestos.

Primer anuncio: 8, 31-32

31 Y comenzó a enseñarles
que el Hijo del hombre debía sufrir mucho
y ser reprobado por los ancianos,
los sumos sacerdotes y los escribas,

ser matado
y resucitar a los tres días.
32 Hablaba de esto abiertamente.

Pedro protesta

Tomándolo aparte,
Pedro, se puso a reprenderle.

Segundo anuncio: 9,30-31

30 Y saliendo de allí, iban caminando por Galilea;
él no quería que se supiera,
31 porque iba enseñando a sus discípulos. Les decía:
«El Hijo del hombre
será entregado en manos de los hombres;
le matarán y
a los tres días de haber muerto, resucitará».
32 Pero ellos no entendían lo que les decía
y temían preguntarle.

¿Quién es el mayor?

33 Llegaron a Cafarnaúm,
y una vez en casa, les preguntaba:
«¿De qué discutíais por el camino?»
34 Ellos callaron,
pues por el camino habían discutido entre sí
quién era el mayor.

Tercer anuncio: 10,32-34

32 Iban de camino subiendo a Jerusalén,
y Jesús marchaba delante de ellos;
ellos estaban sorprendidos
y los que les seguían tenían miedo.
Tomó otra vez a los Doce
y comenzó a decirles lo que le iba a suceder:
33 «Mirad que subimos a Jerusalén,
y el Hijo del hombre será entregado
a los sumos sacerdotes y a los escribas;
le condenarán a muerte
y le entregarán a los gentiles,
34 y se burlarán de él, le escupirán,
le azotarán y le matarán,
y a los tres días resucitará».

Los hijos de Zebedeo

35 Se acercaron a él
Santiago y Juan, los hijos de Zebedeo,
y le dicen:
«Maestro, queremos nos concedas lo que te pidamos».

[36]El les dijo:
«¿Qué queréis que os conceda?»
[37]Ellos le respondieron:
«Concédenos que nos sentemos en tu gloria,
uno a tu derecha y otro a tu izquierda».

Dios ama a todos los hombres (Lc 2,14)

Gloria a Dios en las alturas,
y en la tierra paz a los hombres,
porque él les ama.
Δόξα ἐν ὑψίστοις θεῶ
καὶ ἐπι γῆς εἰρήνη εν ανθρώποις
εὐδοκίας

Este canto del ejército celestial que sirve de conclusión al anuncio que se hace a los pastores, puede ser traducido de varias maneras.

Sobrentendiendo *estin*, se podría leer el texto como una afirmación y entender que, con la encarnación, la gloria que está en las alturas está ahora también en la tierra...

Habría además otra lectura que se apoyaría en los manuscritos (y también en Eusebio, Epifanio, Cirilo) que añaden *καί* y leen *εὐδοκία* en lugar de *εὐδοκίας*:

Gloria a Dios en las alturas,
y en la tierra paz,
y a los hombres benevolencia.

El problema consiste en que esta lectura se apoya sólo en un pequeño número de manuscritos y además la estructura de la frase no es de ritmo ternario, por lo que parece que hay que renunciar (tal vez lamentándolo) a este tipo de traducción, y mantener la estructura binaria, analizando *εὐδοκίας* como complemento de *ἀνθρώποις* (en lugar de «a los hombres benevolencia», «hombres de buena voluntad»).

Pero entonces surge otra dificultad, referida en esta ocasión al sentido de *εὐδοκίας*.

Durante siglos hemos cantado en latín el *Gloria* que anunciaba *pax hominibus bonae voluntatis*, y normalmente entendíamos que se trataba de «hombres de buena voluntad», lo cual tiene importantes consecuencias para la teología. Es mucho más probable (y este sentido se ve confirmado por formas análogas de los textos de Qumrán) que *εὐδοκίας* se refiera a Dios: no se trata de la buena voluntad de los hombres, sino de los hombres que son objeto de la buena voluntad, de la complacencia, del designio benévolo de Dios. En el evangelio esta palabra se emplea sólo en otros dos textos paralelos (Lc 10,21 y Mt 11,26), donde Jesús alaba al Padre por su «beneplácito». Un verbo de la misma familia se emplea en el bautismo de Cristo (Mt 3,17; Mc 1,11; Lc 3,22) y también en la transfiguración (Mt 17,5), para expresar el amor único y la complacencia en el Hijo amado. Estas referencias tienen mucho sentido: con la encarnación todos los hombres son destinatarios de este amor, de esta complacencia única que el Padre siente hacia su Hijo.

Pero traducirlo correctamente es difícil: «buena voluntad» resulta insuficiente, «benevolencia» es débil, «complacencia» resulta sospechoso, «voluntad favorable» sugeriría algo parecido a un capricho, «designio benévolo» es complicado o preciosista. Mientras no haya en nuestra lengua una palabra que exprese el matiz del término griego de un modo exacto, seguirá siendo amor la palabra que está más próxima al significado sugerido por *εὐδοκίας*. De ahí la traducción adoptada por la liturgia actual: «Paz a los hombres que *ama el Señor*».

Pero esta traducción corre el riesgo de provocar un grave contrasentido. Al enterarse de que una nueva guerra acababa de declararse en un rincón del planeta, un buen hombre decía: «Ciertamente no son muchos los hombres a los que Dios quiere...». En efecto, la expresión «que él quiere» es normalmente restrictiva. Si digo «compro los bombones que quiero», se supone que no compro los que no quiero. Si digo «hago regalos a los niños que quiero», se sobrentiende que los demás no los recibirán. El buen hombre no se equivocaba al sacar la conclusión de que si Dios da la paz a los hombres que ama, no son muchos...

Parece que es bastante grave transmitir al pueblo fiel una expresión tan ambigua, empleada en la liturgia, y que puede llevar a una conclusión que no está de acuerdo con el evangelio. Pues Dios ama a todos los hombres. Si bien algunos reciben más amor, o dan testimonio de un amor mayor, nadie queda excluido, no hay «hombres a los que ama el Señor» y otros a los que no ama.

Este canto de los ángeles, en el momento del nacimiento del Salvador, revela el amor universal, la benevolencia infinita de Dios para con los hombres; todos ellos son destinatarios de su amor. Por eso se propone la traducción siguiente:

> Gloria a Dios en la alturas
> y en la tierra paz a los hombres,
> amados por él.

La viuda indigente
(Lc 20,46-21,4)

Es de sobra conocido el episodio de la viuda indigente. transmitido por Marcos (12,41-44) y Lucas. Mateo lo ignora; además Mateo nunca emplea la palabra viuda (que aparece nueve veces en Lucas y tres en Marcos).

Tanto en Lucas como en Marcos el episodio se relata después de de la exhortación a guardarse de los escribas «que devoran la hacienda de las viudas».

La escena de la viuda sirve de ilustración a la exhortación precedente. Hay que subrayar que Jesús no alaba explícitamente a la viuda. Simplemente hace constar que ha echado de lo que necesitaba, todo lo que tenía para vivir.

En las celebraciones litúrgicas se leen actualmente por separado estas dos perícopas, así como en otro tiempo la división arbitraria en versículos, introdujo entre ellas el inicio de un capítulo.

Hay que leerlas seguidas para interpretarlas correctamente: los escribas «devoran la hacienda de las viudas», pero no robando —¡ellos no son unos ladrones!, y por otra parte, tendrían poco que robar...— sino abusando de su generosidad. La viuda, con la generosidad del pobre, da lo que necesita. Y los escribas, juntando las ofrendas de los pobres, ofrecen banquetes opulentos, en los que ocupan los primeros puestos.

El texto plantea un interrogante a todos los que tienen una responsabilidad como administradores del patrimonio eclesiástico y de los templos. Si se analizara detalladamente el empleo de los donativos y de las ofrendas, ¿no aparecería a veces el mismo contraste entre la generosidad de la base y la buena posición, o el lujo, en el vértice?

«Guardaos de los escribas,
que gustan pasear con amplio ropaje
y quieren ser saludados en las plazas,
ocupar los primeros asientos en las sinagogas,
y los primeros puestos en los banquetes;
y que devoran la hacienda de las viudas
so capa de largas oraciones.
Esos tendrán una sentencia más rigurosa».

Alzando la mirada,
vio a unos ricos que echaban sus donativos
en el arca del tesoro;
vio también a una viuda pobre
que echaba allí dos moneditas,
y dijo:

> «De verdad os digo
> que esta viuda pobre
> ha echado más que todos.
> Porque todos éstos han echado como donativo
> de lo que les sobraba,
> ésta en cambio
> ha echado de lo que necesitaba,
> todo cuanto tenía para vivir».

Las mujeres en la tumba
(Mt 27,55.61)

> Había allí muchas mujeres mirando desde lejos,
> aquellas que habían seguido a Jesús desde Galilea
> para servirle.

¡Desde Galilea! Siguen presentes, fieles desde el principio. Como los apóstoles, han seguido a Jesús y, como ellos, han dejado su hogar y su entorno. Pero Mateo prestaba atención sólo a los hombres: no hay que olvidar que sólo ellos podían dar testimonio. Pero ellos huyeron, todos. Después de Getsemaní, aparece sólo Pedro, por un momento, ¡y qué mal parado queda!

Cuando todos desaparecen, aparece el grupo de las mujeres, con su fidelidad que va más allá del amor. Y el evangelista enumera minuciosamente a las que reconoce dentro del grupo:

> Entre ellas estaban María Magdalena,
> María la madre de Santiago y de José,
> y la madre de los hijos de Zebedeo.

Jesús ha muerto en cruz. Es sepultado por un admirable discípulo secreto, José de Arimatea. El texto, expresándolo con una sobriedad e intensidad extraordinarias, nos dice que se presentó a Pilato, y después nos describe que le envolvió cuidadosamente en una sábana limpia y lo puso en su propio sepulcro, que había hecho excavar en la roca, y cómo hizo rodar una gran piedra hasta la entrada del sepulcro.

El hombre rico, generoso, discípulo fiel, concluyó así su trabajo. Las palabras sugieren con qué piedad, cuidado, devoción, lo hizo; y después:

> ...y se fue.

Cuando concluye el trabajo, el hombre no tiene nada que hacer. Se va. Pero la escena no ha terminado. El evangelio continúa:

> Estaban allí María Magdalena
> y la otra María,
> sentadas frente al sepulcro.

Esta doble mención de las mujeres (v. 55 y 61) constituye una inclusión, que encuadra todo el relato en el marco de esta presencia silenciosa, y que da su carácter propio a esta página única de Mateo.

Llama la atención esta oposición entre el hombre y la mujer: él, cuando todo lo necesario está hecho, y bien hecho, no tiene ya nada que hacer y se va.

Las mujeres, por su parte, permanecen sentadas... Los apóstoles estuvieron presentes durante el tiempo de la vida terrena de Jesús para dar testimonio de todo lo que él había hecho y enseñado. Ahora ya ha muerto en cruz. Han huido y tienen miedo.

Las mujeres permanecen todo el tiempo que pueden, con su fe inamovible, como imagen viva de la esperanza y del amor.

Su presencia escondida, esperando que brote lo que germina lentamente; las mujeres tienen la costumbre de esperar el largo tiempo que requiere la gestación de una vida. No hay que irse, hay que aguantar en medio de las tinieblas, esperar contra toda esperanza.

Este relato sugiere algo del misterio de la presencia que llega a lo más profundo de la persona. Cuando ya no se puede hacer nada, cuando ninguna acción es posible, ningún gesto, ninguna ayuda, ninguna palabra, queda todavía la presencia con su poder misterioso y su valor insondable.

Tuvieron que marchar para observar el sábado, pero cuando concluyó el descanso obligatorio, regresan, no para hacer algo (Marcos dice que fueron para ungir) sino gratuitamente, para visitar, para ver el sepulcro (Mt 28,1). No hay nada que ver, no hay nada que hacer, pero su amor indefectible se expresa en la necesidad de estar allí, de asegurar que el corazón vela.

De esa manera ellas pudieron ser los primeros testigos de la nueva era.

INDICE